我设计，你赢利

实践テキスト　店舗の企画・設計とデザイン

成功店铺

从策划选址到规划设计完全图解

[日]高柳英明 [日]饭田有登/编著
日本商业设施技术团体联合会/监修
董　方/译

广西师范大学出版社
·桂林·

图书在版编目（CIP）数据

我设计，你赢利／（日）高柳英明，（日）饭田有登编著；董方译. —桂林：广西师范大学出版社，2020.5
书名原文：実践テキスト店舗の企画・設計とデザイン
ISBN 978-7-5598-2425-7

Ⅰ. ①我… Ⅱ. ①高… ②饭… ③董… Ⅲ. ①商店-商业经营 Ⅳ. ①F717

中国版本图书馆 CIP 数据核字（2019）第 263814 号

监　　修：日本商业设施技术团体联合会
责任编辑：季　慧
装帧设计：吴　迪

广西师范大学出版社出版发行
（广西桂林市五里店路 9 号　　邮政编码：541004
网址：http://www.bbtpress.com）
出版人：黄轩庄
全国新华书店经销
销售热线：021-65200318　021-31260822-898
山东临沂新华印刷物流集团有限责任公司印刷
（临沂高新技术产业开发区新华路 1 号　邮政编码：276017）
开本：787mm×1 092mm　1/16
印张：13.75　字数：220 千字
2020 年 5 月第 1 版　2020 年 5 月第 1 次印刷
定价：128.00 元

致读者

店铺作为商业空间，为人与人的相遇制造机会，让客人心情愉悦、获得满足，这也是“商道”之根本。唯有确立这层纽带关系，生意才能走向繁荣。而这些场景的创造者，就是店铺设计师。

监修本书的日本商业设施技术团体联合会（简称“商设联”），于1974年由当时日本的通商产业省与建设省携手创立。为了明确专门设计店铺的人员在日本的社会职能，商设联创立了商业设施设计师制度。该制度对职业对口的大学及专业院校进行认定，并指导、培养了众多主修店铺设计的学生，为社会提供了专业人才。

为了向社会输送更多优秀的店铺设计人才，我们聚集了一批活跃于一线专业认证学校的教师，共同编写了这本书。书的内容围绕开设小规模店铺展开，从选址、经营、规划、店铺设计、装修等全方位视角出发，配以丰富多样的案例。对于从事商业设施设计的设计师来说，这是一本极具价值的参考读物。

最后，在完成本书之际，我要对各位认证学校的教师，为本书提供资料的企业、法人，以及出版社同人，表示深切的谢意。

日本商业设施技术团体联合会

前副会长 **白石和资**

为什么是“店铺设计”

为什么没有一本关于店铺设计的专业图书

制作本书的初衷，就来自这个问题。

住宅、公共建筑、都市规划、建筑史，甚至最近大“火”的老宅翻新，与其相关的研究著作、教科书、实践手册、杂志，已经出版到几乎泛滥的地步。

可是，大家有没有发现，市面上类似“店铺的设计方法”这种简单易懂，但又不失专业性的图书几乎从未有过。而以店铺设计为课题，从基础教起的学校似乎也不常见。为什么会出现这样的现象?我们可以从店铺设计的流程、速度与现场优先谈起。

流程、速度与现场优先

流程

设计店铺的流程，与设计建筑比起来，可以说更接近视觉形象设计流程。

这是因为很多建筑，尤其是住宅的设计流程，都始于平面规划，而大多数店铺设计则是将店铺门面，即入口部分（也称作立面外观）与店内场景分开设计。

例如，店铺出入口—店铺内部草图—确认尺寸规格—出设计图。

对于店铺外立面的设计，设计师要准备几种方案的透视图以及大致效果图，然后反复比较、讨论。对每个季节都会举办不同活动的店铺，设计师还要分别设计出适合当季的方案，进行讨论筛选后才能尽量保证万无一失。所以说，在设计流程上，仅这一点就与以“生活”为单一主题的住宅设计大相径庭。而且，即便都是店铺，餐饮店与零售店的设计流程也截然不同。

速度

与住宅设计或公共建筑相比，很多店铺设计对速度的要求苛刻到了极致。理由包括必须赶在开张前完工或者租赁店铺时会产生租金等。倘若是老店翻修，店主因为不想流失好不容易才建立的顾客群，同样会对时间提出比较高的要求。

另外，是否符合时代潮流，对店铺而言意义重大。因为今年开店还是明年开店，对品牌概念、品牌设计以及需要呈现的商品的要求都会不同，因而店铺的设计方式、用料选材以及陈列的物品，几乎都要随之改变。

现场优先

在设计店铺时，设计师大多数情况下都会采取“现场优先”的原则，这是与设计其他建筑非常不同的地方。大型商场姑且不论，就算是设计小店或翻修店铺，比起在一张设计图纸上纠结，设计师更多的时候要做的是根据现场状况随时画出草图来进行改善。

无论如何明天也得开张营业——也许正因为有这样客观存在的原因，才能创造出店铺这样非比寻常的空间。然而，设计师在设计过程中可以参考的资料却少之又少，就算有决定设计方向的透视概念图以及初稿图，但很多时候不能完全按图纸施工，最终的实体店与原本的图纸也是两回事。因此，完工时的图纸极少会作为资料保存下来。

出于上述理由，此类资料即便制作成书，大部分也会很快过时，无法让人一读再读。

正因如此，才更需要关于店铺设计的图书

既没有教材，资料又少，那么学习店铺设计要从哪里入手呢？首先，忙乱地进入一个未知领域容易令人产生不安，这可不光是你一个人的感受，即使是老到的店铺设计师也同样如此。无数次勾画透视图、反复翻看以往案例、一次次与店主交换意见，即便被工期追赶、被现场突发状况逼迫到濒临崩溃，仍没有被自己的初衷“想要设计出一家令店主满意的小店”所打败——事实上大家就是这样一路摸爬滚打着前行的。也正因如此，我才觉得有必要归纳总结出一本关于店铺设计的书。

本书的构成与使用方法

本书以章节形式划分，为了做到无论从哪里看起、学起都简单易懂、毫无压力，每个章节都尽量短小精悍。比如，要设计和果子店或药店，光看相关的那一篇章即可。同时，本书并非一味地介绍最终落地的店铺，为了让读者看到设计过程，我们尽可能将分区图、透视图、效果图等展现过程的细节一并列入书中。

当然，店铺设计与其他设计一样，并没有所谓的“正确方案”，书中介绍的案例可能只是当时的最佳选择。若现在再来一次，设计师很有可能又有了完全不同的想法。

通过本书，我们希望读者学会的是设计的过程。

设计者是如何构思、如何迂回曲折，最终达成一个设计结果的。

换作你的话又会如何设计。

我们希望读者能以这样的视角来看这本书。另外，这本书并不是用来临时抱佛脚的，但若平时作为普通读物翻阅，或许也能从中获取不一样的灵感。

守住店铺设计的根本原则，同时开创出个人风格，在通往成功的路上，这应该是一本能够帮助到你的好书。用好这本书，踏踏实实把店铺设计学好。

※ 本书列举的案例，有些在本书出版时仍未落地，敬请理解。

目录

第 1 章

成功开店的策划、设计和营销知识

店铺与顾客的真正关系

这是一本讲述商业设施规划与设计的知识与技术，并将其系统总结后编辑而成的书。现在，我们将先为读者介绍商业设施的定义、作用以及存在形态，帮助你在理解基本知识的基础上，试着考虑商业设施与顾客之间的真正关系。

一个制造顾客满足感的地方

◎ 商业设施，不仅是一个提供商品与服务的场所

众所周知，对于顾客而言，商业设施是一个提供生活必需品与服务的场所（商业设施的概念很大，包括餐饮、娱乐、休闲设施，商业广场以及商业街等，与民众生活密切相关。本书的日文版中以“商业设施”作为书中所探讨对象的总称，但实际上针对的是小型店铺的规划与设计。为避免概念有歧义，中文版中在合理的情况下保留“商业设施”的提法，此外均以“店铺”代替“商业设施”）。备齐有品质保证的商品、提供专门的服务、为顾客创造便利的环境，是商业设施应该具备的特质。然而，不光是商品与服务，让顾客享受购物乐趣、体验舒适感与满足感，也是商业设施存在的重要意义，同时也是顾客再次光顾的直接原因。不过，让顾客感到满足与舒适可以成为提升消费环境品质的加分项，但因为感知力与接受度因人而异，也无法用统一的标准来衡量顾客的满意程度。

满意与否，因人而异

◎ 有时是能与朋友聊天的场所，有时仅仅是可以放松的地方

那么，到底怎样才能让顾客满意，为商业设施加分呢？我们只要设身处地，把自己当作顾客就能给出答案。10 个人会有 10 个答案，有时是一个能让我们从日常生活中解脱出来的环境，有时是能与朋友愉快聊天的地方，有时是可以收集各种信息的场所等，不胜枚举。此外，因当天的天气、顾客当时的心情和光顾的时间各不相同，加分项也会变得不一样。

比如，在购物中心这样的综合性商业设施里，顾客高高兴兴地与朋友相约而来，需要可以提供美食的餐厅自然不用说，若用完餐，走出餐厅，能有一张可以坐下慢慢聊天的休闲长凳，这在当下就是加分项。

或者，当顾客想抽离日常生活的时候，遇到商场内正在举办活动，眼前是平日难得一见的异

域风情，耳边响起应景的音乐，浓郁的异域氛围让人沉浸在梦幻般的世界，令顾客瞬间忘记平日琐事。所以，千万不要忘记，商场互动与背景音乐所营造的空间，这些也能成为加分项，提升顾客的满意度。

店铺是实现顾客小小愿望的场所

◎ 愿望再小，也要全力达成

综上所述，顾客来到店铺的目的不光是购物。我们必须想出更多的加分项，满足他们的各种期待。

“想放松”“要解脱”，为了让顾客实现类似这样的小愿望，所有商业设施内相关的工作人员，以及参与规划、设计，直至项目落成的设计师，总是操碎了心。

不容忽略的策划三原则

在这一节的内容里，我们希望大家了解谁决定了商业设施中的加分项，让顾客满意的到底是什么。

原则 1：走近顾客

◎ 店铺中的加分项由谁决定

店铺中的加分项，也就是能让顾客产生满足感的因素是由设施本身决定的吗？“充足感”“舒适感”“优质的服务”“完善的公共设施”等，这些难道不是每一位顾客的切身体会吗？

店铺中的加分项靠的并不是硬件，而是由顾客的感受决定的。所以我们有必要多聆听顾客的心声，知道在这个空间内，他们会有怎样的期待。

原则 2：试着站在顾客的角度

◎ 目标锁定“我也想去这家店”

那么，如何才能制订出“让顾客满意”的店铺规划呢？这看似简单，实际上却很难，我们要从顾客的角度出发，而不是站在业主和经营者的立场考虑。

如果说得更具体一些，你就问问自己会不会想去这家店。也许因为业主与经营者一味地看重公共设施、商品以及服务质量，因此，考虑的点或面会有所局限，或者容易偏离顾客的期望值。

近来虽然常常能听到“顾客视角”这样的说法，但重要的是在业主提出设想当初，那些负责将设想变为现实的店铺设计师们，要把“顾客视角”的观念灌输给业主，并将其体现在之后的设计中。

原则 3：规划设计与市场营销齐头并进

◎ 什么是市场营销

制造业、零售业、金融业、房地产业等行业，在跨界合作时，无论是采取经营战略（扩大市场、销路和客户群等），还是商品战略（引进新商品、提升服务质量），都采用了市场营销的思维模式与实际操作方式。即便不是业界人士，想必也应该对“市场营销”这一名词有所耳闻。

“市场营销”这一概念的产生距今不算久远，它于 20 世纪初出现在美国，时至今日仍有各种解释与新的提法。直至 1955 年，这一美国土生土长的新名词和与之有关的思维方式、操作手法才传入日本，20 世纪 60 年代以后方在日本的各行各业中得到了一致认可。1985 年，美国市场营销协会（AMA）给出了市场营销的定义，这是我们理解它的基础，下面为大家详细介绍。

① AMA 对市场营销的定义

市场营销是对思想、货物和服务进行构思、定价、促销和分销的计划和实施的过程，从而产生能满足个人的组织目标的交换。

这个定义正好对应了麦卡锡在 1975 年提出的作为市场营销战略的“4P 理论”。

② 麦卡锡所提出的“4P 理论”的构成要素

· Product：产品战略（商业活动中的商品战略）

· Price：价格战略

· Promotion：宣传战略（促销活动）

· Place：渠道战略

◎ 规划店铺的市场目的：打造“高销售额”“高满意度”的店铺

事实上，在市场营销的实际操作中，还有上述“4P”之外的相关因素。在规划店铺时，除了“外观设计出色”“氛围极佳”“谁都想走进去”等各式各样的预设目标，我们的目的归根结底还是“高销售额”和“高满意度”。

因此，假设我们有一个空间，顾客与店员在此围绕商品与服务展开活动，如果从这一空间的构成考虑出发，“4P”也是必不可少的要素。

然而，店铺是一个具有流动性的场所，不能只依附于“4P”战略，战略目标的确定应该顺应、符合实际情况。

◎ 规划店铺的营销策略，从计划开店前开始

为了能打造出“高销售额”的店铺，在规划之时就必须开始考虑营销策略。事实上，在考虑开店时，我们就已经进入了营销模式。

在提出“4P”战略，以及被商界广泛应用的“6W2H”（when、where、who、whom、what、why、how、how much，即时间、地点、谁执行、对谁执行、执行目的、执行动机、如何执行、执行预算）筹划要点之前，我们在思考“为了打造出一家销售额高、客流量大、满意度高的店铺，我们该做些什么”的时候，其实就已经进入了市场营销中的一个环节。

◎ 市场营销是“寻找商机的持续行为”

市场营销来自英文 marketing，我们知道“ing”在英语中表示现在进行时，直译的话，是不是“正在开拓市场”“持续寻找商机”的意思呢？在市场营销的定义范畴中，不会出现“非这样不可”的绝对原则，因此在规划店铺时，最重要的是实行与开店地点、企业经营理念、商品、服务、顾客群等相匹配的方案，实现符合实际需要的营销策略。

◎ 营销策略应该与店铺和谐共存

营销策略是否只存在于规划店铺这一个节点上？只要学习过本节，我们就会知道答案并非如此。店铺提供的商品或服务五花八门，一切陈设都应该以吸引顾客为前提。商品的展示与布局应该根据季度、月度，甚至每一周进行更换调整，这会直接影响顾客来店的频率。

所以，市场营销不只存在于规划之初，而应该是之后维持良性经营不可或缺的战略行为。

◎ 设想日常运营与展望未来规划

店铺是商业活动的舞台，这一大前提始终不会改变。但为了丰富在这里上演的剧目，业主或经营者就应该将市场营销策略坚持到底，一如既往地为顾客提供优质的商品和服务。

虽然在规划动工时和开业最初阶段，如何将日常运营引入正轨是开店的首要问题，但 5 年、10 年的店铺经营前景预测同样非常重要。

店铺策划与设计超极简流程

本节讲述了在策划、设计店铺时，业主担任了什么样的角色，以及能将业主头脑中的规划概念付诸实践的设计师们，他们的业务流程和角色定位是什么。

店铺的策划

◎ 将业主与经营者的设想列入规划

在进行店铺策划时，首先制订方向的是业主或经营者。设计师在前期策划会议上要聆听业主或经营者对未来设施的憧憬与想法，因为其中必定包含了与店铺的策划重点，如品牌概念、商品、服务等相关的要素。店铺规划的项目以及顺序会因为营业形态（销售形式、方法及经营方式）和规模等因素产生差异。右栏是一般独立店铺的策划流程，敬请参考。

这个业务策划流程是经过归纳后的大致情况，在实际操作中，可以调换前后顺序，也可以多个步骤同时进行。很多时候，策划中实行的市场策略与营销策略会错误引导店铺的品牌概念，并影响其内容。为了避免这一偏差，策划的最后应该重新回到品牌概念上，进行最终确认。

店铺的策划流程

讨论项目主题

（是关于什么项目以及确认店铺名称）

↓

讨论店铺形象、品牌概念

（是什么样的店铺、承担何种社会角色以及明确店铺存在的意义）

↓

讨论选址环境和开业时间

↓

制订市场策略

（包括消费动向、市场调查、选址环境及竞争环境等）

↓

讨论顾客群

（预设顾客层）

↓

制订营销策略

（策划商品、服务的构成及具体细节）

↓

讨论商业化、系统化问题

（根据经营核算的结果进行商业论证）

↓

决定店铺的品牌概念

（最初执行的品牌概念是否正确，并最终确认是否偏离最初的品牌概念）

↓

进行商业设施的具体计划

店铺计划

整个店铺的策划案基本定型后，流程就会进入之后的详细计划。计划的整个流程，要落实到店铺的经营状态、选址、规模、销售策略方案上，并根据这些事先确认计划项目的种类及顺序。右栏是店铺单一选址的计划流程。

店铺的计划流程

确定店铺的品牌概念

（再次确认策划之初提出的品牌概念）

↓

营销策略及确定

（确认策划之初的营销策略，调整偏差点，并进行详细商讨）

事先明确所提供商品、服务的构成及单品设计等详细情况

↓

确认目标店铺的建筑构造

↓

动线规划

（顾客在店铺内以怎样的路线行走？预设顾客的流动路线）

↓

店铺外观设计

↓

店铺内装设计

↓

平面计划

（将流动计划以平面的形式表现出来）

↓

设备计划

↓

店铺的企业形象计划

（可以反映出店铺的品牌概念，决定店标等设计）

↓

设施运营、管理计划

（编制动工日程，制订运营和管理体制计划、收支计划、促销计划）

↓

VMD 计划（店铺内商品展示、陈列计划）

（开业时及开业后促销策略的一大环节。对吸引顾客有着至关重要的影响，因此最好预先做好包括开业在内的年度促销计划）

一个专业总策划师的自我修养

◎ 知识面广、技术能力强

设计师在策划、设计店铺过程中的重要性不言而喻。一个优秀的店铺设计师还必须具备商品、服务、经营、促销等全方位的知识储备，能够给业主与经营者提出建议与指导。“有他在就安心了，开店的事可以都交给他处理。”为了能让业主产生这样的安全感，设计师就必须有全面的知识储备与技术能力。

◎ 店铺设计师是总导演

商界人士常常把店铺比喻成一个舞台，其宗旨就是：顾客是舞台的主角，店员则是辅助他们的配角。

虽然也有与之相反的“顾客是看官”的说法，但顾客只有亲自参与演出，才能体验临场感以及其中的各种趣味。因此，可以说是顾客的参与成就了一家完整的店铺。

这里的重要人物，也就是相当于舞台总导演的店铺设计师，承担着怎样的责任呢？可以说，舞台成功与否，全看总导演的本事高低。设计师必须注重细节，才能打造出最亮眼的“舞台”。各类设施、装备、内装设计都可以看作舞台上的大小道具，但若没有主角和配角，一台好戏也终究只是一场梦。

Note

第2章

“卖什么”与“怎么卖”

超极简日本店铺发展史

日本商业史

◎ 商业流通的发展进程

消费者眼中的商业，就是人在市场、店铺等场所，用货币交换生活必需物资（商品、服务）的一种行为。在还没有以市场、商品以及货物为代表的商业行为的年代，人怎样换取生活必需品，又过着什么样的生活呢？在没有生产者和商人这样的流通媒介的时候，人应该是过着自给自足的农耕生活的。

第 013 页展示了商业流通的发展进程。

◎ 日本市场的产生与商业市场的发展

日本市场产生的具体年代尚不明确，不过应该很早就存在了。《魏书 · 东夷传》（3 世纪末）记录了当时日本人（当时被称为“倭人”）的习俗与地理情况，其中表明当时日本很多地区已经有了集市。在日本奈良时代（710—794 年），比较有名的是设置在当时的平城京的“东市”与“西市”，那里人来人往，物资流通频繁，十分有名。

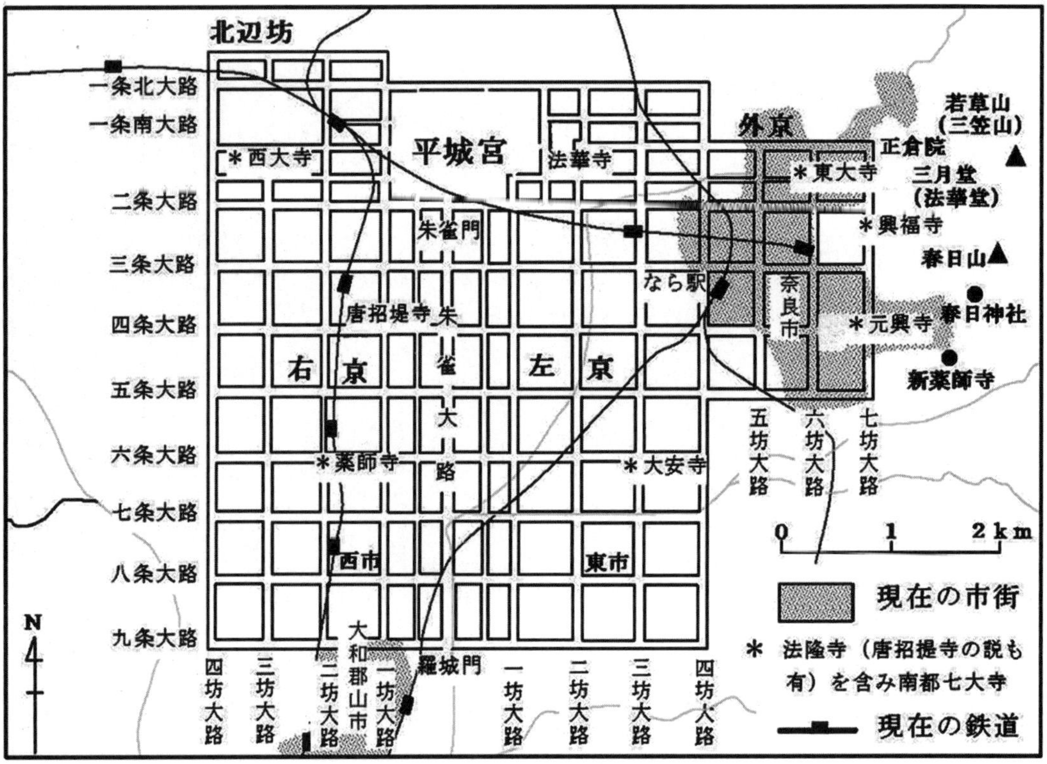

▲日本奈良时代平城京的“东市”和“西市”

商业流通的发展进程

自给自足

↓

以物换物

↓

市场的形成

（交换剩余产品的场所）

↓

以货币为媒介的交易

（出现“市场”“商品”“货币”→商业开始）

↓

行商业的产生与行商圈的扩大

↓

批发业的形成促进物流的发展

↓

店铺零售业的发展与多样化

↓

现代化商业与商业政策

↓

从“城市规划”的视角出发，捕捉商机

↓

流通业的技术进化与企业生命周期的加速化

◎ 以货币为媒介的交易

▲日本最初的金属货币“和同开珎”

平城京是奈良时代的都城，在此设立官方市集的时期，出现了日本最初的金属货币“和同开珎”（708年），这一划时代的创举，使市场、商品与货币同时并存，可以说是日本进入商业时代的标志。在此之前，日本市场没有统一的货币，而是以大致估算同等价值的布匹、谷物、砂金等物品作为交换对象的。

◎ 行商业的产生与行商圈的扩大

▲日本平安时代的卖油郎

货币流通后，长久以来以物换物的交换行为，通过货币作为媒介，被“买卖”行为取而代之。这时出现了两类人，一类人以卖东西为生（零售商），另一类则是不断生产出东西来卖（生产商）。随着集市在各地的普及，专门有一批人定期往来其中，进行买入卖出的活动。他们就是最初的流动商人，行商圈因之不断扩大。像他们这些远距离物资流通的媒介，就是批发商的鼻祖。

◎批发业的形成促进物流的发展

远距离物资流通一旦盛行起来，谁都想独占市场，因此引起了竞争。随着物资品种以及流通规模的不断扩大，自然形成了三种社会分工：拥有店铺的零售商、一定范围内行商的中间商以及为这些人提供商品的批发商。批发商拥有马匹和船只等异地交易不可或缺的运输工具，为物资流通的发展做出了贡献。平安时代（794—1192年）后期开始，日本政府在年贡米的卸货地——河道与港口，设立了叫作“问丸”的机构，开展对年贡米的运输、保管以及委托销售的业务。后来，掌握多个“问丸”管理权的垄断组织“座”（注：类似行业工会），与转行成为陆上运输业的个体联合，成为整个港湾贸易的支配者。就这样，为了填补生产与消费之间的空缺，批发业不断发展与壮大。

◎店铺零售业的发展与多样化

店铺零售业向着与批发业不同的方向发展。随着日本各地城镇的形成与常住人口的稳定，以

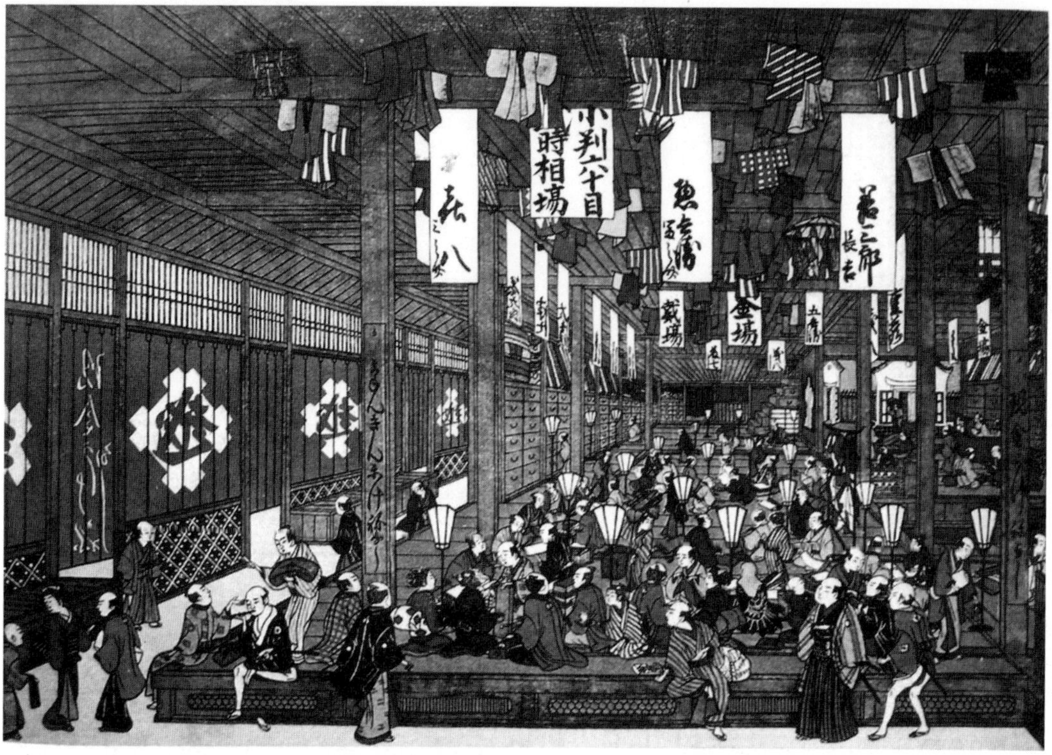

▲日本江户时代绸缎庄的店头（店头，指店铺入口处的区域）

前的常设集市逐渐转变为零售店铺。而日本战国时代（1467—1585 年或 1615 年）建成的城下町，到了江户时代（1603—1868 年）更是蓬勃发展。封建制度下，以领主居住的城郭为中心所建造的城下町，成为众多手工艺者、商人聚集的地方。结果就是，扎根于地方的土特产品的流通，以及手工艺品和地方工业一并得到了发展。不同类型的商铺不断增加，这也是江户时代日本零售业的一大特点，因而不少老字号店铺一直延续至今。

▲三越绸缎庄（日本桥本店新馆），日本大正三年（1914 年）开店

◎现代化商业与商业政策

随着文明开化的浪潮，明治维新（始于 1868 年）以后的日本商业界，不断从欧美引进新的经营形态与开店知识和技术。特别值得关注的是，创建于江户时期的老字号店铺开始向百货商店转型，推动了日本零售业朝着现代化发展的进程。

然而，一进入昭和时代（1926—1989 年），日本零售界却掀起了一股“抵制百货商店风景独好”的浪潮，国家对百货商店采取了相应的商业政策，才使中小型零售店铺经营者的权益得以保护。

日本商业的未来

◎ 从“城市规划”的视角出发，捕捉商机

在前一节中，我们纵观近年来的商业和零售业的发展，昭和三十年（1955 年）以后，以超市和便利店为代表的新业态急速成长，而曾经在零售业中一枝独秀的百货商店却有了逐渐衰败的迹象。在不断摸索新时代百货商店、大型店铺生存方法的过程中，出于保护开店选址环境的考虑，日本于 2000 年颁布实行了《大规模零售店立地法》，以此替代了长久以来限制大型店铺营业体制的《大店法》。这明确了以大规模店铺为中心的商业形式与人们的日常生活及城市机能应有的社会关系，预示着从“城市规划”的角度出发考虑商业设计的时代到来了。

◎流通业的技术进化与企业生命周期的加速化

以数字科技为首的最新技术，全面渗透到当今的流通行业。类似零售店铺的销售、仓库管理、收发货以及商家与批发商的物流系统等各个领域的业务都实现了高效管理。这些最新技术，为减轻流通过程中因为人力、时间、空间等因素引发的耗损做出了贡献。降低库存、减少销售失误以及准确预测畅销商品，对决定店铺的经营方式以及具体参与运营的所有人员都有着至关重要的意义。随着不断出现的新型业态，旧业种的生命周期也相对变短，零售业将会进入一个无法估量的全新时代。所有的商业从业人员，在适应日新月异的商业环境的同时，还必须走进人们的日常生活，为之提供更便利、更丰富的产品与服务。

业种与业态

目前，在我们生活周遭，有着各式各样的店铺，要全部都搞清楚是一件困难的事情。但用业种与业态来区分商业设施的方法，在业界得到了广泛的认可。因此，这两者间的区别，以及为什么会以此作为区分方法的理由，我们要做更深一步的了解。

◎ 业种的定义

用“卖什么”（what to sell），即用主要出售的物品来对店铺分类的就是业种分类。比如，我们可以把生鲜店、帽子店、眼镜店等看作业种店铺。

◎ 业态的定义

用“怎么卖”（how to sell），即用销售与经营方法来对店铺分类的就是业态分类。如超市与便利店，虽然两者都是以贩卖食品为主的店铺，但相对于超市这类以食材为主的综合性商店，满足顾客“马上就可以吃”的即时性需求是便利店的特点，这是两者在经营业态上的不同点。用细分销售种类进行业态分类时，消费者的生活方式与消费动机的变化，以及零售业界竞争激烈的情况，让如何把握店铺的实际情况变得更为困难。

其实我们身边就有很有效的业态分类，以便利店为例，像“24小时营业”与“自助式服务”这样根据营业形态来分类，反而比较适合实际需求。

物品零售业态的分类

同样是零售物品的店铺，种类却数不胜数。根据消费者的使用需求，以及所提供的用品，我们可以将店铺大致分类如下：

- **服饰用品业态：** 主要经营外衣、鞋、箱包、饰品及其他杂货。
  如品牌店、服装店等。
- **文化生活用品业态：** 经营宝石、手表、眼镜、相机、书籍、体育用品、家具、美术品、家电等，主要经营可以丰富人们日常生活的用品。
  如生活杂货店、眼镜店、家居店、书店、体育用品店等。
- **日用家庭用品业态：** 主要经营睡衣及内衣、寝具、药妆、鲜花、日用杂货、玩具、食品、酒、果蔬、陶瓷器、玻璃制品等。
  如药店、花店等。
- **加工食品业态：** 经营肉类、面包、和果子、西式甜品、鱼干、茶叶、海苔等加工食品。
  如面包店、甜品店等。
- **器械、原材料业态：** 主要经营农耕用品、肥料、燃料、门窗、家用器械、汽车、自行车等。
  如自行车专卖店、DIY 用品店等。

餐饮服务业态的分类

餐饮服务业近年也新增了很多新鲜血液。尽管如此，我们也要像物品零售业那样，根据消费者的使用需求与能提供的服务种类，大致将其分为以下几类：

- **饮品业态：** 主要经营饮品，也包括糕点、三明治等食品。
  如咖啡店、甜品店等。

- **轻饮食业态：**主要经营轻食、简餐类。
  如荞麦面店、拉面店、汉堡店等。
- **酒水业态：**主要经营酒水类。
  不包括需要特种营业许可证的业态。
- **料理饮食业态：**经营常规性以及特色类餐饮。
  如日本料理店、中餐厅、烧烤店、寿司店等。
- **娱乐餐饮业态：**以酒水为主，并提供接待服务。
  如酒吧、歌舞厅、夜总会等。

各种服务业态的分类

与餐饮服务业相同，近年提供打包商品与各类服务配套销售的商业设施也日益增加。根据消费者的使用需求与能提供的服务种类，大致分为以下几类：

- **技术服务业态：**提供多方位技术服务。
  如美容院、美发店、休闲娱乐设施等。
- **信息服务业态：**主要提供与生活有关的各类信息服务。
  如网吧咖啡厅、社区咖啡厅、观光问询处等。
- **设施服务业态：**以设施主题、概念为基础，营造氛围并提供服务的业态。
  如卡拉 OK、游戏中心、健身房等。
- **金融服务业态：**主要提供金融服务的业态。
  如银行、保险公司等。

▲米兰伊曼纽尔二世拱廊，路旁是鳞次栉比的店铺

复合型商业设施的业态分类

所谓复合型商业设施，指的是在一定主题、概念的基础上，多个店铺共同存在于同一个建筑内的商业设施。我们也是通过业主及用途将其分类的。

- **综合性商业设施：** 业主为单一企业个体。如百货店、大型超市等。
- **集团商业设施业态：** 业主为企业集团。如机场中心大楼、地下商品街、美食城、生活馆等。
- **其他集团商业设施业态：** 公益法人、合作社、公共企事业与民间第三方共同经营的方式。如各都道府县（日本的行政区域）的直营店、服务区等设施，以及地方商业街等。

第3章

好的考察是成功的一半

场地调研三步走

我们在第 1 章与第 2 章中已经对商业、店铺发展的现状，以及店铺的种类进行了说明。接下来我们要讲一讲策划店铺时构思、筹划的方法，具体将会从构思、筹划的重头戏——店铺选址的环境调查、制订店铺的主要市场与销售目标开始，到确立设施的品牌概念和设计理念，再到实际计划时的流程，按照这样的顺序进行叙述。

店铺的选址调查

一旦确定了开店计划以及具体流程，就要将构思规划提上日程，具体来说就是“想要实现一个什么样的店铺”。明确了这样一个概念后，就要从调查所有的备选店址开始。

最重要的是，考虑在备选店址能否创造出符合计划需求的店铺，这就要求设计师必须不断遵照业主的经营方针、经营计划来进行市场预测。

选址调查项目

◎ 讨论店铺选址与候选地

首先，我们要讨论的重点是店铺所在地一定要能满足业种与业态的需求，也就是得具备适合的商业环境。

出于商业经营的考虑，一般我们都希望把候选地定在人流量较大的车站附近，或者交通繁忙的街道沿路，但选址时必须从各个角度进行调查与规划，验证其是否真正具有市场潜力。

① 调查店铺状况：从自身经营状态、经营种类出发，该店是否达到预期销售额所需的营业区域、工作区域以及停车场等附带设施必须达到的面积要求。

② 店铺形状：作为一种商业设施，最理想的店铺形状是正方形或长方形。但进深长的长方形或者形状不规则的用地都是比较难以使用的。

③ 店铺与道路的关系：调查店铺用地与道路的连接方式。

如果店铺规模较大，需要配备停车场或卸货出入口，候选地与道路的连接口最好有两个或两个以上。

◎调查包括候选地在内的商业环境

从店铺所在地出发，调查包括候选地在内的自然环境与商业环境。在考虑环境对店铺造成影响的同时，还要考虑店铺本身对其所处的环境同样也会造成巨大影响。

① 自然地形：气候、海洋、山脉等自然环境与候选地的关系，另外还包括山坡、盆地以及坡度等。

这样的先天环境其实不利于商业环境。但在某些情况下，这类独特的先天环境会使此地成为观光景点，从而增加游客数量，此时，该处也可以作为预选店址。

② 城市基础设施等条件：商业候选地与交通干线、商业行政、工厂、住宅区之间的关系。城市基础设施完备的地方，人口累积与游客增加的趋势都不可避免。

③ 土地利用计划：确认未来土地使用计划的同时，还要确认用途区域。根据土地 5 年、10 年后的使用计划，预先考虑到商业候选地未来的环境可能会发生的巨大变化。

④ 消费群构成：对商业候选地周边区域居住者进行调查，他们将成为未来的目标客户群。如果可以获取他们的家庭构成、年龄层、性别和

生活方式（包括爱好与品位）等数据，将十分有利于店铺的创立及营销推广（进行商品规划与明确商品构成）。

⑤ 是否存在竞争店铺：店铺规模不同，调查范围也会有所不同，但必须将周边地区相同行业与类型的店铺纳入调查范围。

有竞争店铺并不可怕，重要的是明确自己的优势在哪里，并且在规划店铺与筹备商品的时候大大利用这一点。

利用现场调查进行社区创建和区域振兴

店铺计划附带的候选地调查，在确定应该建立什么样的店铺和确定品牌概念方面起着重要作用。但另一方面，店铺对周围环境同样会产生很大影响，特别是在大型商业设施中开店。日本于2000 年 6 月制定并公布的《大规模零售店立地法》，以协调环境为中心取代了之前的以协调商业为中心，这表明日本人开始关注大型商业设施选址对周边环境的影响，并且对社区创建和区域振兴寄予厚望。我们的工作与创建商业设施紧密相关，在深刻了解这些之后，我们发现，无论规模如何，重要的是必须创建与候选地相匹配的商业设施。

像专家一样分析商圈

商圈及其作用

在结束对店铺与选址环境的调查之后，我们将对调查结果进行评估，并对要规划的店铺所在的商圈（来客区域）以及核心市场、目标客户群做出假设。这将影响下一个步骤，即设施的品牌概念与整体设计概念的初步形成，所以我们要确认商圈的作用。

店铺的市场调查流程

选址环境的调查

（建筑及周边环境）

↓

商圈设定

（把握商圈规模）

↓

创造市场

（提取销售目标）

↓

明确目标客户

↓

确立店铺品牌概念与店铺形象

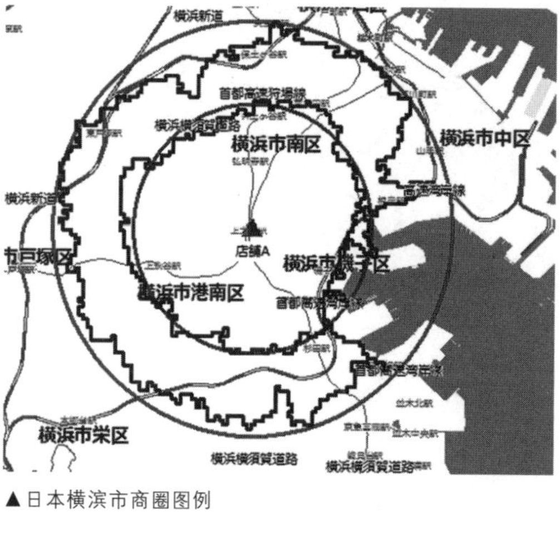

▲日本横滨市商圈图例

◎什么是商圈

所谓商圈就是在该行业内建立显示该商业设施“来客区域”范围的度量。关于商圈的表示方法，通常以店铺为中心，绘制预设商业区域圆圈，并确认范围。

◎商圈的作用

商圈这一说法，完全基于营销的概念。一般认为它是开展营销活动的单一或集团机构，通常在与销售和交付商品或服务时，采用与销售额及费用相匹配的范围。换言之，就是店铺一方，把能招揽最大客源的范围设定为商圈。虽然可以通过预先设定商圈顺利地进行店铺创建和商品规划及筹备，但预设毕竟只是预设，很多时候会出现与开业后的实际情况大相径庭的状况。因此，开店时还是应该根据顾客的实际情况，灵活处理设施管理与商品的组建工作。

◎商圈规模和业种、业态

按照规模大小，商圈可以分为核心商圈、次级商圈和边缘商圈。店铺规模、商品构成以及客人的来店频率等会因为业种和业态的不同产生差异。

① 核心商圈：类似近邻型商业街和近邻型购物中心的规模，商品构成以日常生活需要的食品和日用品等必需品为主。商圈设定为与住宅区近距离的商业区域，步行 10 分钟、自行车 5 分钟的路程。客人来店频率为每周数次，商圈内人口预估 3000 人以内，商圈辐射半径范围为 1 千米 ~ 3 千米。

② 次级商圈：包括核心商圈在内的购物中心规模，由综合性超市、折扣店、大型专卖店、美食广场等设施构成。客人来店频率为每月数次，商圈辐射半径范围为 2 千米 ~ 6 千米，商圈人口预估 6 万 ~ 9 万人。相比衣、食、住的生活必需品，这里的商品构成为顾客会经常回购的类型。

此外，因为此类商业设施空间较大，通常也是社区交流的场所。

③ 边缘商圈：包含多个次级商圈与少数几个核心商圈在内，以百货店为中心的广域购物中心的商业规模。客人来店频率为每 3 个月 1 次，1 年数次，商品构成以回购品与专业用品（购买时需要专门知识的特殊商品）为主。商圈范围设定在 2 千米 ~ 15 千米，商圈人口为 18 万人以上。

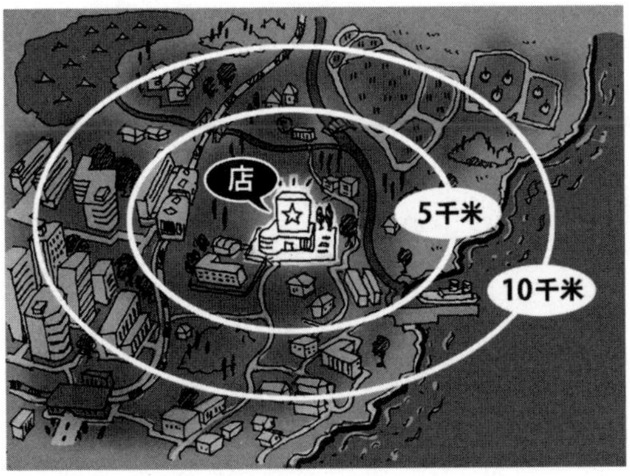

市场与目标顾客的预设与创造

我们在结束对计划店铺的选址调查与商圈设定之后，就要对该店铺进行市场与目标客户预选，并以此为基础，确定店铺的品牌概念，并进行商品规划与组建（营销），这部分工作将进一步影响未来市场和目标客户群的创建与扩展。

◎创建市场

店铺规划中的市场是指以顾客群为中心，在该店铺营销活动中的所有对象，包括商圈、商品、流通以及促销等，简而言之就是销售机会或出售场所。由于店铺的基础就是商业，因此目标就是有卖点。关于市场的选择，我们在该店铺所在商圈内提取用户的生活方式、城市功能、旅游资源、自然环境等特征性的关键词，并从中选择市场对象进一步挖掘，更重要的是明确哪些卖点具有市场召唤力。

◎明确目标客户的作用

完成店铺的商圈设定及市场创建后，我们要做的就是明确目标客户。这一步骤非常重要，原因在于它直接作用于接下来店铺的创建及商品规划与商品组建（营销）。关于明确目标客户，我们要重点关注在市场创建阶段，商圈内消费者的需求，同时预设该店铺内的顾客群，关注核心一代及年龄层、家庭组成、性别、生活方式等方面，然后通过明确店铺可以为顾客“做什么”，来确立其主题与概念。

为店铺找到精准定位

店铺创立：规划流程

在完成调查计划店铺的选址环境、商圈设定、明确市场与目标顾客群等一系列工作之后，我们终于要进入创建店铺的阶段。首先，让我们从店铺想要传达给外界什么，也就是店铺的概念开始着手。

—— 店铺的规划流程 ——

明确日标顾客

↓

确认目标顾客的特性、生活方式及兴趣爱好等

（年龄层、家庭构成、工作、爱好、休闲活动等）

↓

创造顾客理想中的生活

↓

把该店铺中能为目标顾客提供的商品、服务、信息等列出具体清单

↓

店铺应该发挥的作用

店铺存在的意义

店铺能提供的商品、服务与信息

↓

确立店铺概念

◎确认目标顾客的特性、生活方式及兴趣爱好等

上述工作在调查选址环境的阶段已经有所触及。现在，我们想进一步对店铺的核心客户群做更深入的调查。如果我们可以明确他们的日常生活状态和希望达成的理想状态，就可以将其具体实现在店铺建设中，并在未来发挥作用。

◎店铺应该发挥的作用

一旦我们知道了店铺能为来店客人提供哪些商品与服务，就能明确店铺应该发挥的作用——如何丰富顾客的生活，这直接影响店铺概念的确立。我们希望店铺概念可以被广泛传播，不仅限于有关人员，最好简单易懂、深入人心。

店铺创立：店铺设计

一旦建立店铺概念，就将以此为基础，进入设计阶段。首先，让我们考虑一下店铺想要对外传达什么，也就是店铺的整体形象。

◎从店铺概念中捕捉设计雏形

一篇文章或一句话的视觉表达称之为概念，这是一项极为艰难的工作，也是规划店铺中最为困难的工作。一般来说，即便业主是商业经营的专业人士，但对于建筑与设计通常也只是门外汉，对于店铺的设计几乎都会全权委托专门的设计公司或设计师。接下来，让我们看看一个专业的设计师会制订出怎样的设计流程。

店铺设计概念提案流程

收集有关店铺概念的信息

（考察社会形势与选址环境，了解店铺能为顾客提供什么、店铺的作用以及存在的意义）

为什么非“我”不可？

↓

从设计概念中提取关键词

↓

从关键词和短语中捕捉设计雏形

↓

设计元素：确定设计概念

（设计方向、风格、色彩以及主要施工材料等）

↓

考虑设计元素的效果与作用

↓

确定设计概念

◎从设计概念中提取关键词

以上工作的具体方式是：从设计概念中提取关键词，并描绘出能与之产生联想的场景和设计方案。如果设计概念涉及选址环境或历史，可以对此做详细调查，并从中发现设计元素，这不失为一个好的方法。

◎从关键词和短语中捕捉设计雏形

如上所述，从一个词语中提炼出设计雏形是一项很艰巨的任务。我们不要错过来自店铺概念的关键词，从中也能发现设计元素，可以把这些元素具体化，也可以对从关键词中衍生的场景或事件进行描述说明。

◎设计元素：确定设计概念

我们希望设计概念的表述简单易懂。可以通过设计方向、形态、色彩及材料等，恰当地表达出想要呈现的效果。

一旦确立了设计概念，接下来就要进入具体的设计规划流程以及外装、内装等店铺设计的具体操作。随着设计工作不断进行，很容易发生设计师单打独斗的状况。这可能会造成设计偏离最初确立的店铺概念，偏离业主对店铺期望的后果。因此，即便进入了店铺设计的阶段，设计师也不能忘记回归到最根本的店铺概念上。

关于不同行业、类型店铺的设计方法，请参考第 4 章的内容。

Note

第 4 章

不同类型店铺超详细规划设计图解

店铺设计要点

我们无须重申零售店铺在市场中的地位，但它与消费者的生活紧密相连。它提供了商品，替消费者选择并且囤积商品，将这些商品陈列在店铺内，准确传达商品信息，唤起消费者的购买欲并达成最终的购买行为。

◎构成消费者来店行为的要素

第一，是否能引起消费者的注意。不言而喻，店铺的门面是关键。走进店门是第一步。店铺是否能让客人很容易就走进来？路面与店铺有高低差，容易让人产生抵触，应尽量避免。橱窗陈列是否吸引眼球？这是吸引顾客的首要因素。

第二，打开门进入店内，店铺传递给顾客的是什么样的感觉。天花板、墙面、地板营造出的空间氛围，是体现店铺独特风格的要素，因而在做设计时应该做足功课，充分考虑。

第三，与第二点相同，为了能打造出更理想的购物环境，我们应该在灯光、音效以及店铺内冷暖舒适度等方面下功夫，为唤起顾客的购买欲做铺垫。

第四，顾客动线。如您所知，日本正处于社会结构高龄化的时代。“像超市那样的大型商店，走上一百米就会觉得累。”我们经常会听到这样的声音。一家百货商店，如果专柜内设有座椅，会让顾客感到安心。作为一名设计师，必须考虑到这样的休息区域。而中小规模的店铺以及个性小店的设计就需要趣味性，以及可以吸引顾客随意选购的流动路线。

第五，我们经常会听到“顾客动线要长、店员动线要短”这样的话。从理论上讲，动线越长，顾客接触到的商品就越多。也就是说，这与购买节点有关，必然会体现在销售结果上。

第六，为了能顺利地引导顾客购物，设计中必须做到以下几点，我们称之为“磁力导购”：

· 在店头设立商品推荐区

· 平面展台陈列最新商品

· 手绘海报放在卖场的侧面位置

· 靠里面的角落放置特价及打折商品

· 在收银处摆放单价较低的商品

新品、特价商品、季节性商品、有存在感的商品、旋转台（自动式）上的商品、模特所穿的商品，都是极具“磁力”的，这些商品能最快吸引顾客。

◎店铺布局：卖场与其他店铺的平均面积比率

一般而言，出售普通商品的店铺，后场工作区域占整个店铺面积的 10% ~ 30% 最为理想。不过也不是一概而论，这取决于业态、业种以及店铺概念，这点希望大家事先了解清楚（见本页表格“基本店铺面积构成比例”）。最近很多类似的出租店铺，非营业区面积比率下降的趋势严重，有时候甚至省去了这部分区域。也就是说，这都取决于经营方针。所以，我们要牢记这些内容，再开展之后的规划。

基本店铺面积构成比例

业种、业态	营业面积（%）	后场工作区（%）
服装店	80 ~ 90	10 ~ 20
综合店铺	80 ~ 90	10 ~ 20
化妆品店、药店	75 ~ 85	15 ~ 25
便利店	70 ~ 80	20 ~ 30
书店	80 ~ 90	10 ~ 20
酒水专卖店	50 ~ 60	40 ~ 50

◎店铺布局：卖场构成的基本形式

因业种、业态的不同，不同的卖场构成也会产生不一样的销售形式。比如，食品店与珠宝店的销售形式一定是不同的。目前，常见的卖场动线规划主要有 3 种基本形式。

① 自助式

顾客自由挑选，在卖场出口处结账的销售形式（如大型超市、便利店、杂货店、书店、百元店、折扣店、服饰店等）。

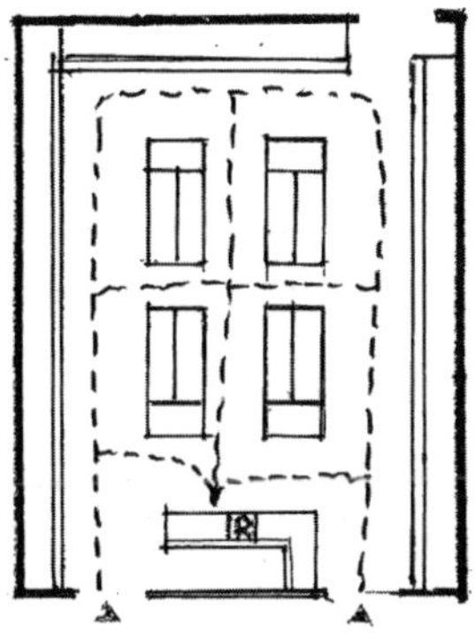

▲自助式

② 面对面式

卖场售货设施 80% ~ 90% 由陈列货架、橱窗、柜位组成。店员通常会当面向顾客介绍商品，偶尔穿插导购的销售形式（如百货店、珠宝商店、甜品店、贵金属店等）。

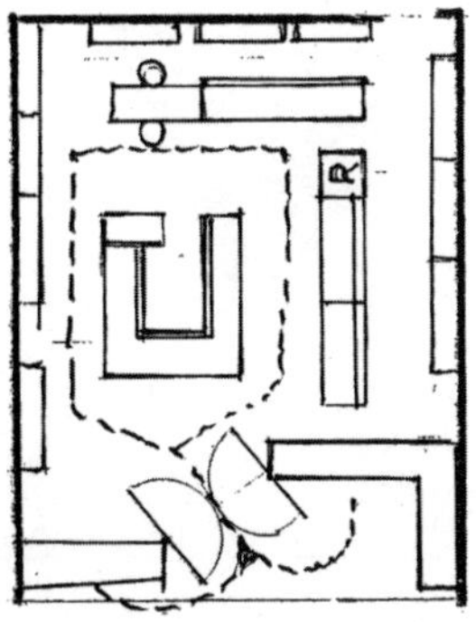

▲面对面式

③ 半自助式

卖场采取了面对面式的服务，但其中 50% ~ 60% 为自助式服务的销售形式（如和果子店、纪念品店、药店、钟表店、眼镜店、化妆品店等）。

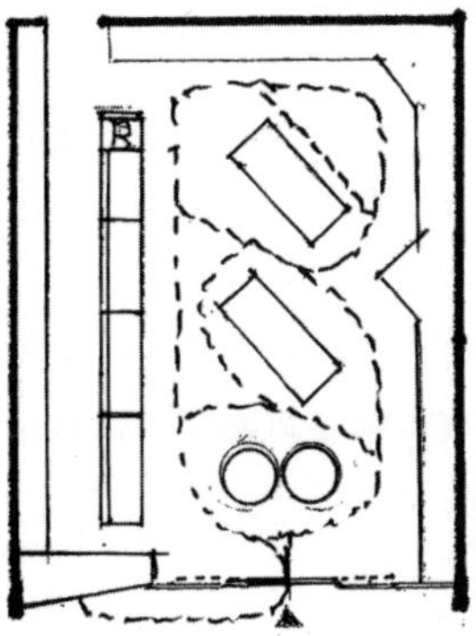

▲半自助式

◎店铺布局：通道

① 客用通道的考量

在规划店铺布局时，设计卖场动线是首要任务。特别是在做商品销售的平面计划时，卖场内的通道对店铺布局至关重要，需要布局成能满足顾客购物需求的回游路线。

因此，店铺内区域的划分要跟随业种、业态的不同而更改，所以不存在一成不变的顾客动线。与此同时，也必须充分认识到通道的宽窄也不是一成不变的。

客用通道的基本尺寸　　单位：cm

区分		中小规模店铺的通道宽度	百货店超市的通道宽度
主通道	最窄	80	160
	一般	90 ~ 210	180 ~ 360
	最宽	360	450
副通道	最窄	60	120
	一般	75 ~ 150	150 ~ 210
	最宽	150	210

② 店员用通道的考量

店员用通道宽度的基本尺寸如下表所示，不过请注意，这些尺寸会随着业种、业态以及店铺概念的不同而发生变化。

店员用通道的基本尺寸　　单位：cm

使用方法	店员用通道宽度
单人通道的宽度	40
普通小店的常用通道宽度	约 70
百货店常用通道宽度	约 80
一般手拿货物经过的通道	约 90

◎店铺布局：陈列

① 卖场陈列（展示）的功能

从顾客站在卖场通道，看到陈列柜、展示台、花车的那刻起，是否合眼缘、触感是否舒适，这些都与陈列器具的功能有关。为了让顾客更全面地了解商品，用卖点广告（POP）或宣传单等形式，将详细的商品内容、容量、尺寸、价格等信息传达给顾客，这类辅助性功能必不可少。

按陈列功能分类的陈列器具

摆放类	叠放式	置物台、陈列柜、橱窗
	排列式	展台、陈列架、橱窗
	投放式	篮子、箱子
粘贴类	贴置式	垂直壁板、网类装饰
	贴挂式	细绳类
悬挂类	钩挂式	带挂钩的置物架或壁板
	吊挂式	展示台等器具
	挂置式	网状类其他展示器具

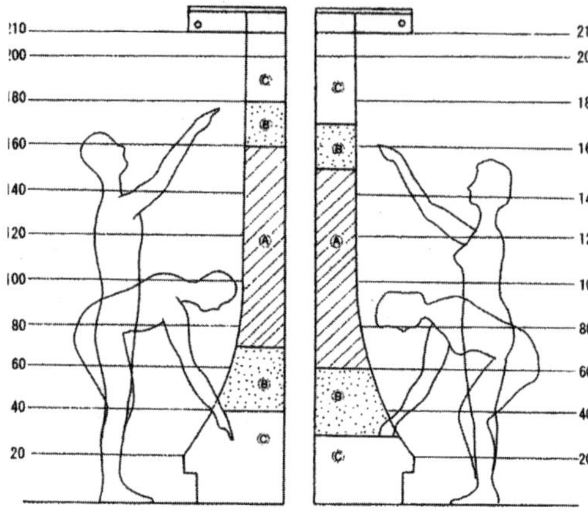

Ⓐ手最容易接触到的高度（男 70~160cm　女 60~150cm）

Ⓑ手够得到的高度（下）（上）（男 40~70cm 160~180cm　女 30~60cm 150~170cm）

Ⓒ储物空间的高度（下）（上）（男 0~40cm 180~200cm　女 0~30cm 170~200cm）

▲按性别划分的有效展示高度

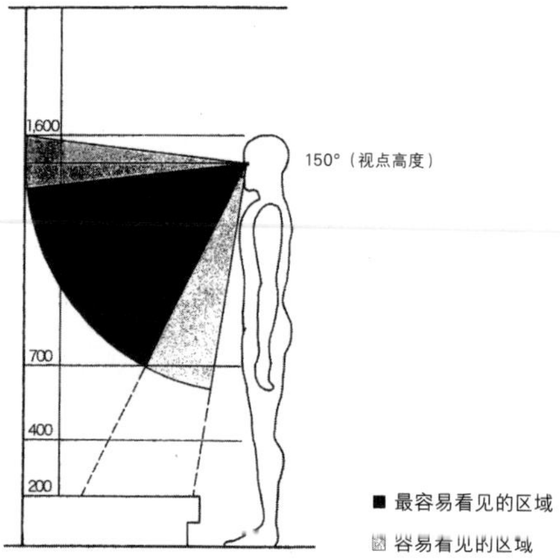

▲可视区域（单位：mm）

② 陈列（展示）必备的要素

安全性与稳定性。不能让顾客产生架子会不会倒塌的疑虑。

容易进入视野，方便选择。无法让人看到的陈列毫无意义。容易被看见，容易被触摸到，这是购物需求的首要条件。

商品容易触摸到，放回去又不费劲。触觉能够帮助了解商品的质感。拿衣服打比方，触摸一下面料，就会知道是不是亲肤。而如果是食品，靠摸的话肯定是无法知道滋味的。

俘获人心的陈列技巧。清新干净的感觉会提升购物者的好感度。另外，主打产品区域的陈列一定要花心思激发顾客的好奇心。

可以传达商品信息的陈列。用提供商品信息、卖点广告、价目牌、宣传纸片、广告画报等方式进一步增强说服力，拉近商品与顾客的距离。

③ 有效陈列（展示）的标准

陈列架的深度，取决于所要展示的商品，通常在 20 ~ 45 厘米之间，但如果是服装类店铺，标准宽度会在 60 厘米左右。右栏上图为按性别划分的有效展示高度。Ⓐ部分属于店内商品中周转率较高的区域，被称为销售黄金区。

④ 商品陈列柜及展示柜

超市用的多层式陈列柜，高度在 150 厘米以上，而一般中小型店铺的货柜高度以 150 厘米以下居多。其他还有展示台、用于大量货物展示的花车等。另外，会被普通零售店采用的还有橱窗、收银台、包装台、咨询台，以及商品陈列柜和展示柜等。近来，一些独立货架也得到了广泛使用。

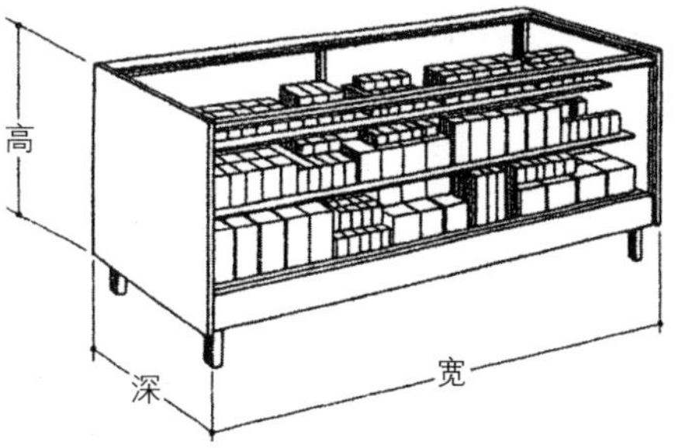

陈列柜	宽 90 ~ 180cm
	深 45 ~ 60cm
	高 90cm

▲陈列柜

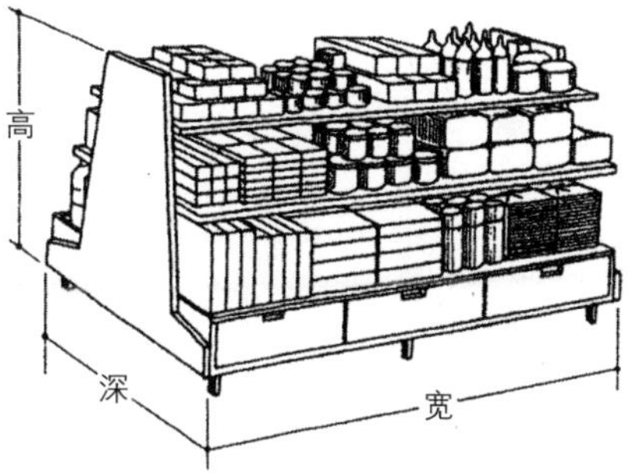

展示柜	宽 90 ~ 180cm
	深 45 ~ 60cm
	高 90cm

▲展示柜

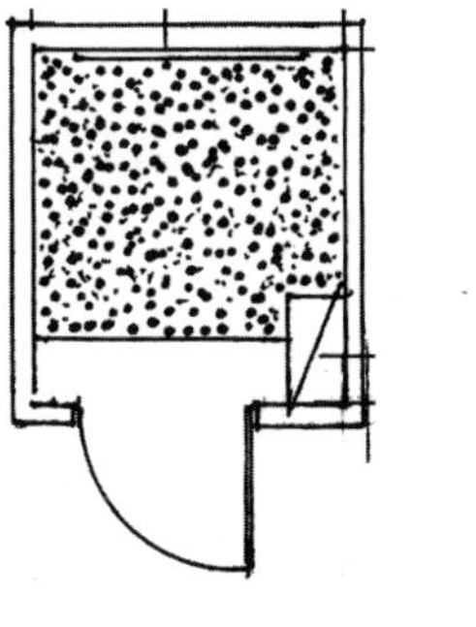

▲标准式样的试衣间 / 定制尺寸为 150 厘米以上。镜子也可以考虑 3 面安装

◎陈列器具的基本形态

结合业种、业态及店铺概念，用于摆放商品的器具形状及尺寸；大多数都是特别设计定制的。而自助式店铺的陈列器具，则普遍选择相关制造厂商的规格成品。上图所示为最基本的展示台及尺寸。服装店的话，还要考虑摆放模特的展台，另外还得增设衣架和试衣间。

◎照明设计

为零售店设计灯光照明的目的，是为了让店铺更有存在感，更清楚地展现商品，让顾客更容易看到店铺内的商品。具体设计特点如下：

①店头以及进门部分

引起路经客人的注意，同时营造吸引客人入内的氛围。特别是橱窗的灯光照明，亮度要达到店内亮度的 2 ~ 3 倍，为此要增设辅助照明设备。

增加店内陈设的存在感，给客人留下深刻印象。

②卖场部分

卖场部分的灯光照明要注重视觉效果，因此应尽量选用接近自然光的颜色，可用高显色灯具产品，用以强调商品的魅力所在，清楚呈现商品，同时营造愉悦的购物环境。

◎顾客品位与照明偏向

①基础照明

天花板灯光是整个店铺的基础照明，所以要事先考虑到，如果过于强调基础照明，势必会削弱重点部分（局部灯光）的视觉效果。

顾客群与照明偏向

顾客分类	照明偏向
男性顾客	强烈的直接光
女性顾客	柔弱的间接光，闪闪发亮的柔光
年轻顾客	明快、强烈的灯光，一部分人偏爱整体昏暗的灯光
年长顾客	安静、自然、低刺激的柔光

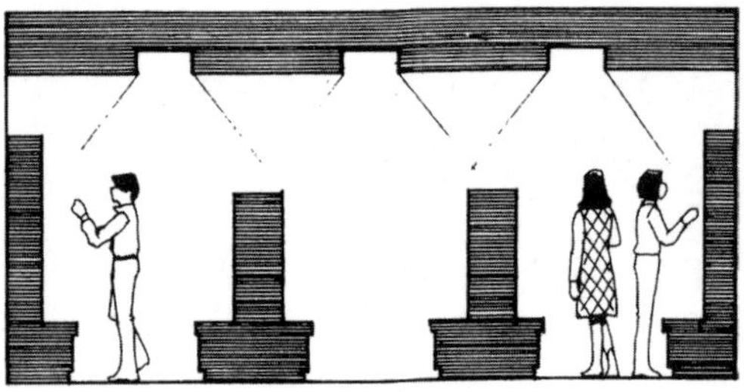

▲基础照明

▲重点照明

▲装饰（点缀）照明

▲环境＋商品照明

常见店铺照明标准

<table>
<tr><th>光照强度（勒克斯）</th><th>通用项目</th><th>日用品（杂货、食品等）</th><th>大型超市（自助式）</th><th>大型商店（百货店、仓储超市等）</th><th>时尚精品店（服饰、眼镜、钟表店等）</th><th>文化用品商店（家电、乐器、书店等）</th><th>休闲娱乐（摄影、手工艺、收藏品店等）</th><th>高级专卖店（贵金属、时装、艺术品等）</th><th>小吃店、餐厅、饮品店</th></tr>
<tr><td>3000–1500（2000）</td><td>重点陈列</td><td rowspan="2">—</td><td rowspan="2">特别陈列</td><td>重点橱窗
展示厅
店内重点陈列</td><td>重点橱窗</td><td>重点橱窗
店头陈列</td><td rowspan="2">—</td><td>重点橱窗</td><td>—</td></tr>
<tr><td>1500–1000</td><td>—</td><td>问讯处
店内陈列</td><td>—</td><td>重点展台商品</td><td>店内重点陈列</td><td rowspan="2">试吃柜台</td></tr>
<tr><td>1000–750</td><td>重点陈列
收银处
电梯与自动扶梯口
礼品包装台</td><td>重点陈列</td><td>全店内（市内店）</td><td>重点楼层的所有特卖场
咨询处</td><td>重点陈列
设计角
更衣处</td><td>店内陈列
咨询处、体验教室
整体橱窗</td><td>店内重点陈列
整体橱窗模特</td><td>一般陈列</td></tr>
<tr><td>750–500</td><td>电梯厅
自动扶梯</td><td>重点部分
店头</td><td rowspan="2">全店内（郊外店）</td><td>全部楼层</td><td rowspan="2">特别陈列
全店
（除特别陈列）</td><td>全店内
影视剧同款陈列区</td><td>店内一般陈列
特别陈列
咨询处</td><td>咨询角
设计角
更衣处</td><td rowspan="2">会议室、料理室
餐桌
收银
账房
收货处</td></tr>
<tr><td>500–300</td><td>一般陈列品、咨询室</td><td>—</td><td>整体高楼层</td><td rowspan="2">—</td><td rowspan="2">全店</td><td>接待处</td></tr>
<tr><td>300–200</td><td>接待室</td><td>全店</td><td rowspan="4">—</td><td rowspan="4">—</td><td>—</td><td rowspan="2">全店</td><td rowspan="2">店门口、接待处、包间、厕所、盥洗室</td></tr>
<tr><td>200–150</td><td>厕所、盥洗室、楼梯、走廊</td><td>—</td><td>特别部门</td><td>影视剧同款陈列</td><td>—</td></tr>
<tr><td>150–100</td><td>—</td><td rowspan="2">—</td><td rowspan="2">—</td><td rowspan="2">—</td><td>特别部门</td><td rowspan="2">—</td><td rowspan="2">走廊、楼梯</td></tr>
<tr><td>100–75</td><td>休息室、全店内</td><td>—</td></tr>
</table>

②重点照明

重点照明用在主打商品以及重要陈列区域，来增强对消费者的吸引力。因此，亮度应是基础照明的 3 ~ 6 倍。

③环境 + 商品照明

与重点照明不同，这些灯光照明不是用在主打商品或重点区域，而是用来照射墙壁、中央花车或者由上至下照射一般商品的。还有安置在天花板上的点光源也属于这类照明，都是用来直接照亮这个卖场的。

现如今，像 20 世纪五六十年代那般大规模生产、大量销售的时代早已结束，消费者的购物观念也发生了巨大的变化。消费者逐渐偏重于安心消费、追求品质以及价格合理等方面，基本形成追求便利、不浪费、不强求的思维格局。

大型超市成城石井的前任社长石井良明先生在著作中写道："销售一件商品时，要亲自赶赴产地，相信自己双脚踏过的土地，亲自看过、尝过后才决定进货。从日本出发走遍全世界，把自己信得过的商品陈列在店里，呈现给顾客。"对消费者而言，他们会愿意用较高的价格换取安心与口感。这就是为什么他们与一般超市不同的原因，这种经营理念与现代消费导向不谋而合。

创建一个店铺固然重要，但缺了商品，再好的店铺无疑也是形同虚设。重要的是如何推行适合该店铺的销售政策。可以说，店铺设计师身为这方面的专家，能让两者相辅相成，走向繁荣，这就是他们存在的意义。

招牌与店标的设计

作为一个有吸引力的店铺，为了赢得顾客的好感与信任感，无论是内外装修、店标还是商品等，所有能传达视觉信息的元素都必须一致。而招牌、店标的文字与图案就是最强有力的核心内容。

一个有吸引力的店标，无论其类型、配色如何，首先必须具备一定的功能性。哪种商品出售给哪类顾客，店铺里有什么商品，这些都一定要在视觉上正确地传达给顾客。另外，招牌的名字能否朗朗上口，这一点也很重要。

再接下来要考虑的就是店标的创造性、感染力以及美观度。

招牌和店标设计实例

Heart's 五金店

这是一家历史悠久的五金店，长期以来凭借建筑五金和专业材料，深得专业人士的信赖。通过这次翻新，企业想把客户扩展到普通消费者，而不再局限于专业人士，因而重新设计了店铺形象。

店标方面，我们对“庄”（店铺的初代创始人名为近藤庄卫门）字进行了图文设计，形成店标，具有很强的标志性。

▲店标与字形

▲用正方形模块进行延展

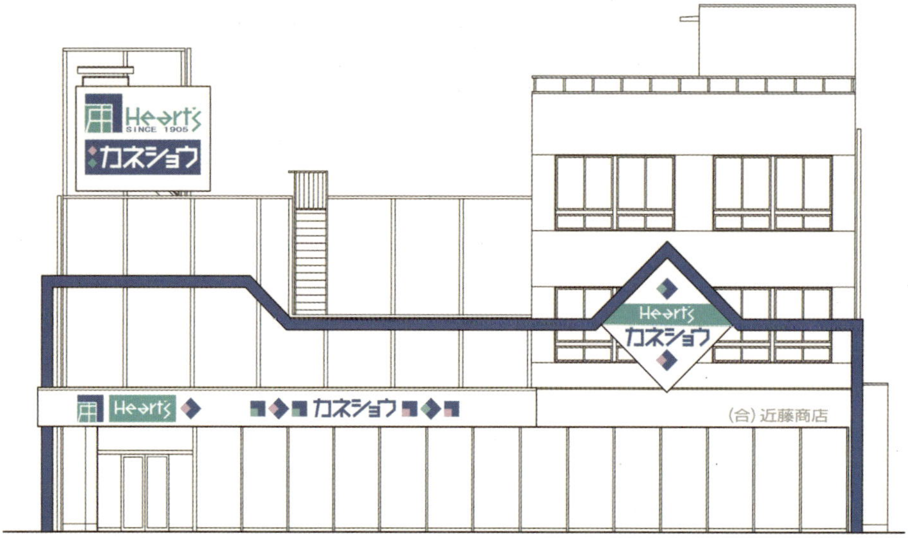

▲立面图

▲店内用标记（卖场导览）

▲店内用标记（桌子边缘、收银台）

店标设计实例

▲和果子

▲和果子

▲酒、天然食品

▲制服、工作服

▲五金、工具、建材

▲五金、工具、建材

1 品牌店

店铺类型：店面出租型店铺
所在地区：东京中央区银座
规划面积：约 100m²

了解经营管理与市场环境

品牌店的种类繁多，其管理方法也是多种多样，如品牌商直接管理的直营店，或以采购为主的买手店等。所以在制订开店计划的时候，思路不要只局限于专卖店，还要考虑百货店、综合超市的专卖场以及服装专柜等，无论大众化路线还是小众顶级路线都应该包含在内。在这样的前提之下，时尚品牌所涉及的产品，应该针对大多数消费者，因为无论男女老少都会需要。在这样的发展趋势之下，相对于高级百货店的服装专柜与品牌专卖店销售量的持续低迷，一些秉持“快速时尚品牌”观念的大型服装店似乎受到了大众的好评。

这次要策划的品牌店是一家归属于某国际服装制造商旗下的直营店，也就是所谓的奢侈品专卖店。这家店的品牌概念是“发挥纺织品制造商的先天优势，希望众多的女性顾客能够享受如此优良的材质与精美的图案。获得它就是赢得高品质的生活”。他们的经营模式与百货店或服装专柜一样，同样面临严峻挑战。然而，由于选址的不同，似乎也有一些店铺近年受到了来自日本以外的游客观光热潮的眷顾，提升了销售额。无论如何，重点是要跟随行业的发展趋势，牢牢把握店铺的品牌概念。

考察现场条件

我们将目标锁定在市中心，预计将店铺选在商店众多的商业街，那里国内外消费者云集，如东京中央区的银座。主干道上聚集了国内外服装品牌的旗舰店、老字号百货店、工业制造品牌的展示厅以及新型产业的大规模商业设施等，各个行业的大型设施鳞次栉比。当然，近年日本旅游业兴旺，也带来了很多的观光客。

我们所选的并木街并不如主干道那般繁华，只零星分布着一些较小规模的老字号店铺、品牌店以及餐厅，这条街上的商户大都拥有众多的固定顾客。于是，我们假定选在并木街一幢商业大楼的一楼，面积约为 100 平方米。

实施计划时对店铺机能配置进行讨论

确认销售形式

前面已经提到，零售店的销售形式大致分为三种：自助式、面对面式和半自助式。计划中的店铺是一家服装专卖店，因此销售形式以客人在店内自由选购为主，如有需要则给予服务，属于第三种销售方式。确认了销售形式，就要列出必要的店铺配置。以下就是服装店的店铺配置示例。

店铺配置示例

① 引导区：店铺入口（店外部分）、店铺入口（店内部分）、橱窗（展示空间）

② 接待区（卖场）：商品陈列空间（壁柜、岛形展示台、玻璃橱柜）、沙龙、试衣室、服务台

③ 商品管理区（仓库）

④ 综合管理区（办公区）

各部门的分区与布局

列出该店铺所有必备的配置以后，就要开始进行店铺内的布局了。不过，这次计划的店铺强调的是以顾客自主选购为主、间接介绍为辅的销售形式，因此还必须多几道工序。

想象一下顾客的流动路线

——顾客动线决定销售业绩

尽管不同业态会存在些许差异，但半自助式的店铺在计划流动路线时，最重要的是尽可能扩大客人的行动范围，并且行经路程要简单。因为，在这类店铺中，只有让客人看见商品才有消费的可能。因此，说“顾客动线决定销售”一点儿也不夸张。下面，就让我们试着想象一下计划中时装店的顾客动线。

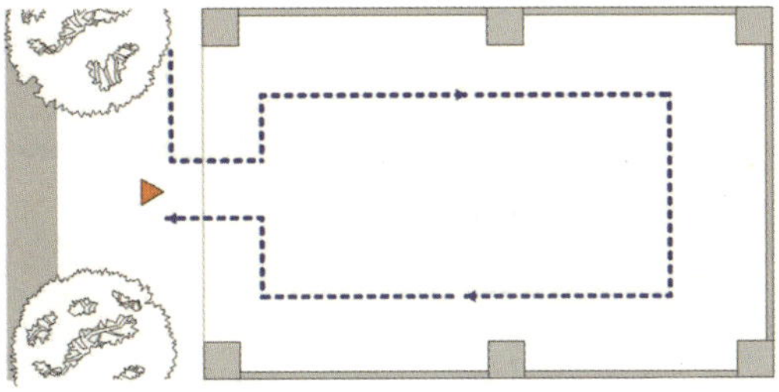

▲顾客动线

业态不同，分区方法也会略有差别。不过，第一步就是要优先考虑如何衔接导入区与接待区（卖场）。

基本上，在设想顾客动线的同时，就要将整个卖场，包括所有商品包括在内来进行配置。计划中的时装店内，高价位商品居多，因此要给行进动线及陈列器具留出足够的空间。

流动路线的途中，多设置几处能吸引顾客注意力或兴趣的卖点。主打推荐与次要推荐互助互补，才能促进销售。

相关联的商品（如上衣、围巾、手提包与小皮件）就近放置，可以根据不同时期的推广需求，灵活替换现场陈列的布局。这在商品更替快速的时装行业，都是应该事先考虑到的。

既然时装店的主要商品是服饰，那就少不了试衣间。应该把试衣间安排在方便客人前去试穿的地

方。另外，为了不让客人换衣服时心感不安，要避免把试衣室配置在靠近店门口的地方。一般情况下，100 平方米左右的店铺不会专门安排只负责顾客试衣的店员，因此，在这类店铺内，店员所处的位置必须能环顾到全店区域，包括试衣间。

希望可以设立一个休息区域（顾客座席），以便向坐下休息的客人推荐商品，同时也有利于其他客人顺利结账。

相对于接待客人、直接营业的引导区与接待区，商品管理区和综合管理区就是支持销售的间接营业区（员工区域），这一点也要进行确认。

由于经常进出，因此员工工作区最好配置在距离引导区较远的位置，这样顾客就不会经常看见这些地方。

平面规划的要点

确认店铺概念的重要性

在分区的基础上，我们一边设想如何布局店内配置，一边进行平面规划。这个时候，必须牢记店铺概念是什么。例如，本案例中的时装店，一定要记住“主角是身着上品意大利时尚女装的现代女性”。

确认了店铺概念之后，为了将它具体化，我们需要抓准可以体现店铺环境的关键词。如本案例，我们可以从它的概念中归纳出“上品”“高级”“简约”“时尚”这些关键词。

设定完几个关键词后，就该配合顾客动线与分区图，开始琢磨店铺的平面规划。

我们设想的是一个逆时针行进的动线轨迹，这是因为考虑到人在行进过程中，对左侧事物较有感知力，这样设计的回游路线有利于平面规划。虽然清楚整个设计要表现的是整体的时尚感，但考虑到顾客动线，必须适当设置能够吸引注意力的主打柜位与主打商品。接待区的陈列设施力求简约。在第 040 页的平面图中也画出了顾客动线→回游→主打柜位→主打商品，希望能作为参考。

关于引导区，我们动足脑筋，取景于户外步道两旁的树。另外，玻璃橱窗还能聚集来自路上行人的目光，可以说也是个吸引外部客源的亮点。

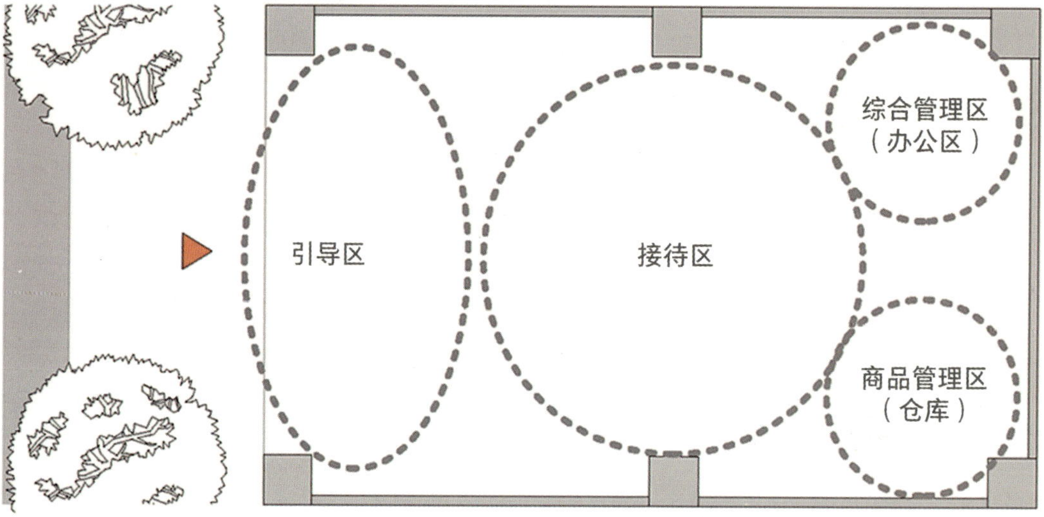

▲分区图

▲透视图 / 店中心视角

▲透视图 / 窗边视角

▲透视图 / 正侧方视角

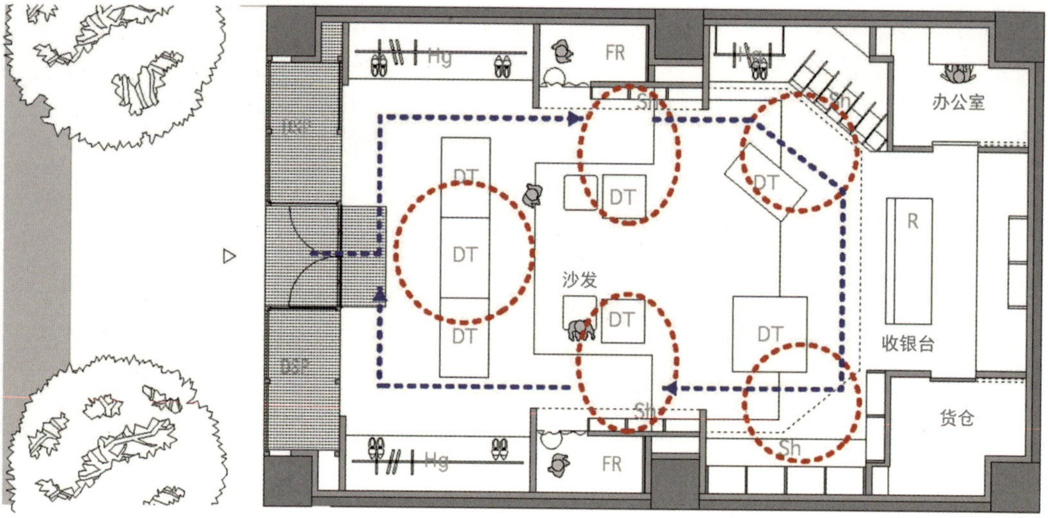

▲平面图

色彩与材料的规划要点

色彩方面，为了凸显出服装纺织图案的精美，采用冷色系来营造中性、冷感的背景。

同时，选用部分具有金属感、通透反色的材料，增加店铺空间的深度。

没有商品陈列的地方选用有质感的材料，营造厚重感与豪华感。

灯光照明的规划要点

从天花板投射灯光打照迎宾门垫，制造引导区（入口）的仪式感。

壁柜处的灯光投射到墙面形成阴影，来增强商品的立体感。

整个接待区域，分成间接照明与工作照明。

要避免强光产生眩光，以及避免在商品陈列器具的玻璃面上形成反射光。

日本在店铺设计上的相关法规

在东京中央区计划用地，没有特定的景观条例，不必提出任何申请，不过在银座地区另外设立了设计协会。

根据日本《中央区街道开发事业指导纲要》第 11 条规定，2006 年指定银座设计协会，代表地方对城市（观景等）发展进行推广与治理。开发机构对设计协会管辖区域内的建筑物进行规划，要在确认申请和认证申请前，就规划内容与设计协会进行讨论与协商。讨论协商区域为：中央区银座 1 丁目至 8 丁目。

该计划店铺的选地为银座 6 丁目（假定），包括路面店头在内的引导区域，因此，所作规划应当事先确认是否符合《纲要》规定。

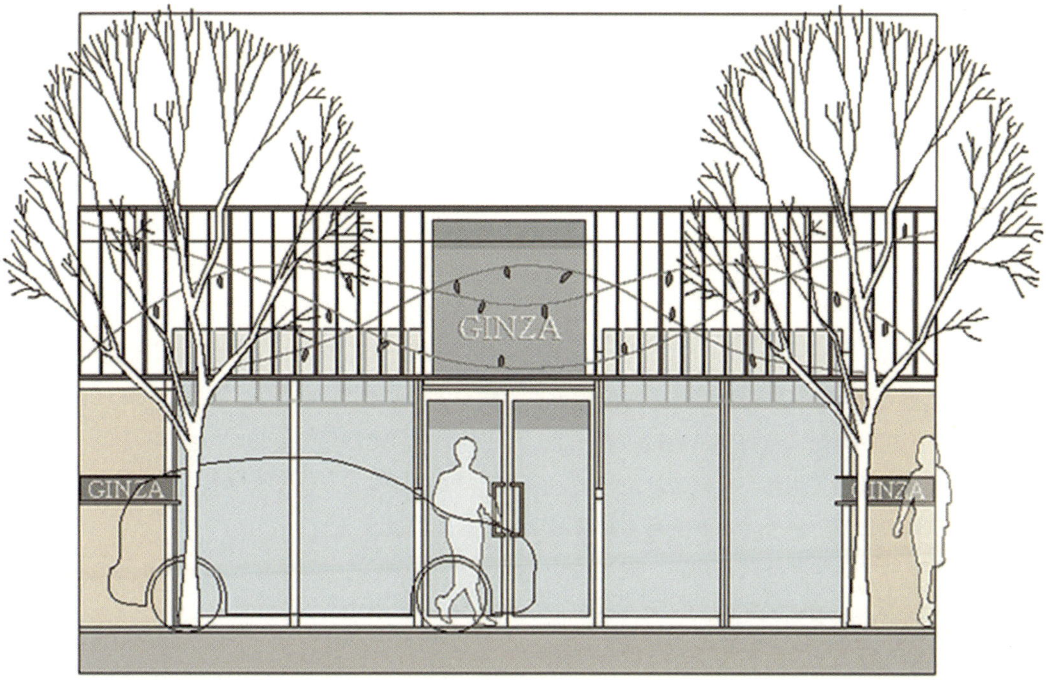

▲立面图

▲剖面图

2 服装店

Vaudeville 时装店

店铺类型：店面出租型店铺，时装店、陈列工作室
所在地区：东京港区
规划面积：150 m^2

分析选地优势，确立设计概念

我们把时装店定位成“出售成衣的商店”。然而，这里不光只是个销售商品的场所，也应该清楚地向顾客及市场传达自身品牌的形象，因而有必要进行恰当的店铺设计。

这里要展示的案例是一家品牌服饰的旗舰店，在推广销售的同时，也将向来店客人展示商品的原创设计以及精美用料，可以说这里也将设计成一个陈列工作室。另外，本案例所在位置是东京的繁华商业街，除了终端消费者，时尚买手等众多具有敏锐时尚嗅觉的业内人士也会会聚于此。为了充分发挥这一文化的传播力，我们将通过空间、陈列设施等，向世人展现简约甚至极简主义的品牌概念，这将明显不同于普通服装品牌的风格。

制定设计理念时，我们用舞台术语 vaudeville（意思是为喜剧、歌剧、舞蹈所设的艺术空间，或剧场空间）作为这个时装品牌陈列工作室的名字。因为服装是穿在柔软肢体上的柔软文化，因而我们要将空间抽象化，用所有场景唤起美感，创造魅力，具体表现在将座椅等家具的轮廓抽象化，让衣物轻轻悬挂，想象穿上它后所有柔软的肢体动作，自然地唤醒感官。

▲店内感观 / 应该充分展现商品的原汁原味。极简空间、家具，就像一个“能乐”舞台、戏剧空间的布景，自然唤醒与服装有关的生活场景

锁定顾客群的店内布局与凸显商品形象的采光设计

本案例中的店铺是由原出租店铺内两个现有区域构成的。一个区域是以展示、洽谈为主的陈列工作室，洽谈区位于中央位置，能环视所有陈列商品，展示器具全部沿墙壁摆放。来这里的客人不是散客，而是时尚买手，因此只展示部分商品，所以这部分区域也可以用作后台工作区。洽谈空间内摆放了 90 厘米 ×90 厘米的大方桌，便于将样品摆放在桌面进行商谈，也可以根据人数自由拼拆。

另一部分是展品以外的库存空间，展示区常设品数量较少，因而用于仓库的面积就相对变大。

接下来，让我们看一下采光计划。通常，为了防止商品变色及材质劣化，应该注意不要将商品暴露于直射光下。而在时装店，除了要做到这一点，为了保留服装原有的柔软线条，还不能把直射光线设计出强烈对比，换言之，就是不要带来强烈的阴影。为了把展示商品的场所变成最具魅力的空间，有必要对采光进行探讨，也就是窗口部分的设计。该案例中，原有窗口全部被覆盖，我们采用框架边缘采光，来获得间接光源，同时兼顾设计师的设计意图。

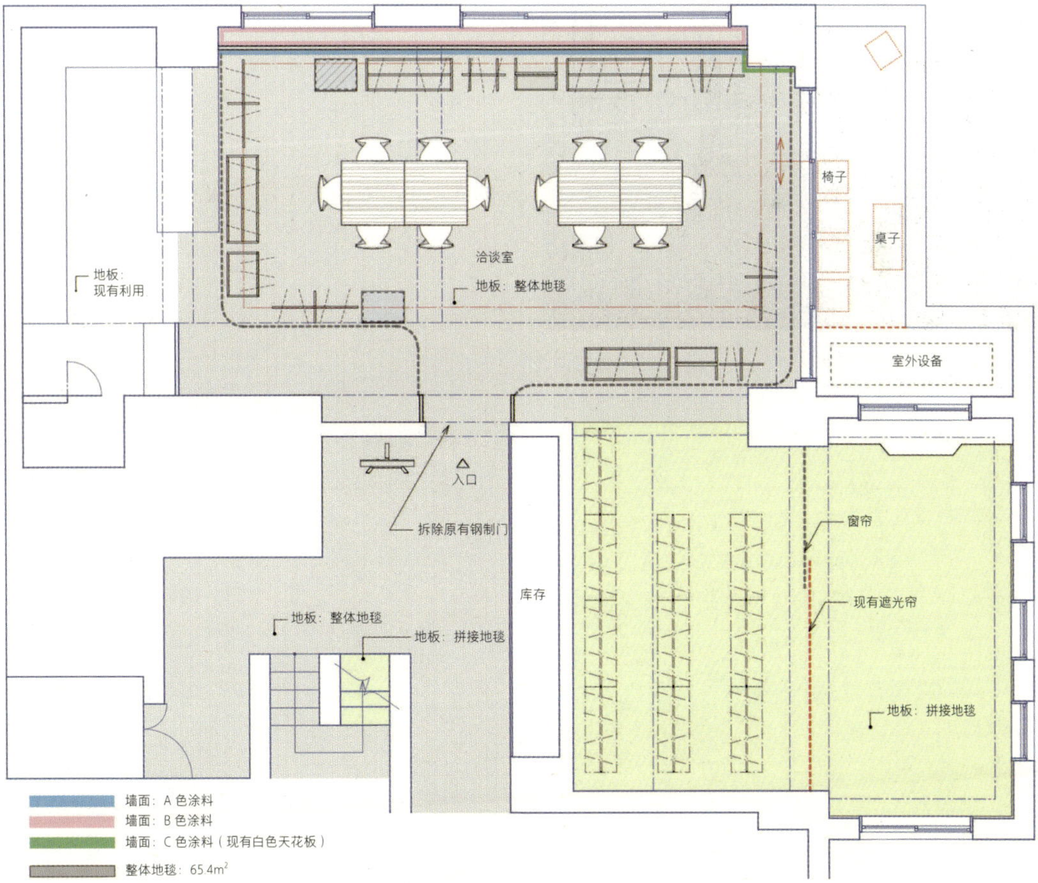

▲**店内平面图** / 用作展示、洽谈、仓储的主要区域。洽谈区域可以看到所有展示商品，陈列器具沿墙摆放。凸显所有商品的独特性，限制展示品数量，其余商品都放在货仓内保存

展示空间兼顾设计意图：窗户处理

让我们看看窗户处理的细节。本页墙面图中的“P15 号”是绘制普通风景画所用标准画布的尺寸。这样用纵横组合的方式表现出设计意图，同时又间接采集到了外部光线，与室内聚光灯一起营造良好的光照环境，衬托出商品。此外，完成后的壁面开口比每个框架板尺寸小了 30 毫米左右，外部光线自然形成白色光圈。同时，新建的盖板与建筑原有墙壁之间留有充分空间，就算下方有画框，一样可以确保采光。换句话说，盖板与墙面原来的开口距离越近，采光效果就会越弱。

◀ 框架采光 / 从尺寸略小于框架的窗口间接采集来的外部光线变得柔和，与人工照明一起发挥作用，让商品以更自然的状态呈现

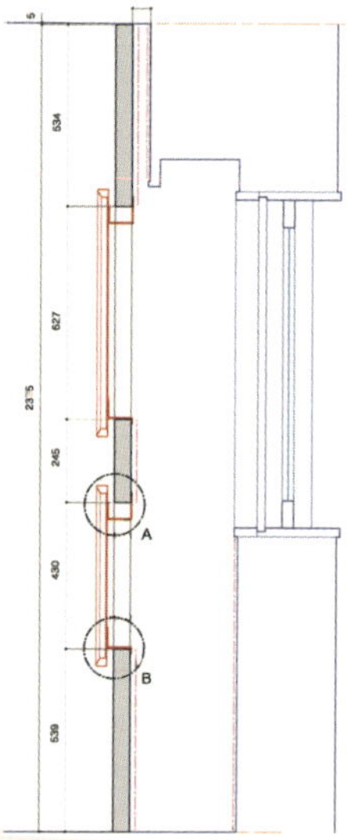

▲剖面图 / 盖板与原有墙壁之间留有充分空间，构成框架的墙壁（单位：mm）

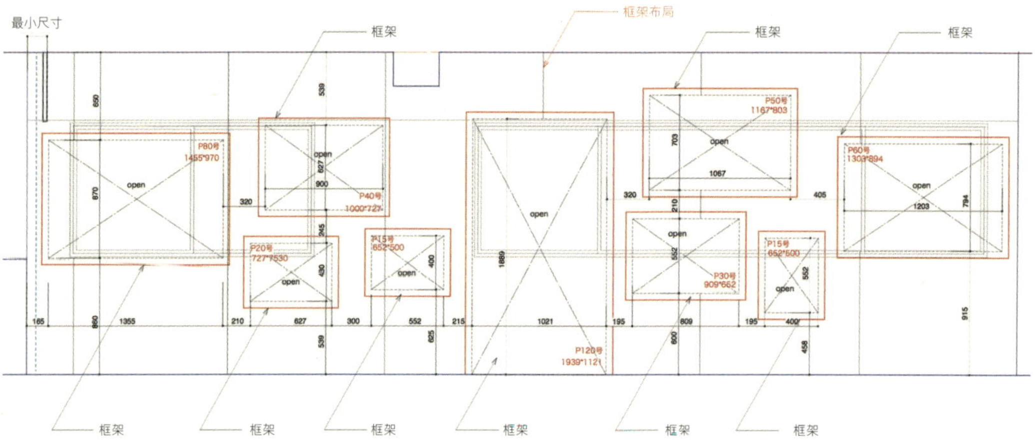

▲墙面图 / 将常规尺寸的画布涂成与墙壁同色，既表现了设计意图，又能与原有窗口一起采集外部光源，发挥框架照明的功能（单位：mm）

留用现成品，并加入轻量简洁的元素

因为该案例中所有画框面板都能取下，因此除了在展期内，一般都会拆除下来，以适应平日办公需要。此外，因为使用了现成的画布，重量很轻，连女性工作人员也可以轻松装卸。相反，如果换成原木板或闪光板，恐怕会重四五千克，不适合在精美的服饰附近搬运组装。店内装饰的物品，越是轻巧，越容易使用。

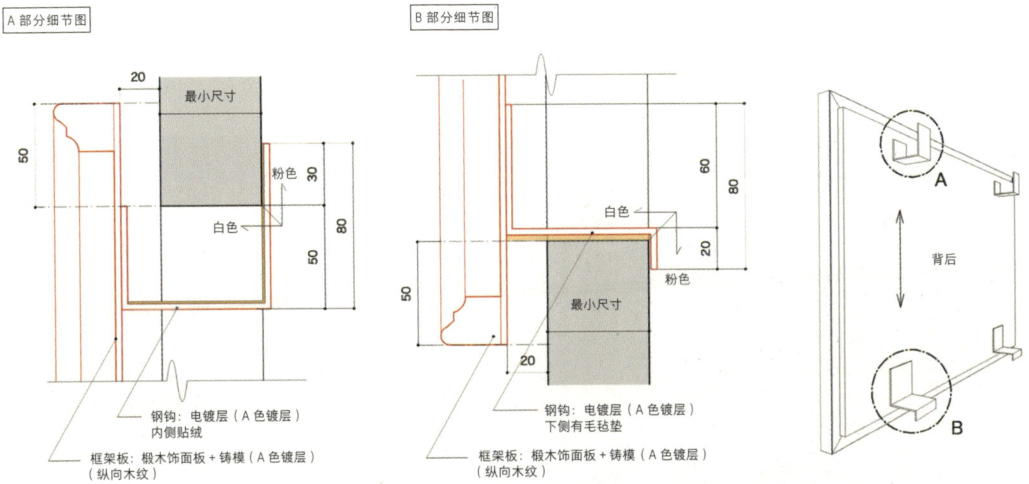

▲框架板五金配件详图 / 上下 4 个钢钩用来固定住窗口。上部为搭钩，下部为槽口（单位：mm）

▲拆除状态 / 展期外，所有画框都被拆除，通常作为办公场所使用

► 简易拆装 / 每个框架四周都经过打磨，易于固定，也可轻松拆除。陈列商品的店铺内装饰，应该尽可能简单，以配合各种布置

陈列架展现服装通透感，同时让空间抽象化

展厅内所有陈列架都选用纤细的边框宽 15 毫米方形钢材，来作为框架材料，并焊接成想要的样式。挂架部分采用直径 10 毫米的圆形钢管。试衣镜框也选用相同材质，以达到空间抽象化的效果。采用框架结构的另一个目的是从框架边缘采集间接外部光线，让商品质地更加通透，起到渲染气氛的效果。另外，墙面涂层选用易于修补的白色乳胶漆，让光线更柔和。出于对降低噪声的考量，我们在地板上铺了触感柔软的无缝地毯。尽管店铺规模不大，但作为时装店以及展示厅这类多功能的工作室，几乎全部功能需求都得到了满足。

▲**灯光渲染空间** / 金属质感的窗帘不仅有效遮挡了工作区，而且能配合灯光与展架，共同演绎出舞台般的抽象空间氛围

▶ **器具展示商品** / 既抽象化了设计意图，又完美表现了商品的存在感与动感

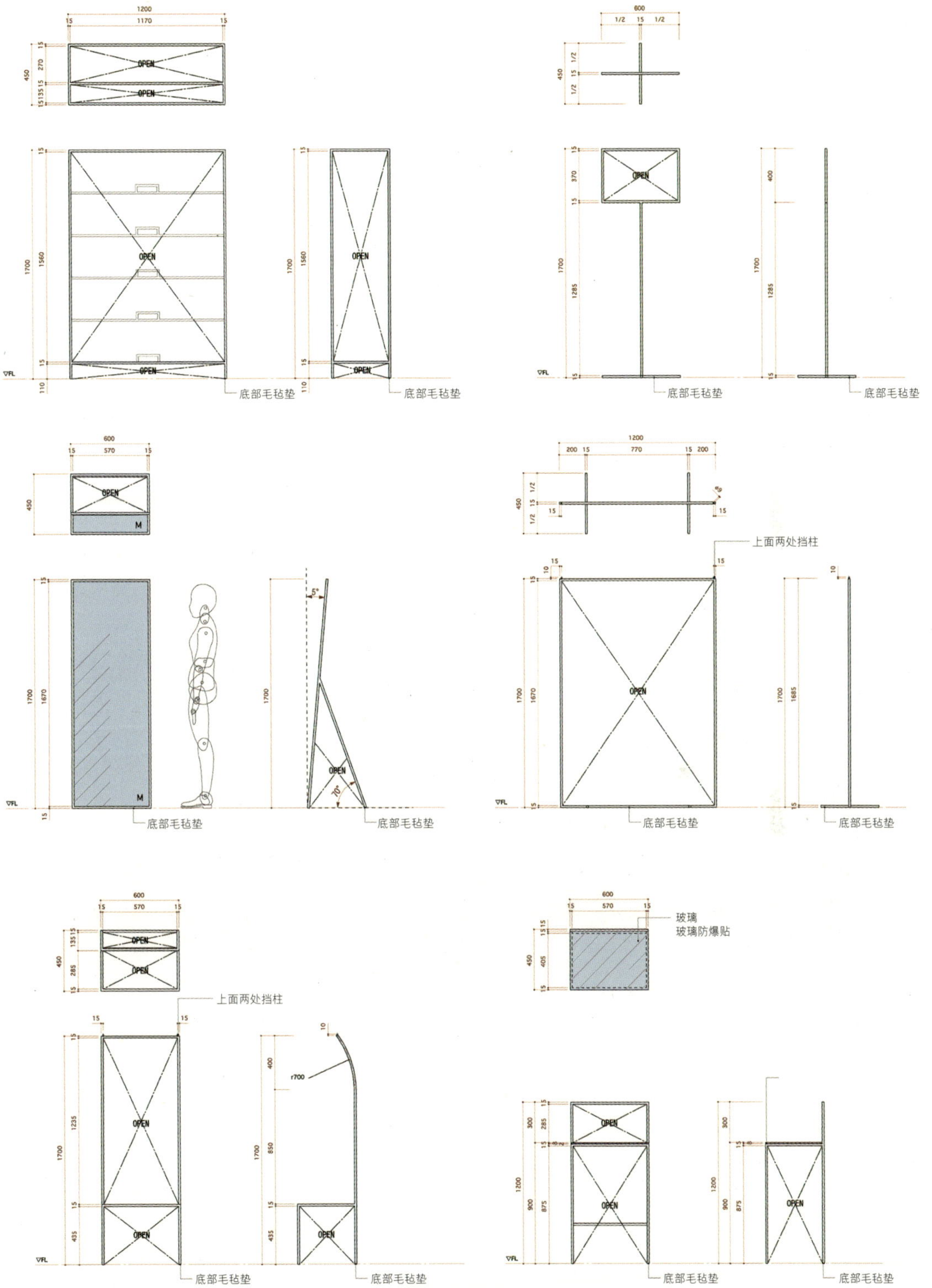

▲陈列架详图 / 架子尽量选择轮廓清晰的 1.5 毫米边款的方形细钢管来构成，没有弧度。框架表面亚光烤漆处理，去除光泽感，整个框架要能融入光照阴影中。另外，桌面采用橡木喷漆饰面板，留出木材原有纹路（单位：mm）

3 精品服饰店

RUKUA 大厦精品店

店铺类型：店面出租型店铺
所在地区：大阪
规划面积：264 m²

了解经营管理与市场环境

现在，实体店都伴随着电子商务的发展，网上购物、送货上门成为理所当然的生活方式。据日本经济产业省发表的数据统计，2014 年的服装、饰品、杂货市场规模达到 120 822 亿日元（约合人民币 7700 亿元），电商普及率也大幅度提升。而从另一方面讲，实体精品店也是为城市景观增添色彩的元素，可以成为重要的地标。今后，要创造内容丰富、有魅力的实体店空间，更需要强调店铺的质感。

考察现场条件

在日本开设精品店的候选场地大致分为路面店、百货店、商业设施（出租大楼）。三种方式各有其吸引人的地方，在学生、职场女性，还有时尚嗅觉敏锐的消费群体中非常有人气。

商业设施包括时尚商厦和车站楼等。选在车站楼，便利性与回客率都较好，同时也不会受到顾客年龄层的限制。该精品店设立在大阪站附近的 RUKUA 大厦内（2011 年开业）。2008 年起，大阪站所在的梅田地区就开始对大阪站附近的货物车站进行重建工程，RUKUA 大厦就是邻近大阪站的一座新建筑。在做 RUKUA 大厦提案的时候，其定位是梅田地区最具潮流的大厦，富有时尚嗅觉的女性被设定为目标顾客。凭借“来这里就对了”的醒目标语，从包括新干线、私铁、地铁沿线所有高度发达地区的基础建设中吸收了大量的客户群。

实施店铺计划

RUKUA 大厦内的立体通道直接面向新干线的中央广场，而该精品店的外部橱窗就处于立体通道所在区域，店铺的总面积约为 264 平方米。由于中央广场和建筑中庭的不规则构造，店铺层高达 5 米。就先天规模而言，这是一个可塑性极强的项目，可以通过设计达到空间感与魅力共存的视觉效果。店门口区域由橱窗与大量的玻璃结构组成，并且有两个面直接面对主要通道。一面是朝向大阪 Grand Front 综合体（再建区域）和客流量超大的立体通道，另一面通往进出地铁站的通路，这里同样也是人潮汹涌。包括新干线、私铁、地铁在内，大阪站梅田地区年乘客量（节假日除外）约为 8.8 亿人次（2015 年），在全世界也是名列前茅的。之所以会想要在这样一个人流量巨大的地方打造一所可以引领潮流的精品店，正是出于这一层考量。于是，店主向我们提出了设计请求。

必要配备

①入口

②窗框

③收银柜台（收银、终端、购物袋）

④衣架，展示货板架（服装类陈列）

⑤杂货（鞋类陈列）

⑥杂货（包类陈列）

⑦杂货（饰品类陈列及库存收纳）

⑧主题陈列（出样区：模特等）

⑨货仓（尽可能在 33 平方米以上）

⑩试衣镜（尽可能多处）

⑪试衣间（内部装修标准：5 处）

⑫店标（内部装修标准：白色氖泡灯箱）

各部门分区

在接受室内空间设计委托、开展工作的时候，出租大楼的开发商一般会分发类似设计指南之类的资料，其中包括各业主部门自己的规章条约以及对环境设计的要求，详细记录了设计必须符合的条件。设计师可以以此作为基础，来推进店铺的设计工作。本案例中，设计师要一边对比设计指南，一边与委托客户交换意见，集思广益。大致探讨之后，不光要听取大多数人的意见，还应该从细微片段中获取灵感，让设计空间鲜活地浮现在脑海中。

精品店的空间要求

①用于陈列服饰、时尚杂货等商品的柜架、衣架及陈列道具

②展示模特的空间（约 10 具模特）

③试衣间（更衣室）（5 间）

④保管、管理商品的仓库（33 平方米以上）

⑤保管补修商品（修改裤长等）的仓库

⑥收银机、各类终端、纸袋等存放处

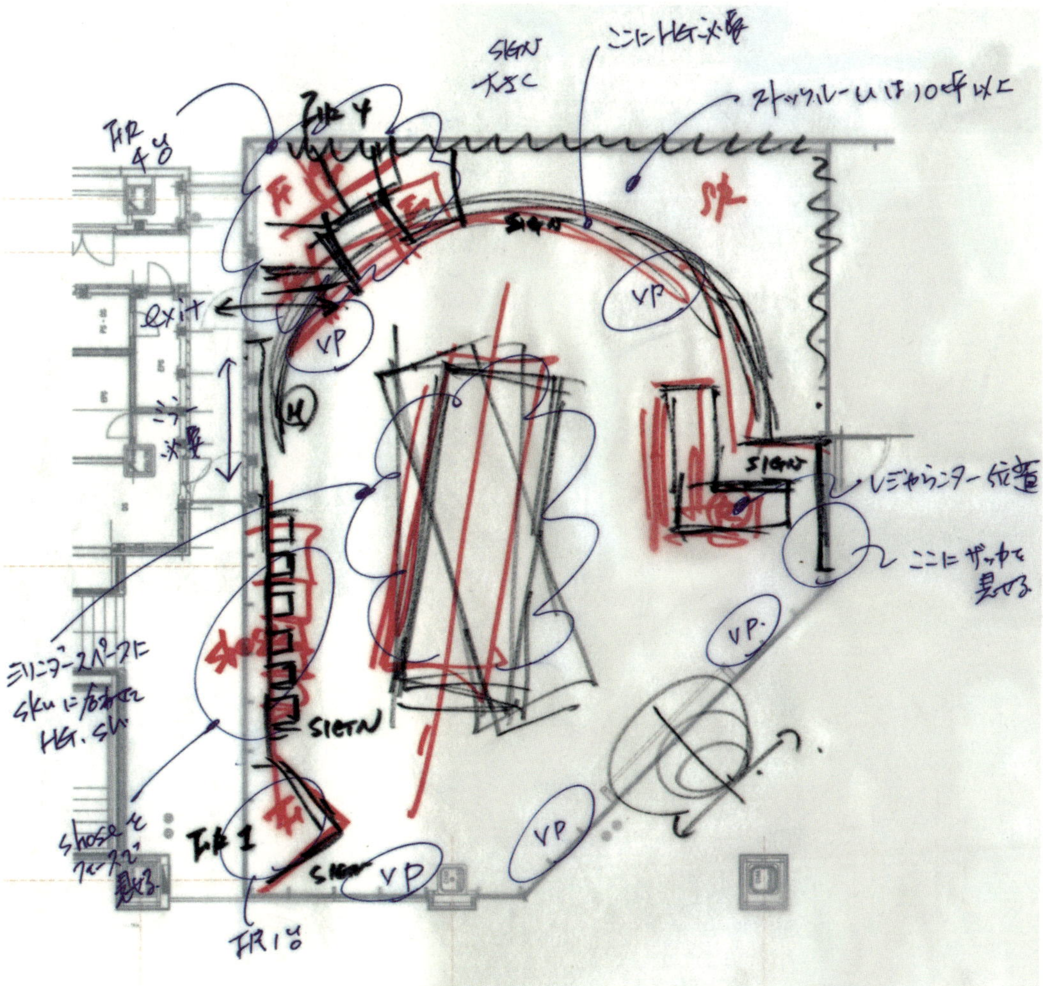

▲分区图

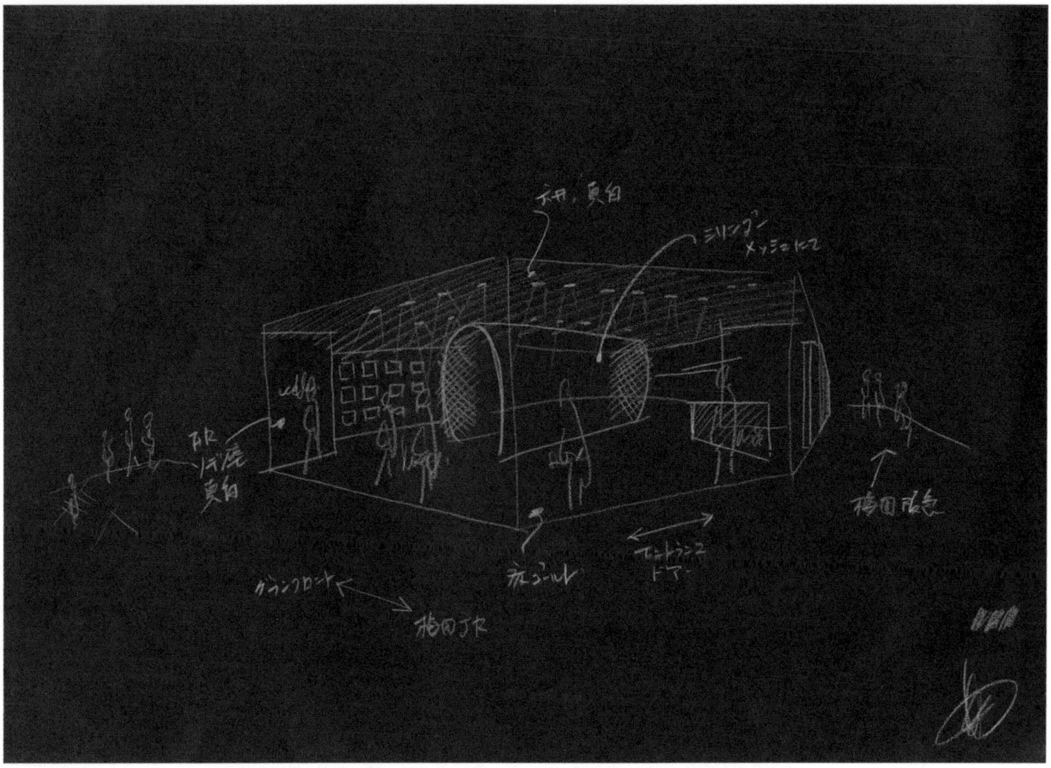

▲透视图

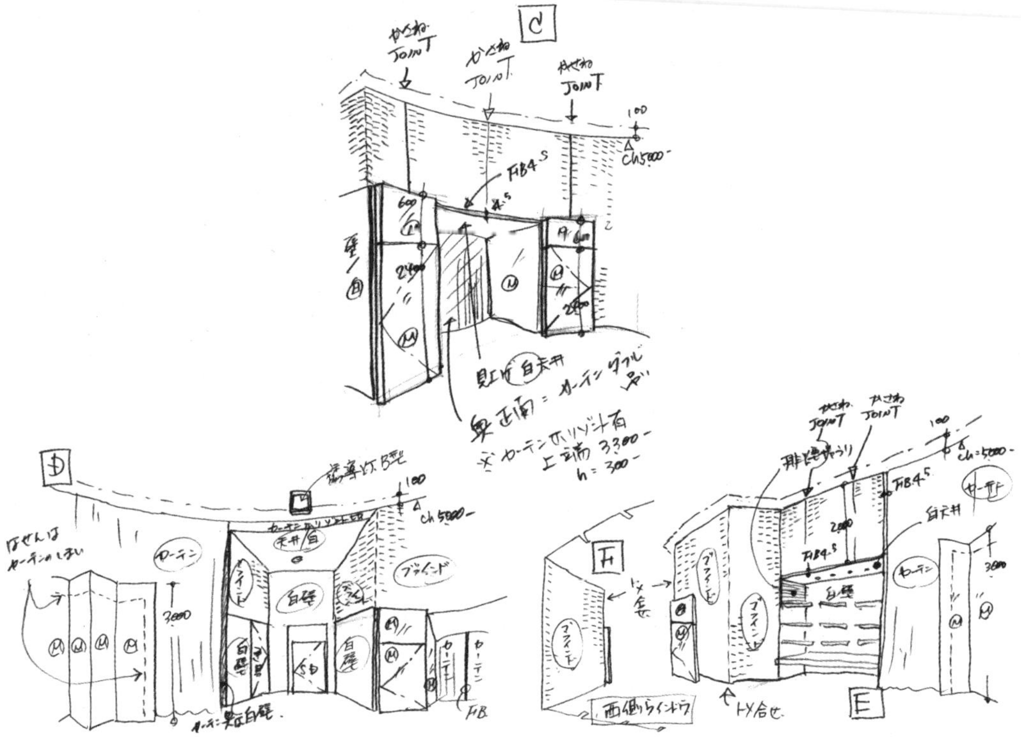

▲细节透视图

日常销售以及商品管理需要电脑，通常会把这些设备安置在仓库内，具体数量要事先预设好。

但是，设计店铺空间，如果一开始就掉进数字的局限之中，那之后出来的作品也不过是被量化了的刻板空间。将功能要求添加在设计中非常重要，但并不是为了设计而设计。我们在一些精品店内，可以看见所有的店铺空间都是从功能性出发的，这样的设计不过是逐一完成设计图上的每一个硬件要求，这不是设计空间，而是编辑空间。在这样的精品店中很难看到未来性。编辑式的设计手法，只是目前看上去还处于主流位置，设计出来的作品即便现在流行，但过个三年左右就会过时。我们要着眼于未来，不断学习研究，这样的设计才经得起时间的考验，成为主流。

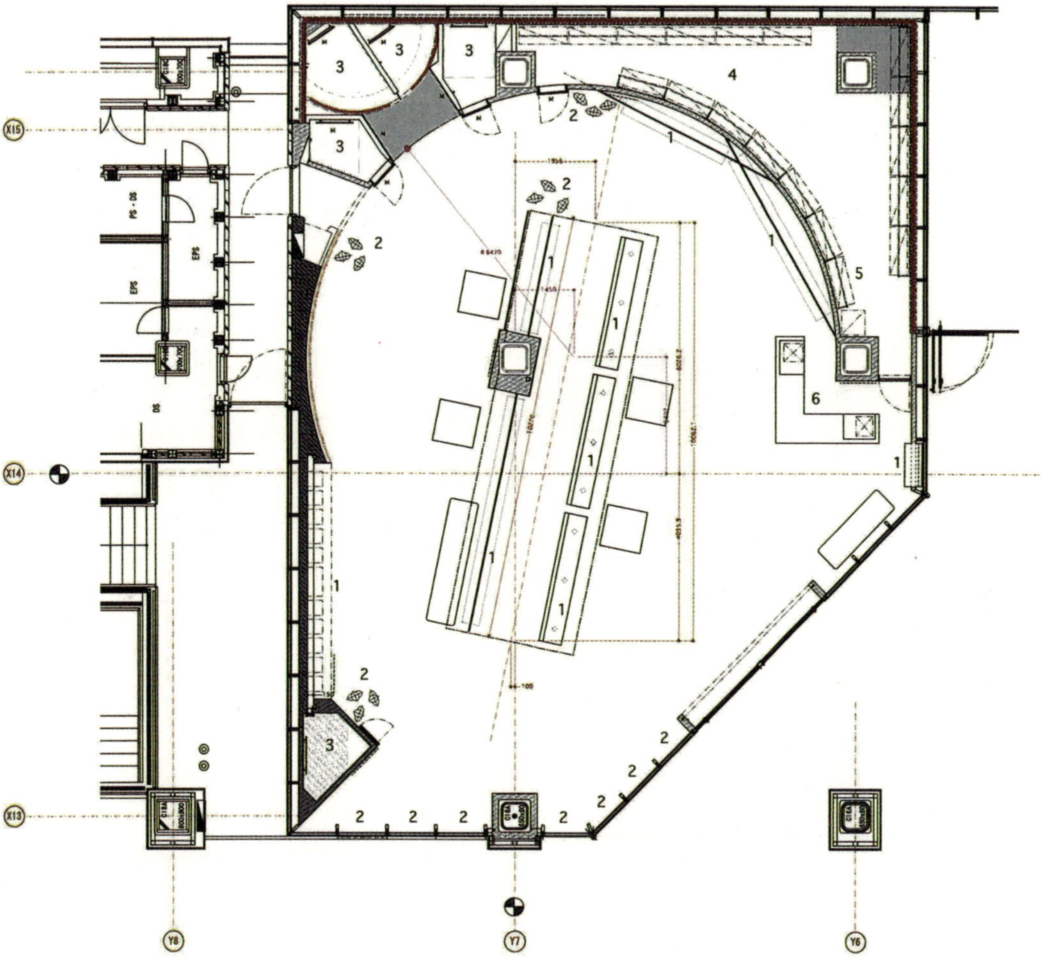

▲平面图

计划中的要点——平面没有绝对

本案例中的作品所追求的设计瞄准了现代化室内设计空间。从色彩、材料、形式到灯光照明，每个构成要素都是现代化精品店的设计亮点。

此外，在一个人潮不断的环境中，两面巨型玻璃橱窗会始终吸引行人的目光。面对这样不间断的关注，橱窗另一边的主题陈列要如何设计、店内空间和商品要如何呈现、设计要给人以何种感观，这些都将成为设计要点。

另一方面，设计后的店铺内，展示在陈列器具上的商品，是否对客人有吸引力同样重要。两者相互作用，才能成为一家“让人很想走进去的商店”。

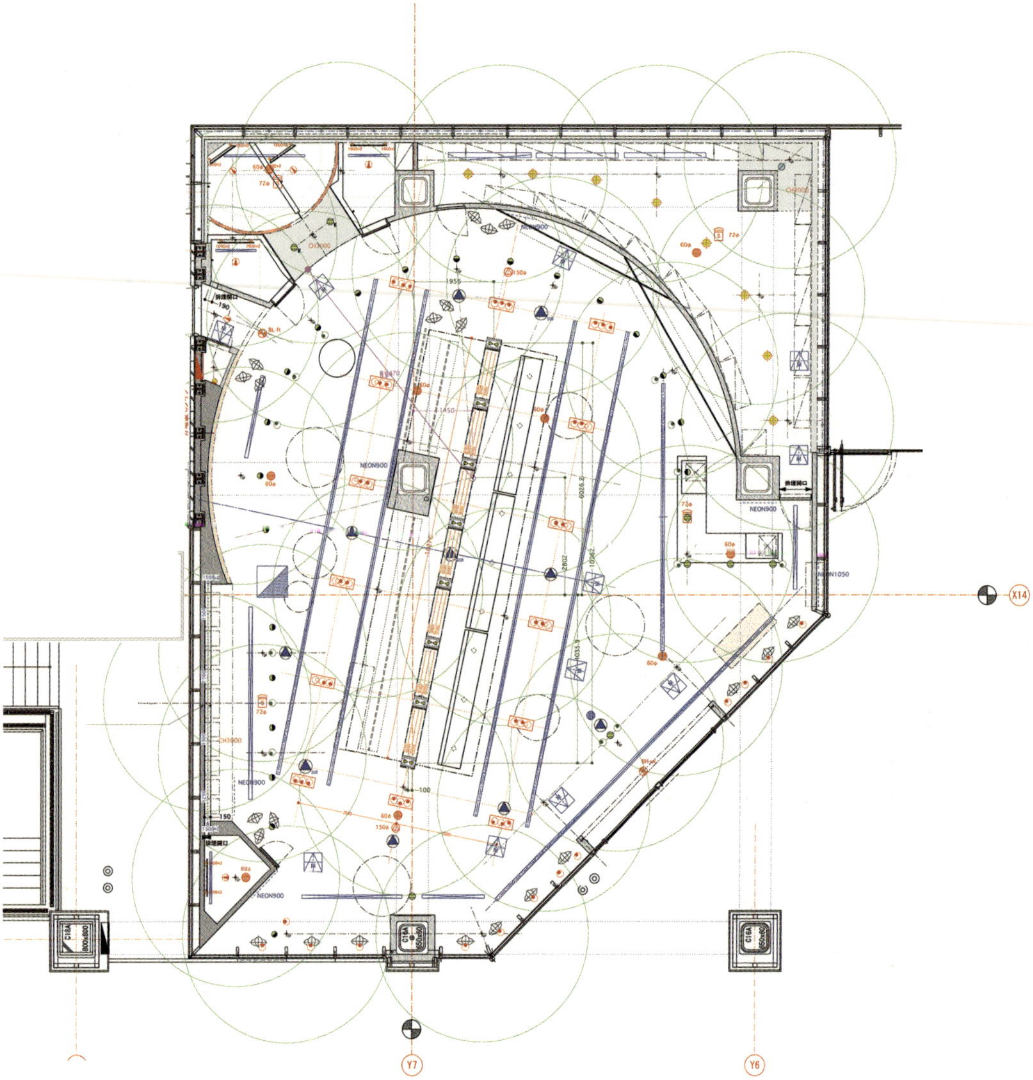

▲照明、音响扬声器配置图

设计的构成要点

色彩：白色和金色，时尚相关色，且不会被潮流左右。

建材：不满足于建材制造商的现有产品，特别定制了涂层地板材料。

形式：在圆筒形空间的店铺中，采用能形成幽深布局的建筑材料。

照明规划：直接照明与定制吊灯，再加上间接照明。

我们建议选择不受潮流影响的金色，地板材料不选用制造商的现成品，而采用我们公司自主研发的金色板材——一种新型的透明板材。巨型吊灯为顾客指明方向，令其感受到空间的深度。透过透明圆筒可以看到陈列鞋子的配件柜，这里被设计成间接照明是考虑到客人的移动视线，同时也可以引导客人前往店铺内部。

◀▼ 圆筒形空间配置

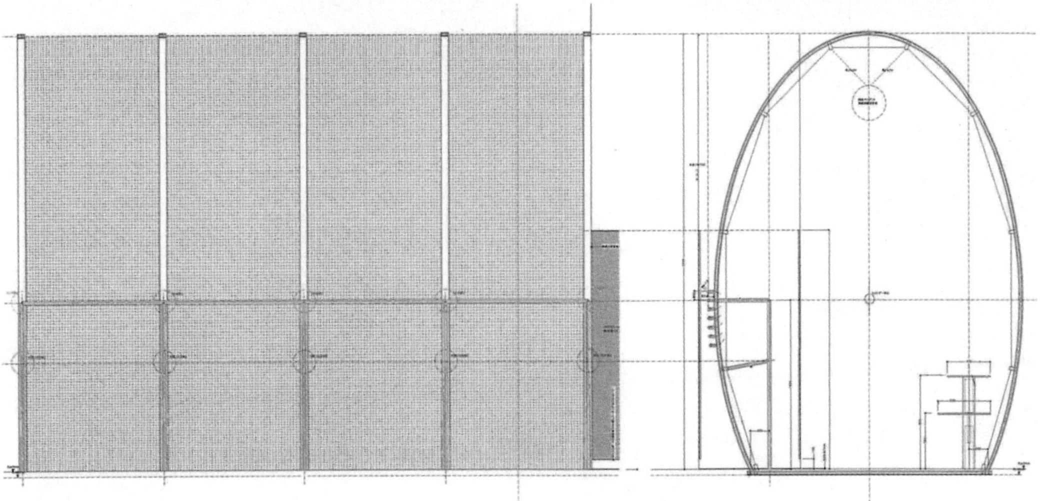

▲圆筒内细节图

4 生活杂货店

店铺类型：社区附近店铺
所在地区：东京世田谷区
规划面积：—

了解经营管理与市场环境

生活日用品店主要出售的是日常生活中必不可少的日用品及居家用品，类似以前的“杂货店”“五金行”，还有囊括所有贴身用品的“小卖部”。另外，受到当下超低价热潮的影响，一种独立开发产品、均一售价的连锁店铺——“百元（日元）店”，也成为一种新型店铺模式，并逐渐取代单打独斗的“杂货店”和“五金行”。另一方面，在多种经营理念的促成下，着眼于日常生活，坚持天然，注重食材以及健康饮食等方面，树立自我生活方式的“高品质生活馆”一类的商业模式也有所增加。随着最近兴起的这股追求健康饮食、回归自然的风潮，出现了一种鼓励新型生活方式的商业店铺，主要出售与之相应的生活用品、杂货、食品、衣服，而目标客户群锁定家庭主妇，并且分别延伸至年轻家庭和老年家庭。这类店铺大多以各类促销活动来吸引客户。

这次的计划案例是概念店。这家店的概念是通过介绍西欧各国的生活方式，为人们的生活增添色彩与舒适感，让现有生活变得更为舒心愉悦。我们根据店铺概念进行了店铺规划。

考察现场条件

我们假定选址在东京世田谷区的奥泽，一个靠近住宅区的安静地带。走路到私铁的自由之丘站稍稍有些距离，7 ~ 10 分钟路程。但是附近的各类店铺都以车站为中心，呈放射状分布，如服饰店、饮食店等，这里就像一个可以愉快逛街、购物、用餐的购物城。因为车站前并没有大型商业设施，购物者大多不会止步于此，而是边走边寻找有意思的店铺。

计划店铺选在狭窄的购物街上，道路两旁分布着餐饮店和服饰店。因为是概念店，所以主要面向居住在附近的年轻主妇，这类店铺应

▲生活杂货店所选位置的样态

该会被广大女性接受。如上所述，在摸透选址环境以及店铺概念的前提之下，我们预设了目标消费群。

实施计划时对店铺功能配置进行讨论

确认售卖形式

如前所述，零售店的销售服务形式大致分为自助式、面对面式以及半自助式三种。计划中的生活杂货店内不仅仅出售生活杂货，还包括家具、服饰等各个类型的商品，因此采取客人自由选择物品，有需要时给予帮助的半自助式。既然确认了销售方式，接下来就要把必要的设计配置列出清单。以下是生活杂货店店铺配置示例。

店铺配置示例

①引导区：店铺入口（店外部分）、店铺入口（店内部分）、橱窗（展示空间）

②接待区（卖场）：商品陈列空间（利用产品家具，如墙架或桌椅器具等，设立几处生活方式的提案区）、试衣室、服务台

③商品管理区：货仓

④综合管理区：办公区

各部门分区与布局

列出必须配置的店铺清单后，一般可以立即进入分区与布局的工作。像这样注重客人行动路线的零售店先要进行以下步骤。

让我们想象一下顾客的流动路线

虽然根据行业类型的不同，会存在一些差异，但采取半自助销售方式的店铺在做客人动线设计时，基本都是让客人尽可能逛完整个店铺，路径设计要求简单易懂。这是因为顾客只有看到商品才有可能购买。此外，所计划的店铺中设置了几处生活提案区，我们需要不断吸引客人，并引导客人走向下一个提案区。动线设计以及卖场划分的目的，是为了让每一个提案区都能提示客人“还有这样的生活方式”。还有一点也值得注意，与其他行业不同，这里不是按照商品分类来展示的，而是以主题，并且在一个主题之下收集相关商品，一同展示给大家。以下，就是该店铺中我们预设的客人行动路线。

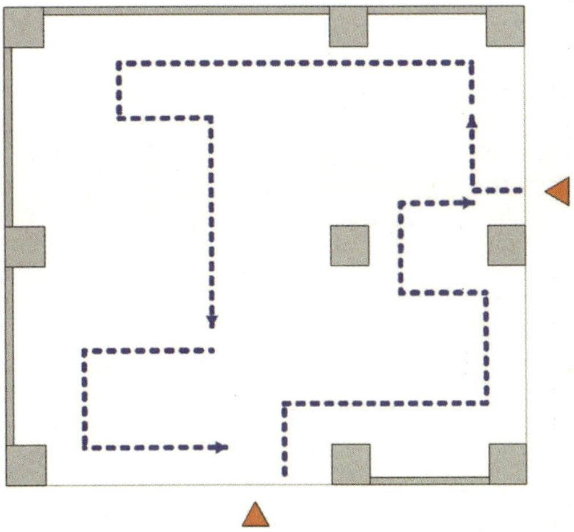

▲客人动线

根据顾客动线，安排配置（分区）

业态不同，分区方法也会略有差别。不过，第一步都是要考虑导入区与接待区（卖场）的衔接部分。

从基本上说，在设想顾客动线的时候，就要合理安排每一个提案区，并让顾客看到它们所有的功能。

设置在接待区域（卖场）的提案区分别以特定主题展开，围绕主题陈列相关商品。重要的是如何吸引顾客，引导他们走向下一个提案区。

既然商品也涉及服饰类，那就少不了试衣间。可以参考第 037 页“想象一下顾客的流动路线”中的内容来规划试衣间。

相对于接待客人、直接营业的引导区与接待区，商品管理区（货仓）和综合管理区（办公区）就是支持销售的间接营业区（员工区域），这一点也要进行确认。

员工区域会经常有人员出入，为了不让顾客看见，最好配置在距离引导区较远的位置。

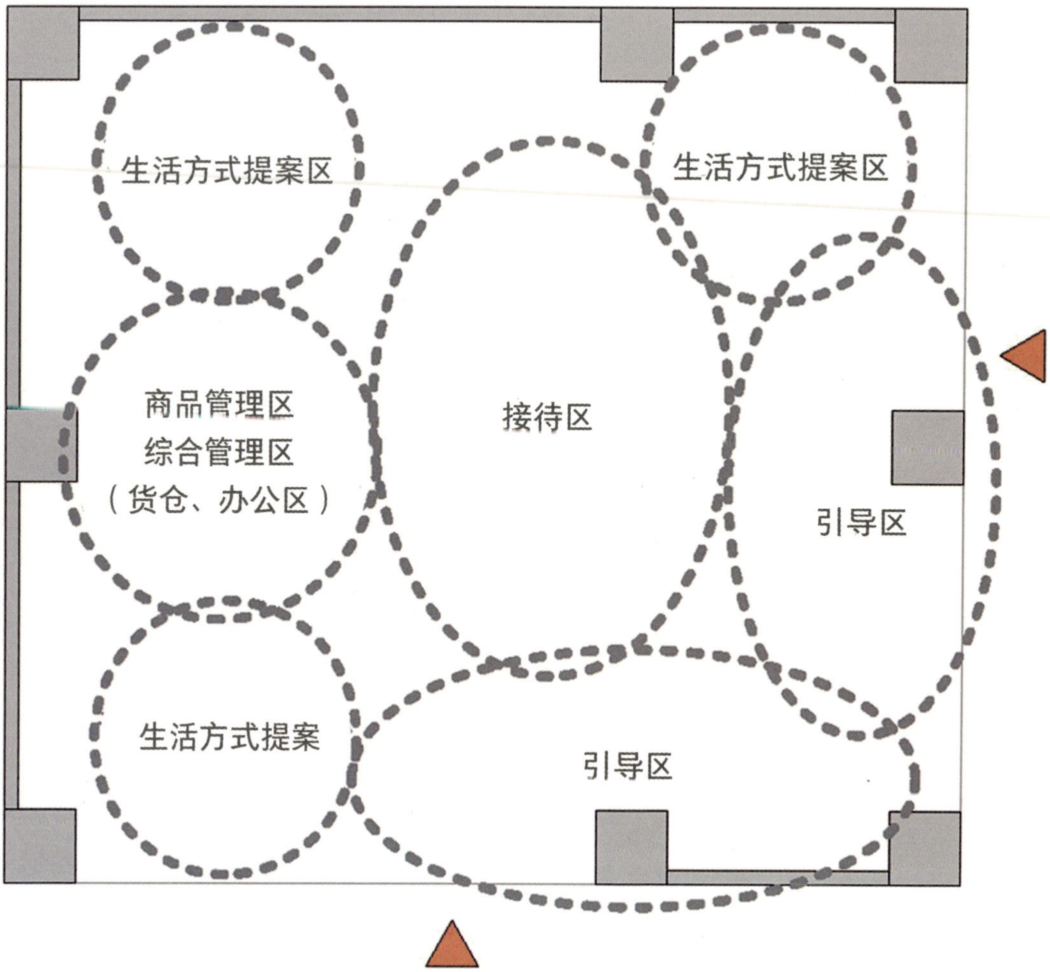

▲生活杂货店功能分区图

平面规划的要点

确认店铺概念

在进行平面规划之前，再次确认店铺概念，防止实际设计时与店铺概念相背离，这点很重要。请确认该店铺的概念是通过介绍西欧各国的生活方式，为人们的生活增添色彩与舒适感。

从店铺概念中提取关键词。例如，该案中的店铺，我们设定为“西欧生活”“自然”“原生态”“舒适”等。

以关键词为基础想象店铺环境，并进入具体设计。我们可以把整个店铺想象成一个家，周围是起居室、餐厅那样的居住环境。此外，卖场的形式不再根据商品种类划分区域，而是增设若干提案区，依照每个提案区的主题展开铺货。而这些提案区就是吸引顾客的主打卖场。如下方平面图所示，顾客动线→回游→主打卖场→主打商品。

卖场中很多用于展示的家具、器皿本身都是拿来出售的商品。因此，尽可能采用可以自由移动的布局方式，减少固定装置。此外，在引导区开设窗口，可以充分吸引路上行人的视线。

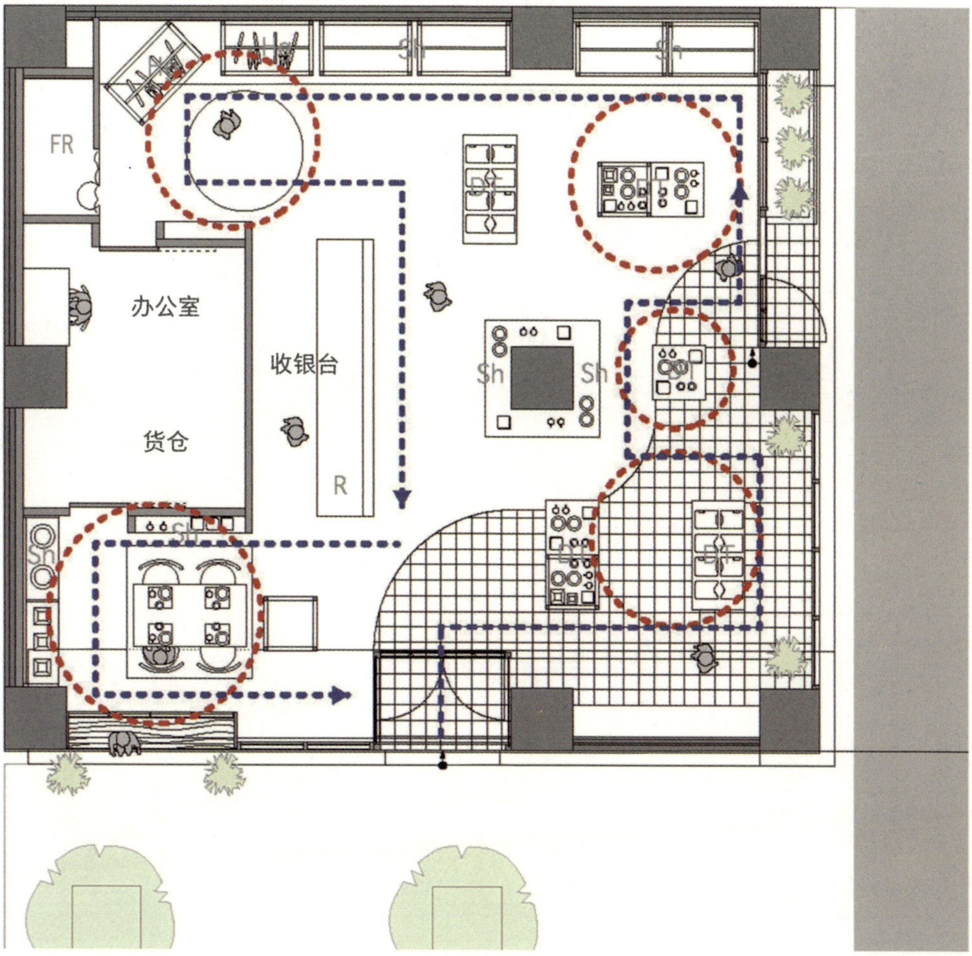

▲平面图

材料与色彩的规划要点

①以原木为主，铁艺及石料点缀

②暴露部分混凝土毛坯状态，因为是生活杂货店，怎么少得了 DIY 的感觉

③用不一样的地板材料，强调不同区域

④将导入区设计成半室外空间，休闲长凳与植物绿化增添生活趣味，自然连接店内与外部空间

⑤避免选择纹理较深的建筑材料，以免喧宾夺主，破坏了商品的观感

灯光照明的规划要点

①基本采用支架灯与壁灯的形式，来进行较低位置的配光方式

②作为生活方式概念店，启用原本就是商品的台灯或落地灯较有说服力

③根据天花板高度和不同区域，分别配置照明

④夜晚从室外看到店内的灯光，会更具宣传效果

⑤既然模拟的是居住环境，就要避免出现高强度的灯光

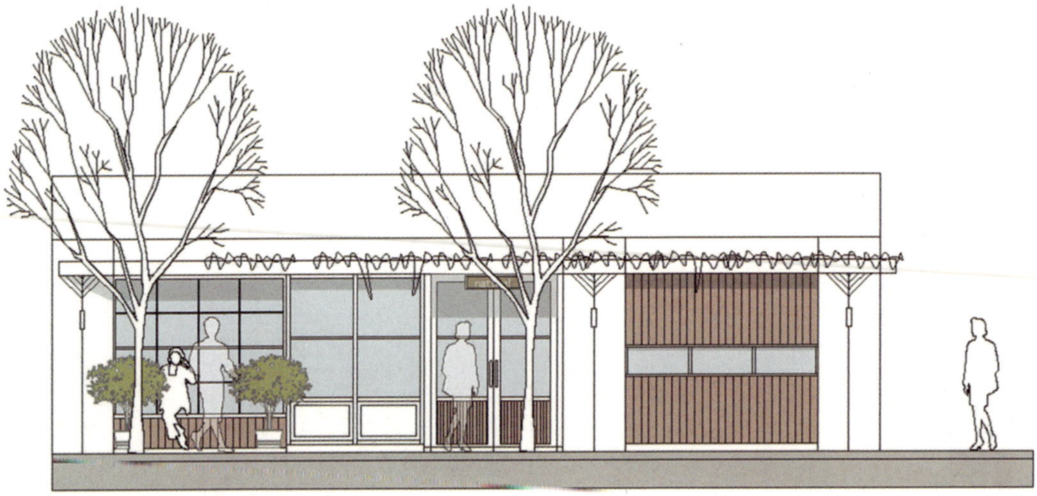

▲立面图 1

▲立面图 2

设计上的法律法规

我们假设该店铺位于东京世田谷的商业区。2007年起，世田谷地区就被列为景观行政团体，必须严格遵守《景观法》。该店铺作为对象单位，必须向该区域提出申请。如果要对门面等外观进行施工，有关施工规模及施工内容，请参照《如何提出根据景观制定条例进行施工活动的申请》。

▲透视图

◀给出生活提案的生活杂货店

◀生活杂货店内的商品

5 书店

青山书店

店铺类型：店面出租型店铺
所在地区：车站楼内
规划面积：约 990 m^2

了解经营管理与市场环境

近年来，扎根地方的小规模书店，也就是亲民的邻家书店（店铺面积小于 165 平方米），正在被逐渐淘汰，主要原因是消费者（特别是年轻人群体）对纸质书丧失兴趣、出版业萧条、电子书普及、大型电商和出版商等通过网络售书，此外，车站内的大型书店也造成了其销售额的下滑。从近几年的趋势来看，2006—2015 年日本的书店数量从 14 555 家减少到 10 855 家，10 年间共少了 3700 家书店。还有，出版物销售额从 16 834 亿日元（约合人民币 1060 亿元）降到 11 596 亿日元（约合人民币 730 亿元），10 年间共减少约 31%（数据来自 2016 年日本出版贩卖株式会社出版的《出版物销售额实态》）。

在这样的状况之下，纪伊国屋、丸善等著名连锁书店，针对老年人、不常接触网络的群体以及不仅仅满足于网络购书的消费者，将书店进一步发展到大型（900 平方米以上），甚至超大型（1500 ~ 5000 平方米以上）的实体书店，并将店址锁定在车站楼大厦或者大型商业设施内。

另一方面，那些中小型书店为了能够继续生存而努力转型，有的专门销售如绘本、外文、艺术设计等某一类型的书籍，有的除了新书，还出售包括二手书在内的店主推荐的物品，还有的转变为杂货店、咖啡厅、便利书店等复合式书店。

特别值得一提的是代官山的茑屋书店（2011 年开业），作为一家提倡都市生活方式的书店，它大大颠覆了传统书店的形象。茑屋书店选址在交通并不便利的地方，原本是针对注重高品质生活方式的中老年群体，没想到现在成为代官山的一大热门去处，各年龄层的男男女女都聚集于此。借此契机，茑屋书店又在二子玉川、枚方、梅田、银座等地相继开店，甚至计划在车站和站前高架桥下发展中小型店铺。

考察现场条件

计划中的书店是一家位于大都市铁路车站楼内的大型书店（约 990 平方米），具体楼层在文化馆，楼下是流行馆。因为是车站楼，人流繁杂，女性顾客特别多。

实施计划时对店铺功能配置进行讨论

因为是车站大楼里的大型书店，设定的消费群体跨度较大，从上班族到学生，还有父母和孩子。在卖场分区方面，设计师将展区和活动区安排在店头，往里是杂志区和一般书籍，隔着中央通道的店铺内部是专业性较强的书籍。我们会沿着中央通道放置沙发，供顾客安心坐下，好好挑选图书。

店铺最里面是相对独立的亲子区，远离其他区域。我们会在这里放上低矮的书柜和沙发，营造温馨氛围。

收银兼问讯柜台设置在公共通道的中央位置，可以看到整个店铺。这里的空间非常宽敞，确保等待结账的客人不会挤成一团。另外，为了方便来店客人查找图书，我们在杂志区附近设置了 5 个搜索台。

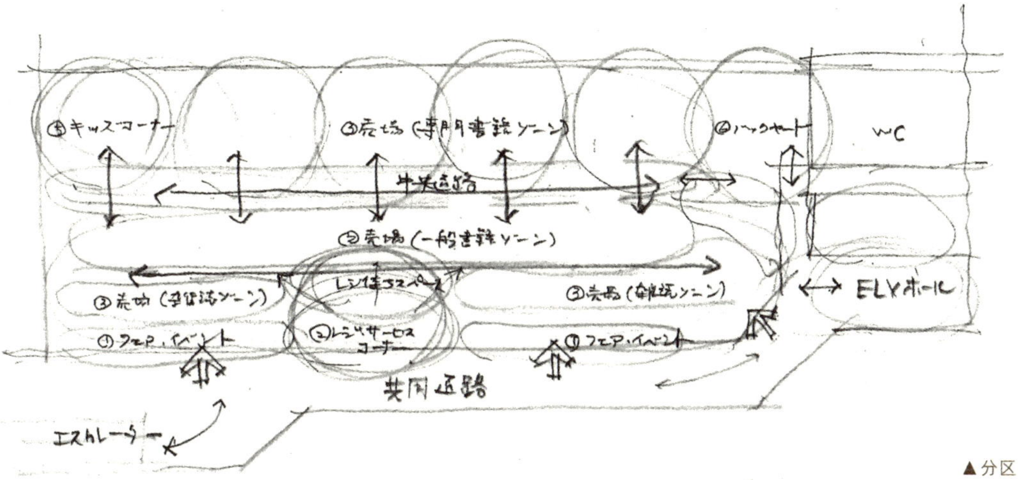

▲分区图

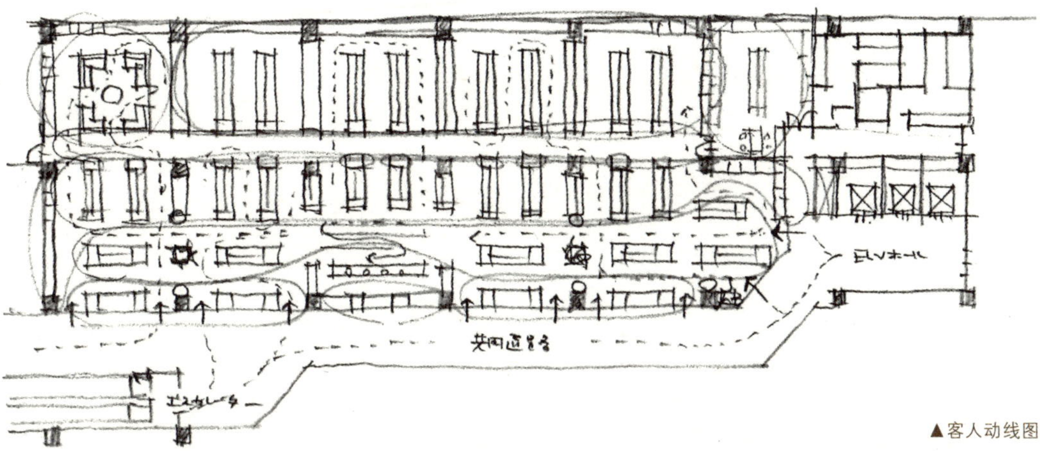

▲客人动线图

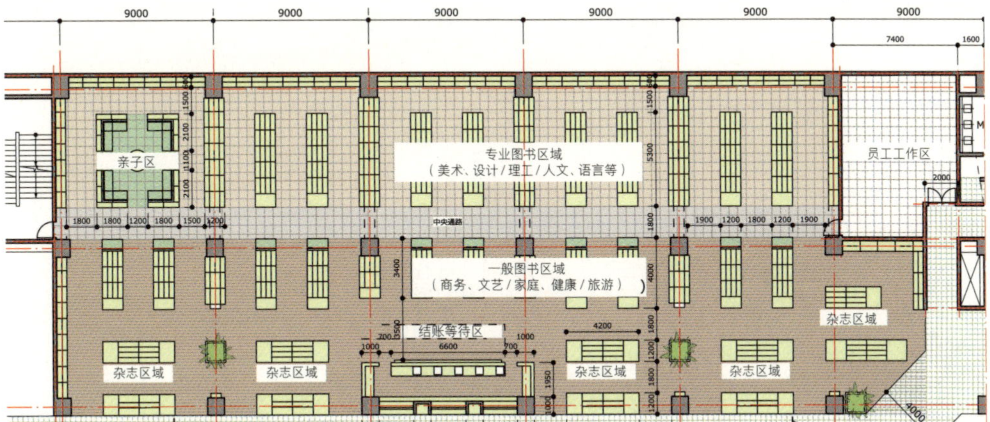

▲不同部门的店铺构成（单位：mm）

不同部门的店铺构成

①店头展区、活动区（包括排行榜、畅销区）

②收银：收银台、服务台

③卖场：杂志区、一般图书区、专业图书区

④中央通道：沙发

⑤亲子区

⑥员工工作区

各部门的分区与布局

店头放置新书、话题书籍、热销书以及与活动相关的周边杂货，要能吸引顾客停下脚步，伸手翻阅。

视野开阔，能从店外通道就看到里面。并且店内空间要宽敞，便于顾客随意行走。

仔细斟酌书架、展台的高低尺寸，依照近低远高的放置原则布局。另外，所有通道确保 180 厘米的宽度，就算有人站在书架前找书，其他客人也可以轻松通过。

把收银柜台设定在可以环顾全店的中央位置。周围空间较为宽裕，为了确保繁忙时段等待结账的客人不会拥挤，将收银台设计成长条形便于排队。

收银旁的服务角和杂志区附近的搜索台，都是为了方便来客的询问与查找书籍而设置的。

为了可以摆放更多的书籍，书架往往都很高。但是从管理方面考虑，为了避免造成盲区和死角，摆放位置尽量与收银台正交。

除非是超大型店铺，否则销售何种类型的书籍还得取决于店铺所在位置和店铺概念，而店铺概念往往与目标顾客群的设定有关。为了满足不同用户的需求，可以配备一定比例的特定类书籍，但不包括漫画与轻小说类，因为这类书籍较多出现在专卖店、便利店或者网络书店。

平面规划的要点

规划店铺时，尽量让店头极简化，一眼可以看到书店内部，努力营造安静、安心的店内氛围。

店头设置店标以及店内引导图，另外要配置电子通告牌，预告店铺内的活动安排。

店头摆台和杂志区域基本采用正面平铺的陈列方式，比起封面的吸引力，如何能让顾客拿起来翻阅才是目的。

动线计划方面，简洁合理、富有人性化的流动路线，以及方便查找的 5 处搜索台，都是为了能让客人轻松移动并快速找到目标图书。

▲店头效果图

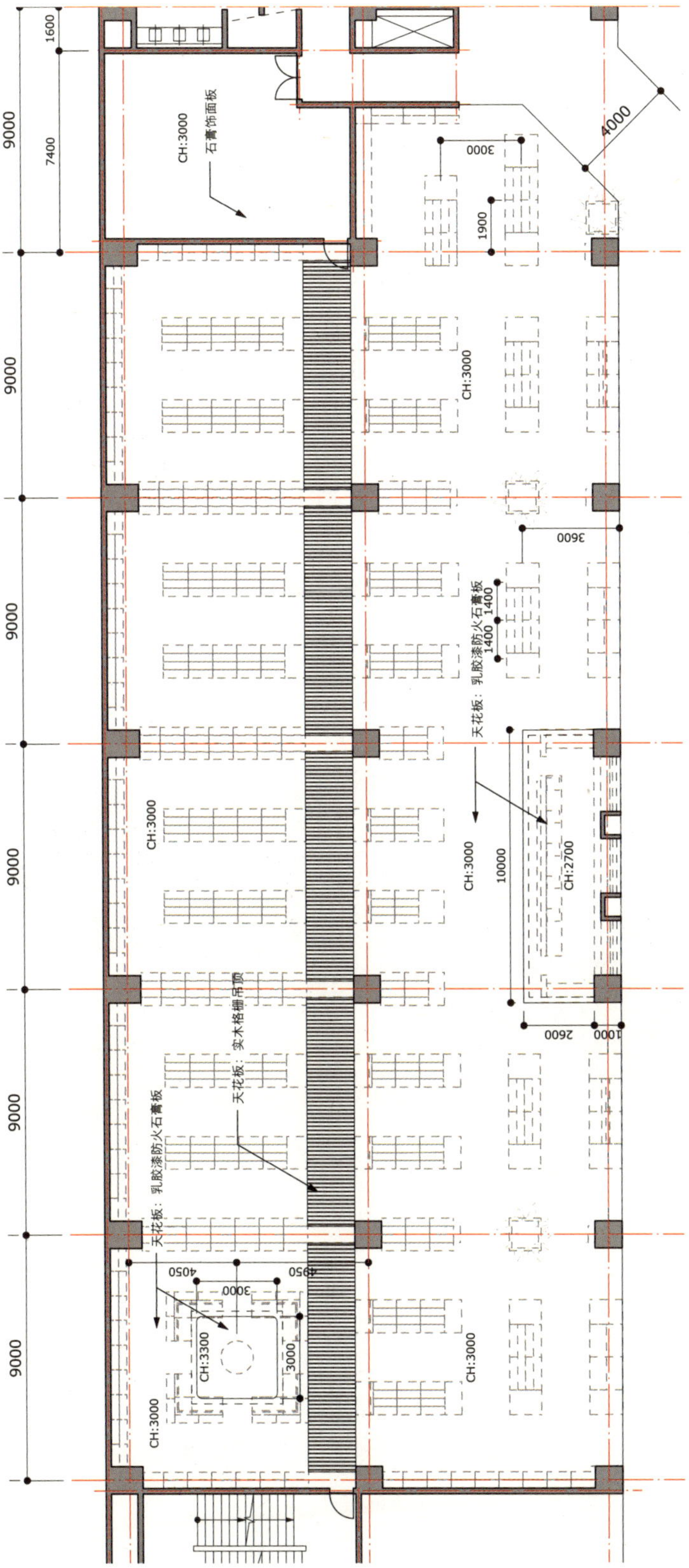

◀天花板平面图 / 天花板选用本白色乳胶漆防火板，员工工作区则是白色石膏板。我们选用了格栅吊顶作为中央通道部分的天花板，用通道明确划分一般书籍和专业图书的所在区域。收银台和亲子区的天花板高度不同，采用间接照明来强调这部分区域的存在感（单位：mm）

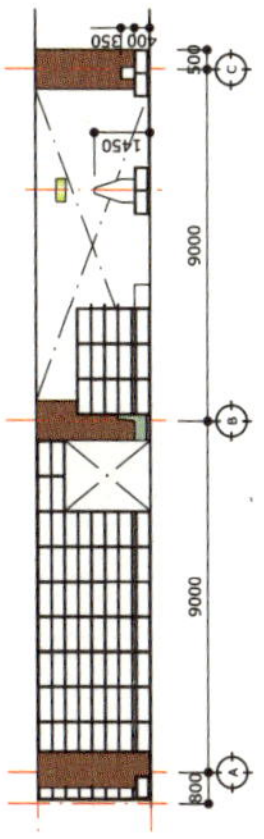

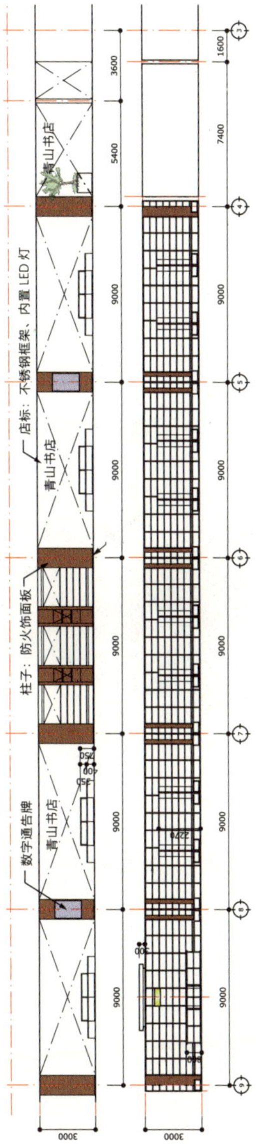

▶剖面图（单位：mm）

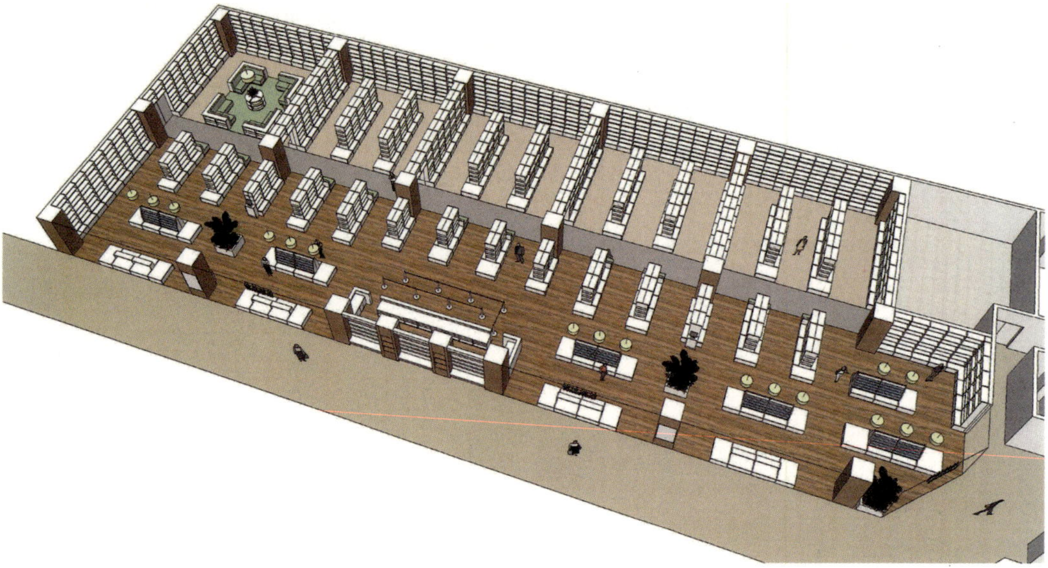

▲俯观透视图

▲店头（入口周围）透视图

设计上的法律法规

日本限制大型商业设施的法规涵盖装修、避难疏散、排烟等消防设施等内容。限制建筑分类及防灾设备的要求，主要由所在建筑物业主方来规定，而店铺布局和通道宽度等方面则必须遵照各地政府的规章条例，以东京为例，就必须遵照《东京安全条例》和《东京防火条例》等。

常规设定方面有：主要动线宽度和收银台前方通道宽度应该保证在 180 厘米以上，书架之间的间隔距离应该保证在 120 厘米以上。

在防止书架倒塌方面，由于受到 2009 年二手书店倒塌事故的影响，2010 年 12 月 1 日开始执行消费者协会颁布的《关于防止书架倒塌的规定》。

①书架的选择

选择防倒塌书架，框架板材具有一定的承受力，满足存放物品的强度。

书架重心应位于底部，整个搁层结构具有一定深度，并且通过把重物存储在书架底部，来达到降低重心的效果。

②书架的安装

固定书架原则上需要有足够牢固的地板与承重柱。关于如何固定安装，请咨询制造商等施工方面的专家。

若建筑物地面原本就不平整，请进行修整，以免造成书架倾斜。

自行安装书架时，请参考以下公式来考虑书架高度与深度的关系，以确保稳定性。

满足公式 $B/\sqrt{H} \leqslant 4$ 时，可将家具固定于地板和墙壁 [B= 深度，H= 高度（单位：厘米）]。

如果存在倒塌危险，可以将书架与书架相互连接，并且固定在足够牢固的地板上，以防止倒塌。

为了避免人与人发生肢体接触，通道至少保证有 90 厘米的宽度。

主要完工指标

地板：实木地板（卖场、收银一侧）、拼接地毯（卖场、收银另一侧）、天然石料地砖（中央通道）、瓷砖（员工工作区）。

墙壁：乳胶漆防火石膏板。

护墙板：清漆硬质实木板（卖场）、软木墙板（员工工作区）。

柱子：防火饰面板（直木纹）透明聚氨酯保护涂层。

天花板吊顶：乳胶漆防火石膏板吊顶（卖场）、防火实木格栅吊顶（中央通道）、饰面石膏板吊顶（员工工作区）。

架具：实木饰面板、防火饰面板（直木纹）透明聚氨酯保护涂层。

沙发：仿皮贴面。

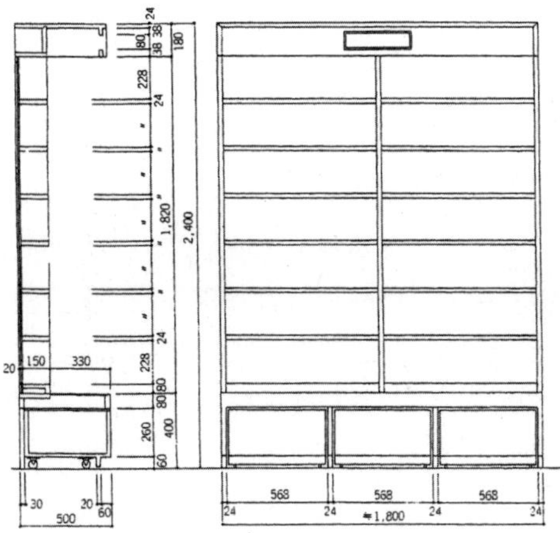

▶书架（儿童读物、女性家庭读物、趣味娱乐读物、漫画）（单位：mm）

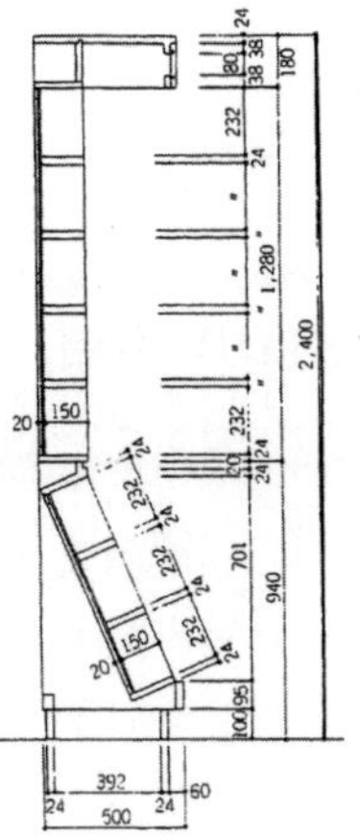

◀书架（考试用书、专业书、学习参考书）（单位：mm）

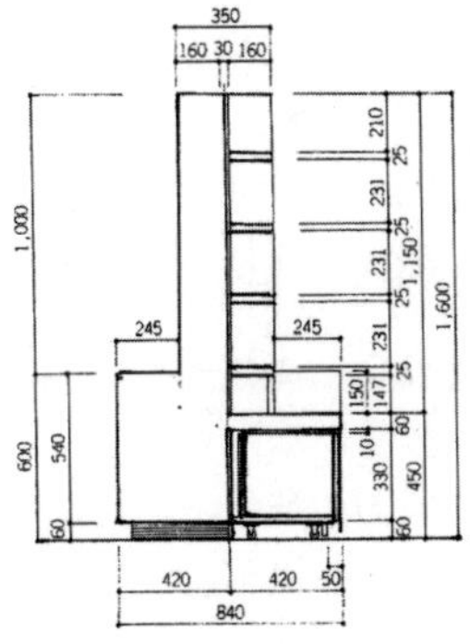

▲陈列摆台（新书）（单位：mm）

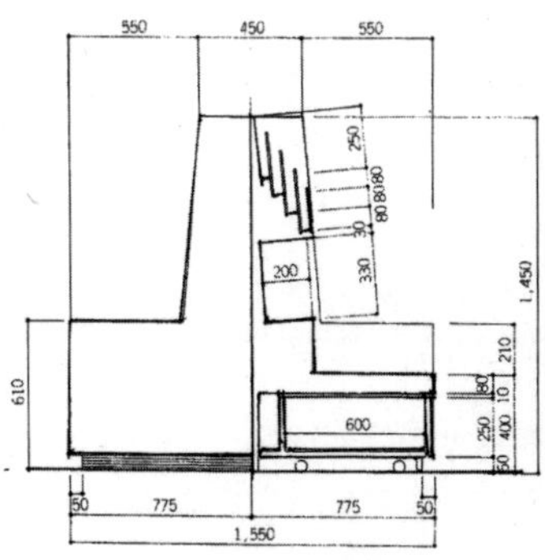

▲陈列摆台（杂志）（单位：mm）

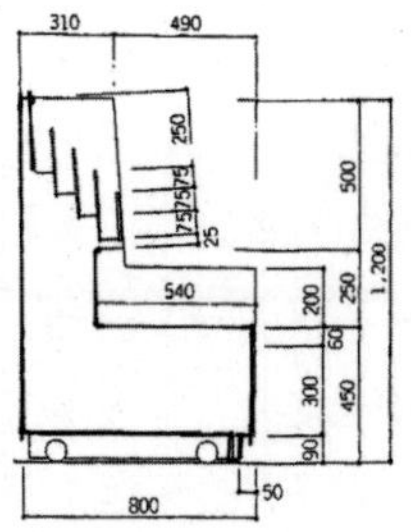

▲陈列摆台（期刊杂志）（单位：mm）

6 DIY 家居内装店

Town ship 软装 DIY 店

店铺类型：城镇附近，可停 1 辆车（区域局限）
所在地区：—
规划面积：约 50 m^2

悠闲的街道与老龄化社会

人口减少、进入老龄化社会的日本将会变成什么样子？难道再也见不到生机勃勃的景象了吗？我们不能一直执着于这种负面情绪，要从“人口增长告一段落，小镇重回往日悠闲”的观点来看待。

我认为社会高速发展时期，店铺越开越大，服务提供越来越快速，人们大量购入，然后再大量消费，那是特定时期内的必要需求。可是，并不能说忙忙碌碌活一辈子，就是充实而耀眼的人生。事实上，现在很多大型店铺日趋萎缩，而我们的生活范围也在变小。

与现在不同，从前日本人的行动范围也很狭小，一辈子生活在一个小的地方直到终老，“自产自销”再正常不过了。我们未来的生活圈也将变得更为紧凑，甚至有人认为会回归到“自产自销”的社会。

创造生活场景的 DIY 商店

进入老龄化社会的生活需要什么样的商店？当今社会，商品送货上门已经变得习以为常，店铺的主要目的已经不只是销售商品，而是成为创造生活场景的地方。于是，我们应该着眼于动手制造。

而在这之前，我们一般是去附近的五金店或大型建材超市购买材料和工具，然后自己在家动手制造。然而，自己动手制造不是只能在家里，更何况有些工具现代家庭中根本没有。今后，工具也会像汽车一样可以拿来共享。我们认为每个地区都应该有这样的 DIY 店铺，店内拥有各种工具可供大家任意使用，从大型工具到可手持的电动工具，以及锯子、锤子等手动工具，还有可以搭配使用的万能工具。并且，这里还可以以消耗品的形式提供当场出售或网络贩卖的耗材。店里还有随叫随到的 DIY 顾问。

商业风格带来生活方式的“品质”

就像以前地方小镇上的小店一样，无论男女老少，有任何事情都可以去问店里的木匠师傅，人与人之间的交流自然而然就形成了。这样的小店也为地方小镇增添了一道风景，充满着活力与朝气。

只是，专业人员必须长期驻店，不仅负责工具的使用安全与传授正确的操作方式，还应该告诉客人如何挑选最恰当的工具，也不是所有人都清楚操作步骤及工序的。你想要达成什么目的？是想制作家具吗？为什么需要家具？用什么来做家具？应该从哪里入手？作为一名“菜鸟”，当然什么都不清楚，甚至还会用错电动工具，酿成事故，这可是非常糟糕的事情。接下来，就不只是如何安全使用工具的问题了。现在这个时代，人们注重独立个体的自我发展，高度追求与享受自我的生活方式。“仅是可以用工具来制造”已经无法满足需求，拥有原创设计感与适合生活的创造发明才是人们的追求。换言之，这就需要借助专家的帮助，针对每一个需求项目提出建议，包括选择材料与工具，制订制作方法，甚至包括设计方面的要求。因此，对灯光照明、色彩协调、造型、设备升级等专业知识也了如指掌的专业人员才是时代所需要的。

虽然商品本身可以通过网络搜寻与购买，然而，是否能将现成的商品巧妙搭配，或者正确制作，这个问题就因人而异了。因为每个人的要求与追求不同，所以只能个别回答。如果没有非去实体店不可的原因，就价格和品种而言，网店也没什么差别。DIY 家居店对于室内设计与家居搭配所注重的是个性化的追求，而不像以前的“周日木匠店”或传统的“建材超市”，为了满足部分消费者，仅仅在店内明显划分出“自然风格”“经典风格”或“现代风格”。正因为如此，生搬硬套的内装方式已经过时，每个人都有追求自我风格的权利，需要配合居住环境、生活模式来量身定制，这就是 DIY 家居店存在的必要性。我们这次提案的就是这样的一个店铺。

完工状态

零售区地板：混凝土（部分橡胶涂层）。

零售区墙壁：多孔饰面板（部分含钢丝挂钩）。

作业区地板：拼花复合地板。

作业区墙壁：多孔饰面板。

店铺概念

建立地方服务站，不仅可以出售工具、消耗品、建材，还可以在现场制作。消费者可以在顾问的支持与建议之下，进行安全操作。大型建材可以提前网购，送到店铺。

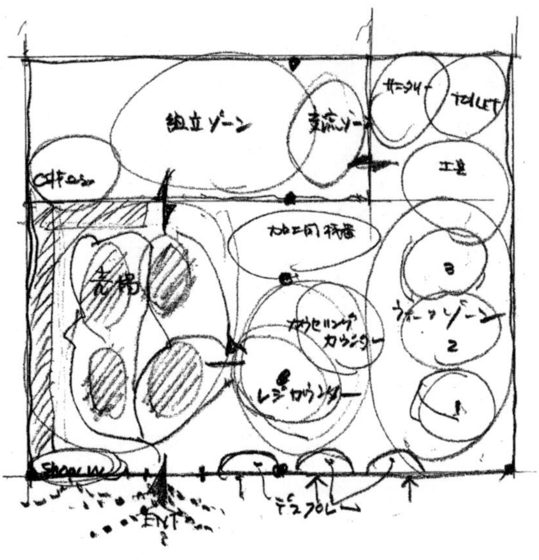

▲分区手绘图

分区

将动线设计得短一些，把收银台及问讯台设定在中央区域，这样工作人员就可以快速从各个地方赶过来帮助客人，让客人及时得到建议。

收银台将售卖区与加工区自然划分开来。

配置计划

布局紧凑。大型店铺中很少有这样紧密的布局，目的是为了方便管理。规模基本与便利店差不多大小即可。

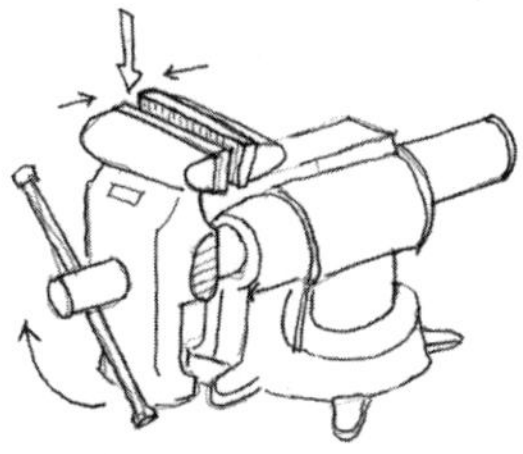

▲台式虎钳

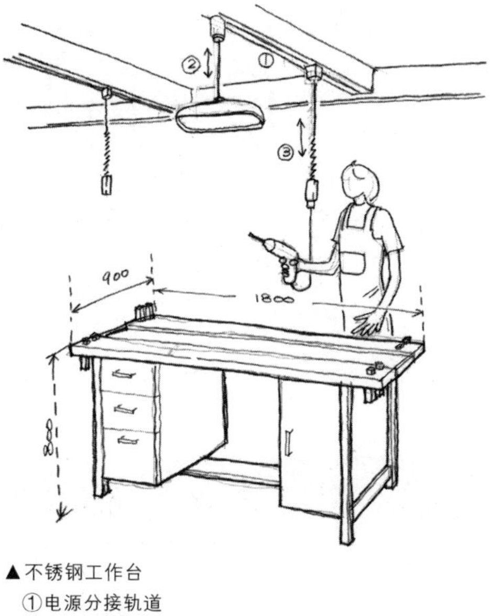

▲不锈钢工作台

①电源分接轨道

②伸缩照明

③电工用具专用伸缩线

▲卖场透视图

▲收银台和问讯台透视图

顾客：售卖区域、加工区域、室外露台、装配区域、交流区域

◎售卖区域

消耗品、电动工具等手工类用品分布在收银台附近，重型物件及大型物品放在后面的货架上。季节性商品及促销商品都放在入口部分。消耗品及物流安排在半户外空间。事先准备一些缓冲用的碎木屑，可供需要的人自由取用。

◎加工区域

地板采用拼接式复合地板，放置工作台。像学校里的手工教室一样，应采用安定性能较好的工作台，重心稳，不易晃动。

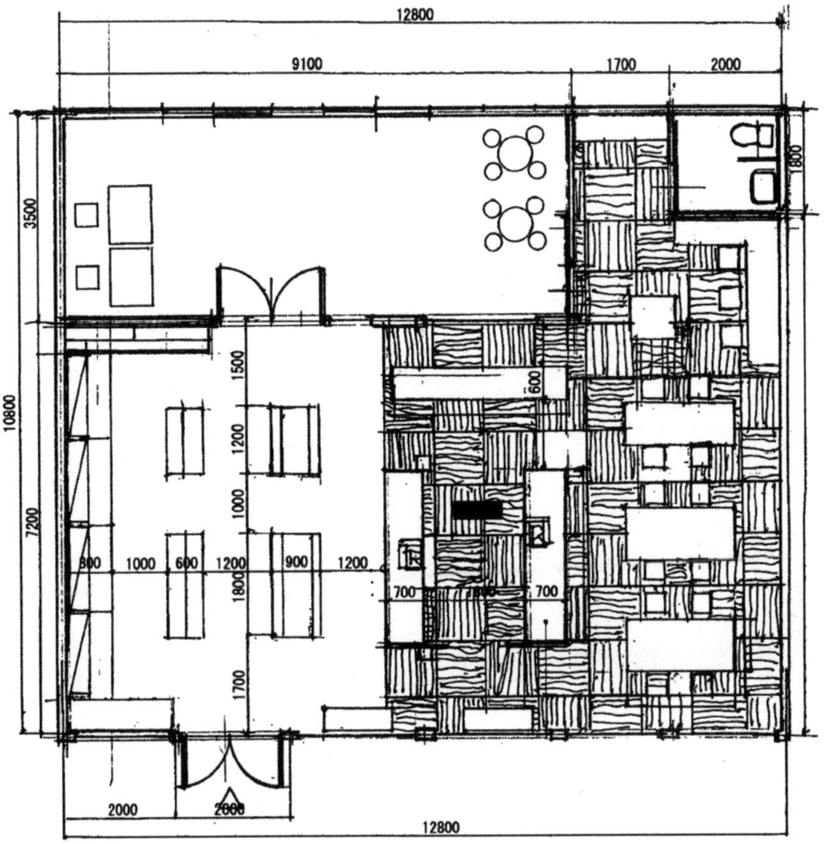

■ 建议区

0 2 3 4 M

建筑面积 :128.24m²
卖场面积 :48.24m²

▲平面图（单位：mm）

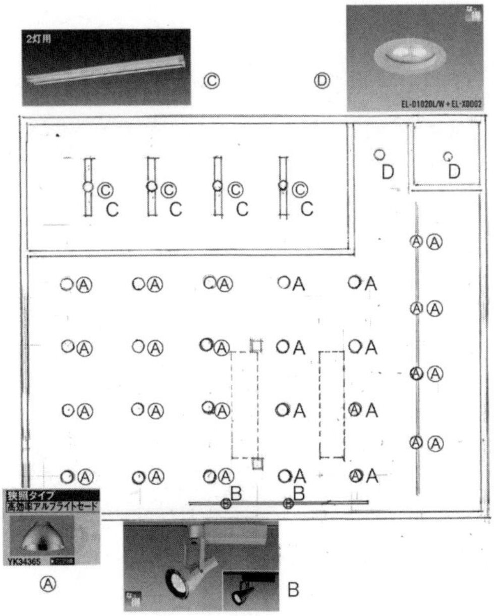

▲照明配置图

电路布线在天花板，可以保证脚边和桌面的安全。尽可能采用由上至下的悬吊照明，保证手边的亮度。工作台上最好都配置可以用来固定建材的万能虎钳。耗材不提供租借服务，原则上工具可以随身携带，不过对于危险度较低的工具（滚边机、手摇钻、圆锯、锤子、手锯等），在确认过用户责任后可以租借。

◎室外露台、装配区域

混凝土地面易于清洁，还能保持良好的通风。上漆区必须有排风扇，最好能有一个收纳建材的货架。大型吸尘器也是必不可少的。

◎交流区域

对露台进行合理布局，还可兼顾到客人的休息以及互动。要保证这里的安全。

工作人员：咨询区域、办公室、仓库、卫生间

如果有一个易于管理且能够给客人提供建议的区域就更好了。此外，最好能在天花板上装吊扇，保持空气流通。

其他物品和危险品的处理

处理如油漆、黏合剂、清漆等易燃的液体危险物品时，处理人员是否需要专业资格是根据危险品的种类、内容、数量来决定的，请进行查询和确认。

总结

耗材、建材的订购以及加工都可以在店内进行，工具也可以共享。不仅如此，专业顾问在给出任何关于建材、装饰的建议时，对基本工具的使用方法也会进行现场指导。从简单操作到原创制造，这里是一个可以进行各种发明创造的场所。

DIY 女性或儿童的手工作品、主妇的室内装饰与杂货，当然还有老年人的参与，区域性交流在这里被完全激活。日本人互帮互助、共同生活的旧日场景在这里得到了重现。

如果再进一步展开，让某个改建企业成为DIY装饰店的运营主体，将会挖掘出更多的商机。公司可以单独运营，但只要考虑好地方适应性等问题，大范围内展开也并非不可行。只是有一点必须指出：我们应该致力于创建符合当地需求的类似店铺。

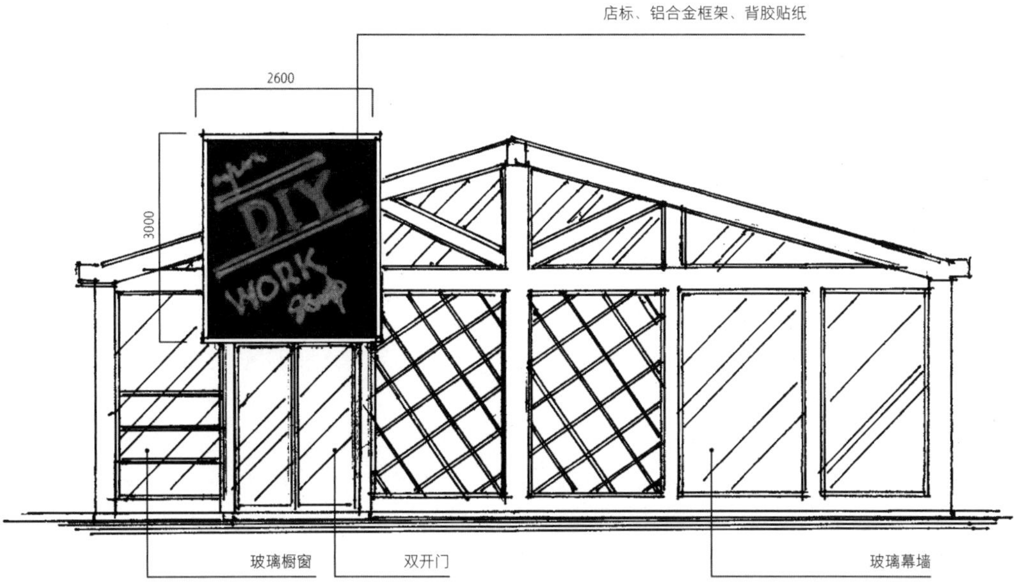

▲立面图（单位：mm）

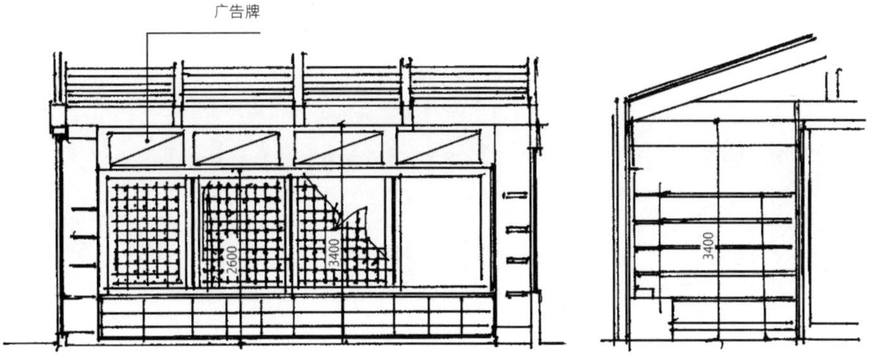

▲剖面图（单位：mm）

7 药店

富士药局

店铺类型：店面出租型店铺
所在地区：神奈川县川崎市
规划面积：279 m²

了解经营管理与市场环境

设计一家店铺，最重要的是掌握这个行业的真实状态。根据日本厚生劳动省 2015 年的调查数据，日本全国的药店数量达到 58 326 家，这个数字能与便利店的数量匹敌，相比前一年增加了 713（12%）家，达到每 15 万人口对应 45.5 家店的比例。

以前，药店被称作万能小卖部，只要是能卖的都有。随着药妆店的慢慢兴起，中小型药店都受到了不小的影响。在这样的市场环境之下，近年来，药店为什么还有只增不减的趋势呢？这是因为日本医疗制度有了彻底的改革，推进了医药分业（注：将发药调配与开处方分开）制度，这也是导致处方药店（注：店内没有药剂师，只凭处方开药）经营方针改变的首要因素。而且，在过去的 20 年间，配方药店（注：店内有药剂师，以医生处方为基础配药）的企业经营也取得了进展。销售额前 25 位的企业一共拥有 7500 家店，平均每家企业拥有 300 家店的连锁规模，这在业界也是翻天覆地的改变。

目前的处方药店与配方药店可大致分为两种：

一是开设在大医院门口附近的药店，被称为院门药店、“小判鲛”药店（在日本依附于医院的药店）；二是针对大多数处方客人的广域型药店。

以目前开店趋势来看，第二类药店正在增加。与此同时，类似非处方药、医疗用品、减肥用品、保健用品等综合性配方药店也越来越多。

考察现场条件

该药局位于东京圈内、拥有 120 万人口的政令指定都市（注：日本的一种行政区划分制度），步行至最近的私铁站约需 3 分钟。随着近年来豪华公寓的接连盖起，这里被开发成一个高级住宅区。由此可见，居民收入水平也非常高。

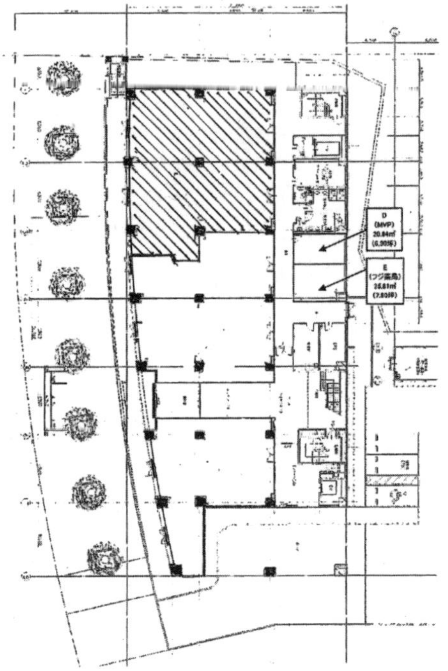

◀ 建筑 1 楼图纸，出租区域、位置

▲医疗中心外观

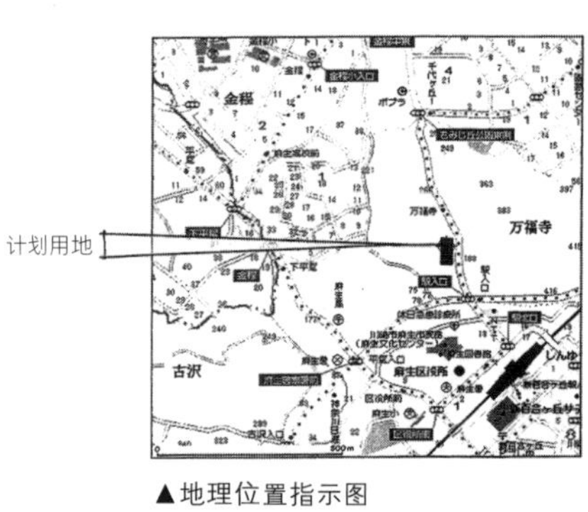

▲地理位置指示图

建筑前方道路长 18 米，人行道宽 5 米，该药局所承租的医疗中心就处在这样一条时尚的商业街上。

一家拥有 10 个诊疗科室的医院，入驻了这所医疗中心。整个建筑一共 5 楼，计划中的药店开设在 1 楼。

实施计划时对店铺功能配置进行讨论

尽管基本管理形式是配方药店，但考虑到当地居民的便利，也一并设置了如售货部门等其他部门（内容包括非处方药、医疗用品、卫生用品、卫浴用品、减肥用品和部分化妆品）。

各部门店铺配置

①导视区：自动门、各部门问讯指示标识

②卖场：陈列架、售卖柜台、收银台、展示橱窗

③沙龙空间：沙发、边桌

④配方药店：配药台、散剂类药台、外用药台、丸剂类药台、自动分割包装机、审核台、电子秤、账单打印系统、药袋打印系统、药店备品、药用冷库、洗手台、书架

⑤儿童区：地毯、垫子

⑥服务区：自动贩卖（饮料）机

⑦客人接待区：椅子

⑧员工休息室：桌子、椅子

※配方药店附带设施：接待柜台、资讯台、收银台、取药台

各部门的分区与布局

在着手布局之前，先要清楚一件事，由于所在城市景观条例对建筑外观有限制，对店标和色彩也有规定，因此所有一切外部宣传都不被允许。为了弥补这些，这部分的缺失必须在店内得到满足。

既然卖场需要吸引力，那么消费者从外面经过时就要能看见店内的陈设。同时，在销售形式上采取自助式服务的方式。

我们把店标安置在一进店门就能看到的地方。拿着处方来店里配药的顾客，首先会把处方交给接待处，然后移动到等候区，因此这一系列动作就设置在入口附近。

工作人员收下处方（病历）交给药剂师，接下来便移至配药室。配完药，药剂师会在取药柜台呼叫客人，并对药物进行说明，收取费用，直到整个流程结束。

这所医疗中心中有儿科，所以要求配置儿童区。于是，我们把儿童区与客人等待区合并在一起。

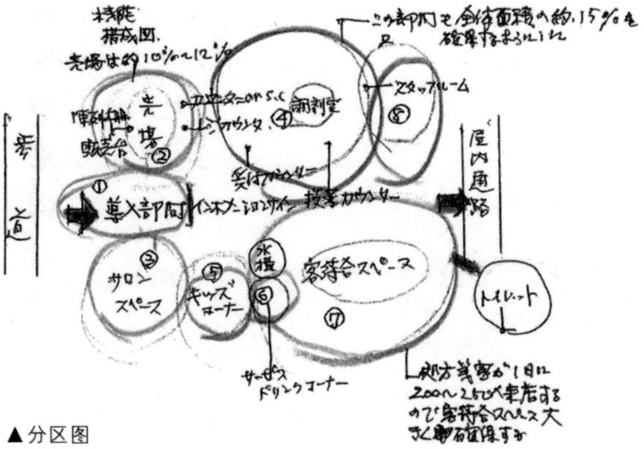

▲分区图

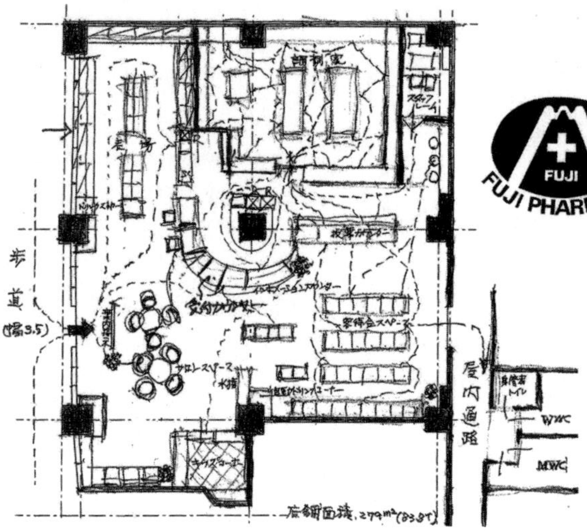

◀ 平面布局

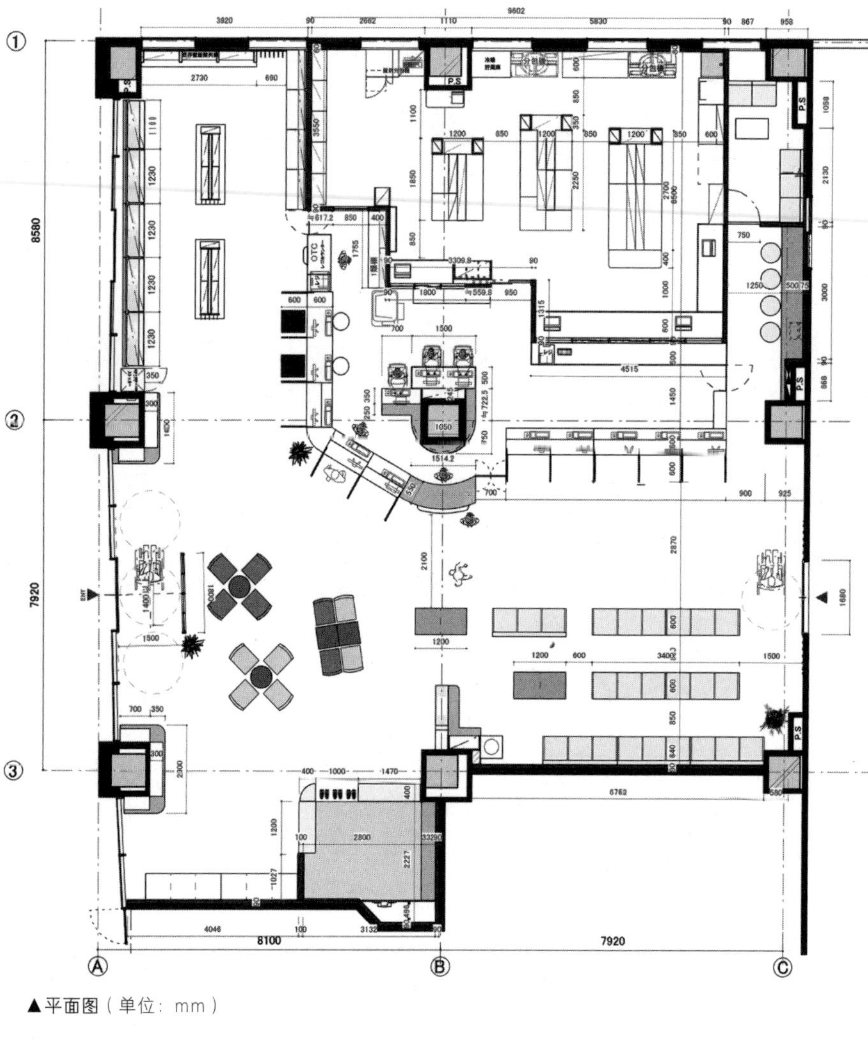

席位种类	数量（个）
沙发	28
柜台	4
桌子	12
临时沙发	6
合计	50

	面积（m^2）	面积（坪）
配药室	51.77	15.5
等待、零售空间	221.13	66.5
员工休息室	6.1	1.8
店铺整体	279	83.8

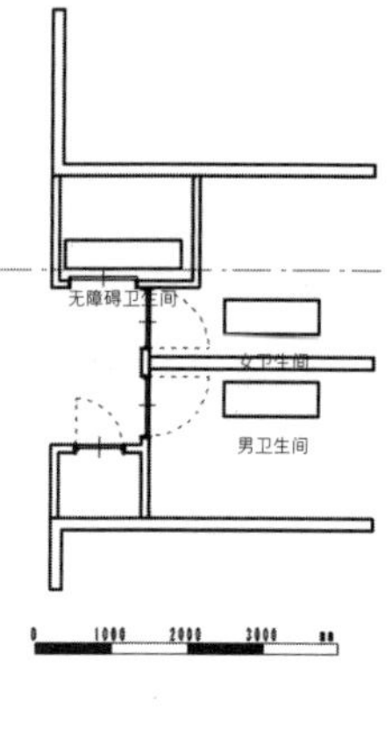

▲平面图（单位：mm）

休息区为客人创设轻松的环境。

分设男女专用厕所，并为残障人士提供专用室内通道。

设计要点

在设计的时候需要注意药店的相关法律法规，如日本的《医药品医疗器械等的法律》执行细则规定：

①开设药店要求店铺面积在 19.6 平方米以上

②配药室面积要求实际面积在 6.6 平方米以上

③配药室正面的玻璃屏，要求安装在腰线 1 米以上的位置

④配药室必须有标识

⑤配药室单一出入口

⑥必须安装通风设备

⑦店内包括配药室，都不能使用毛织地毯

▲店内效果图

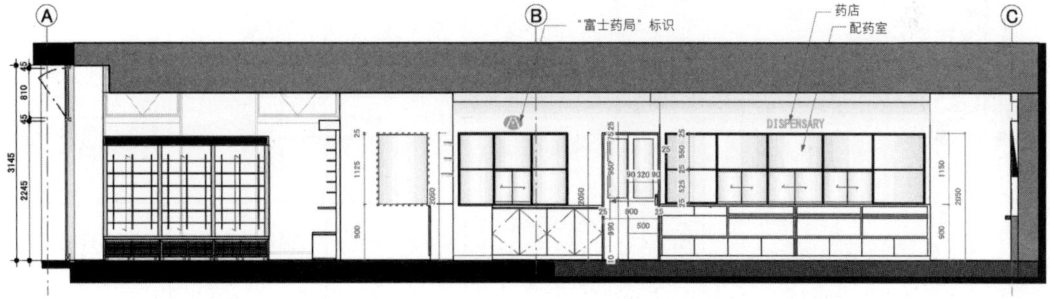

▲剖面图 A（单位：mm）

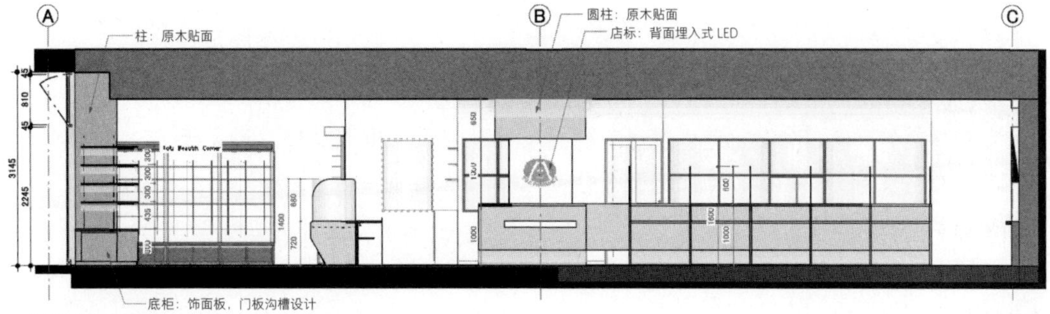

▲剖面图 B（单位：mm）

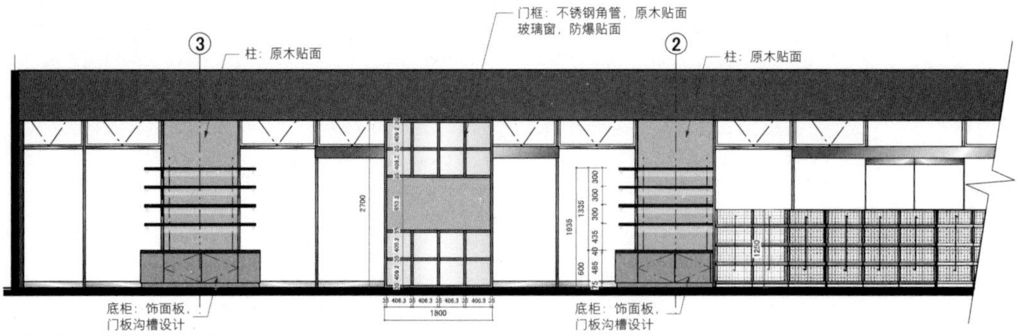

▲剖面图 C（单位：mm）

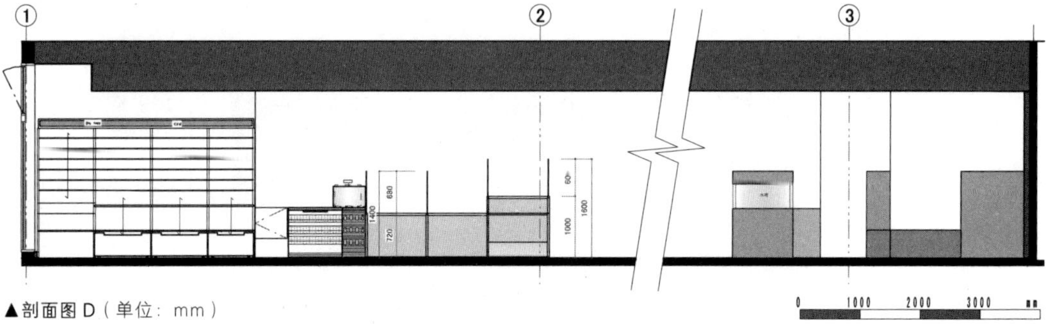

▲剖面图 D（单位：mm）

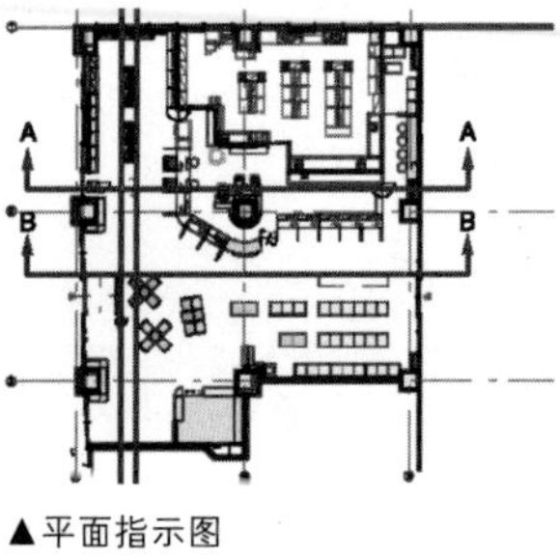

▲平面指示图

完成表

	地板	护墙板	墙壁	天花板
配药室	水泥底层 不锈钢抹泥	75mm 厚软 木护墙板	轻钢龙骨石膏板 石膏板	轻钢龙骨吊顶 石膏板
接待区	水泥底层 不锈钢抹泥 花式塑胶地板	75mm 厚软 木护墙板	轻钢龙骨石膏板 石膏板	轻钢龙骨吊顶 石膏板 装饰板
儿童区	发泡地板	—	轻钢龙骨石膏板 石膏板	轻钢龙骨吊顶 石膏板 装饰板
员工休息室	水泥底层 不锈钢抹泥 塑胶地板	75mm 厚软 木护墙板	轻钢龙骨石膏板 石膏板	轻钢龙骨吊顶 石膏板

照明规划

尽管是药店，但 80% 的经营内容是配药，而目标客户中大部分是患者，因此我们考虑应该避免过多太刺激的灯光。

客位（接待室）部分采用间接柔光照明，亮度约为 800 勒克斯。

配药室内都是药品，还包括粉末等微粒药品，所以亮度选为 1200 勒克斯。

卖场采用局部照明，而不是天花板照明，以此增加展示柜和花车（贩卖花车）的展示效果。所以，商品陈列部分的灯光亮度选在 1000 ~ 1200 勒克斯。

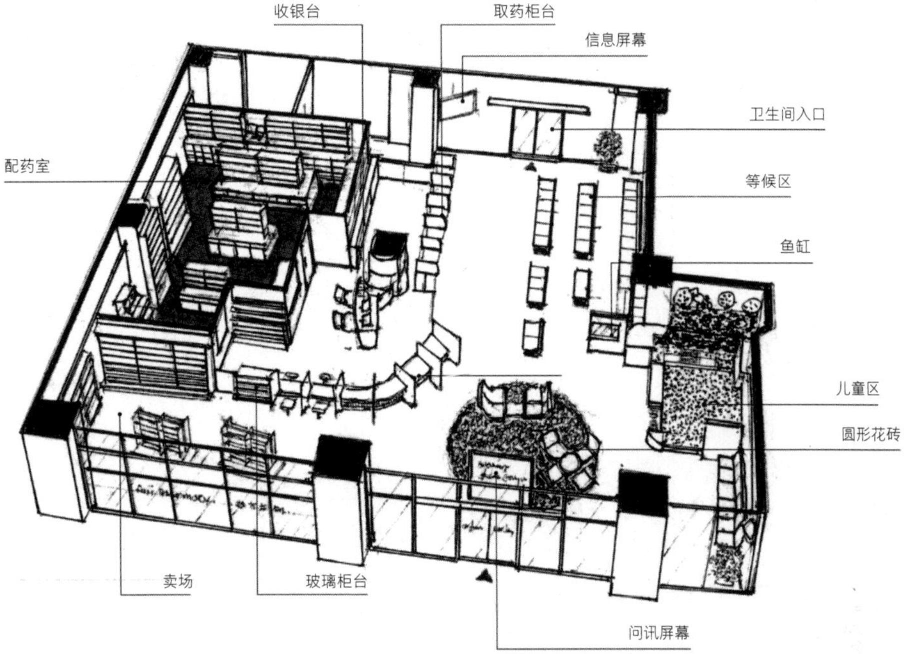

▲店内透视效果图

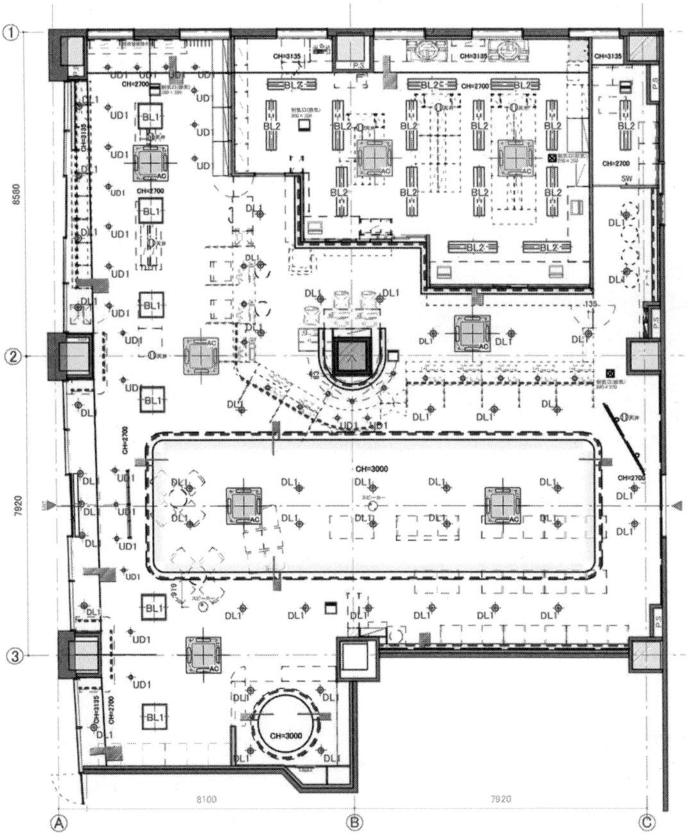

※ 照明灯具全部采用 LED 灯
※ 配药室配备 1000 勒克斯以上的光源
※ 店中央采用间接照明营造柔和的氛围
※ 所有展示柜、陈列台、取药柜台等都采用间接照明

照明器具记号、名称

B		BL1	基础灯具
C		BL2	基础灯具
D		DL1	吸顶灯
E		UD1	LED 天花灯
F			LED 灯带
G			LED 灯
A			LED 吊灯

※AC 记号为空调

▲照明配置图

8 面包 & 咖啡店

AF 烘焙店

店铺类型：复合型咖啡店
所在地区：车站前商业街
规划面积：137.6 m^2

了解经营管理与市场环境

在这次的设计计划中，我们要把制造与销售相结合，把安全、美味、健康的产品提供给当地居民。不过近年来，随着顾客群的变化，年轻一代的家庭群体也有所增加。

经过对这一顾客群的市场调研，我们听到了一种声音，就是妈妈们希望有一个地方可以交流育儿经。此外，大家对食品原材料的安全问题也很关心。于是，我们计划提供这样一个场所，使用有机成分和天然酵母为原材料制作面包、三明治来搭配咖啡等饮料，并以最亲民的价格提供独此一家的食物。我们决定将营销政策改为复合型咖啡店的形式，提供咖啡、红茶等软饮料，以及现做面包、西式点心，慢慢烘焙，营造一种慢生活的店内氛围。

同时，为了减少开支，咖啡店内采取自助式服务的销售模式。

考察现场条件

这次的计划选地，在一条私铁沿线所在的新兴住宅区附近。车站周边的公寓大楼已经建成，人口在逐步增加，带着小孩的年轻家庭特别多。这家咖啡店就选在车站前的街道一角的位置。

规划概要

占地面积：193.2m^2
建筑面积：137.6m^2
地上两层

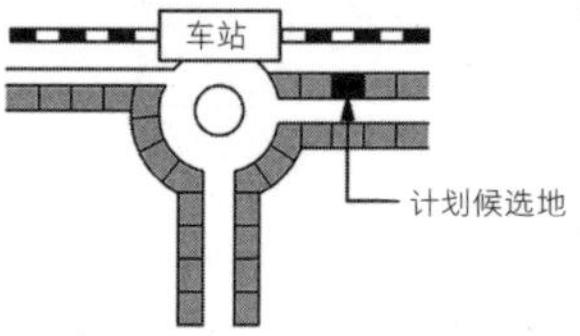

▲选地周边图

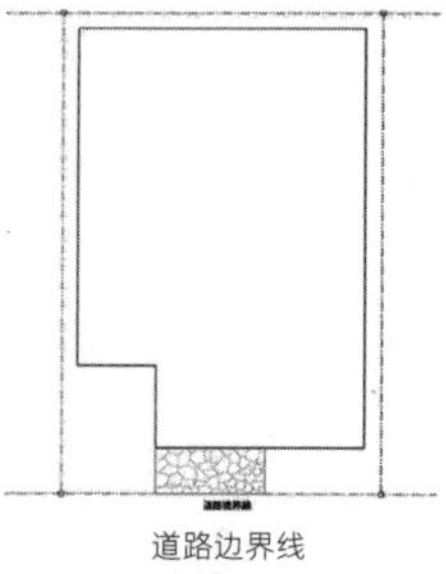

▶用地图

实施计划时对店铺功能配置进行讨论

基本采用开放式卖场的配置，实行自助式服务。西式蛋糕等需要放置在玻璃冷藏展示柜内。

尽管结账可以在收银台完成，但考虑到来店客人，还是要保证一定的店内面积。

可以在店堂内看到烘焙过程，保持一个开放式的视觉环境。

动线规划：顾客可以根据自己的喜好在店内移动，陈列器具要方便顾客比较、碰触商品。

销售：为了增加面包店的客流量，需要制订出吸引顾客眼球的销售计划。

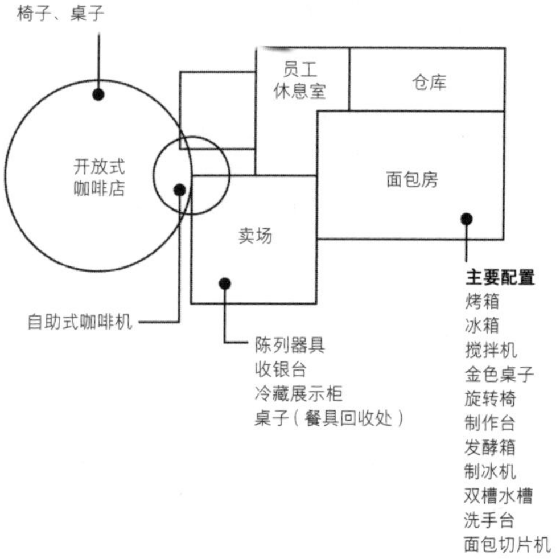

▲分区图

开放式咖啡店：因为同时会有堂食与外带的客人，为了能同时给两种客人提供周到的服务，收银台的位置与面积大小非常重要。

各部门的分区与布局

因为这家店的位置是在私铁站前的商店街一角，很多客人是从郊外开车前来购物，因此我们计划在店面前安排一处停车场。

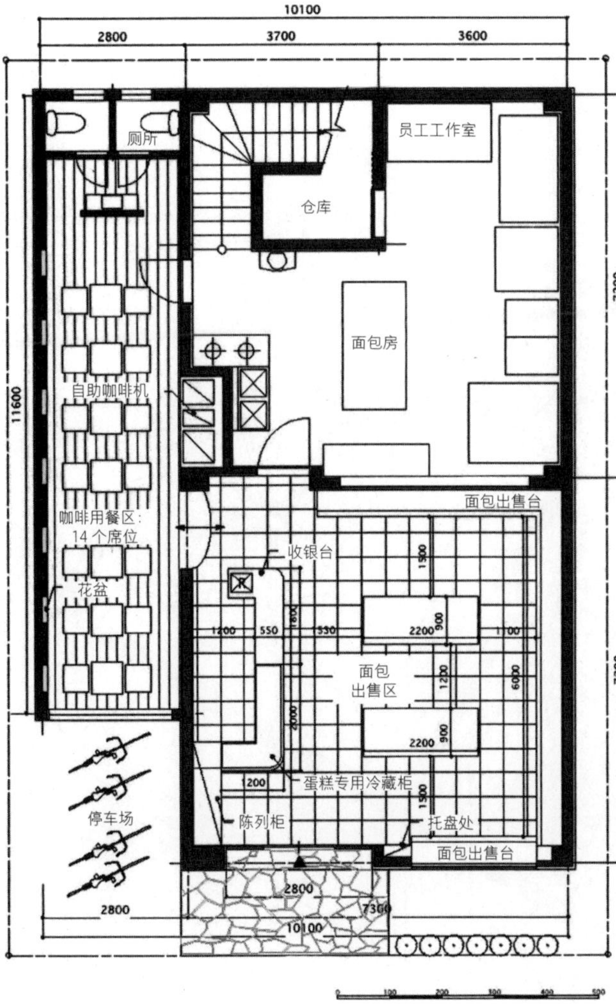

▲平面图（单位：mm）

面积表

1楼	使用面积（m^2）
面包房	40.83
卖场	52.46
咖啡用餐区	27.80
其他	16.51
合计	137.60

完成表

卖场	
地板	木块拼花复合地板
墙面	乙烯树脂墙纸和部分瓷砖
天花板	石膏板 墙漆粉刷
自动门	双开式（高 2.5m） 门框：不锈钢镜面处理
咖啡用餐区	
地板	木纹复合地板
墙面	乙烯树脂墙纸
天花板	石膏板、墙纸
面包房	
地板	有色混凝土
墙面	装饰板涂层 部分正方形墙砖
天花板	防火石膏板

▶内部透视图

于是我们把店面后缩一部分，留出店头空间。为了创造出厚重感，我们还考虑了店标。与此同时，也尝试扩展屋檐，以达到尽可能靠近道路的效果。

平面规划要点

基本上为了让面包房与卖场达到一体化的视觉效果，我们选用大面积玻璃作为隔断，这样可以让顾客看到整个制作过程。与此同时，从店头

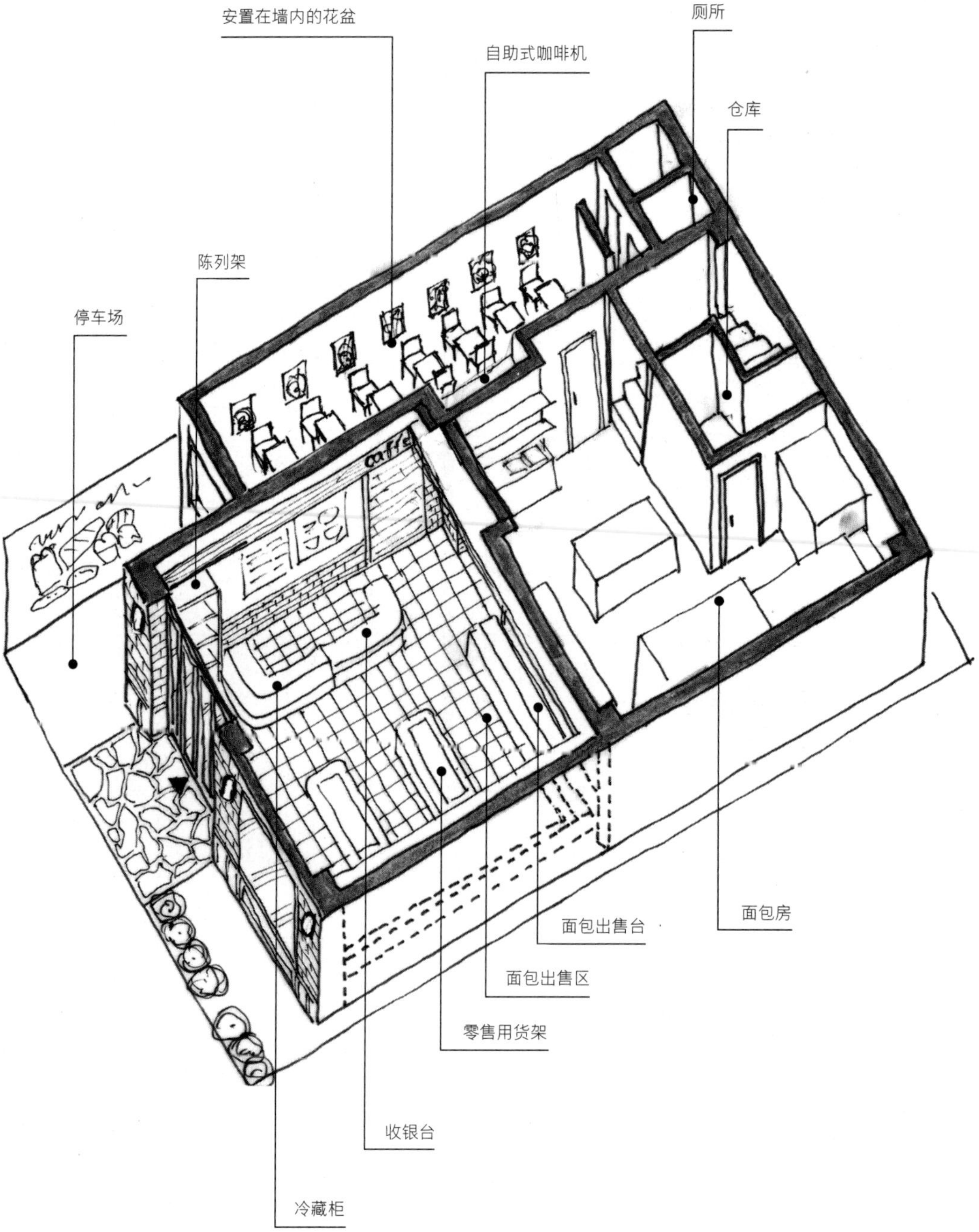

▲店内透视图

延伸至整家店，在视觉、触觉上都秉持自助的风格。而左侧开设入口的布局，更方便顾客进入咖啡厅及收银台区域。

店铺形象设计

外墙采用落地玻璃，以及砖瓦与装饰线条的设计方案，呈现欧式风格。

店内墙面采用水泥涂料，加入部分墙砖。而木质部分统一选用橡木纹，天花板则是灰泥粗糙表面，整体呈现欧式风格。天花板边缘加入装饰梁，并加入 LED 间接照明。

另一边的咖啡用餐区也有着异国情调，我们计划选用白色作为基色，展现北欧明亮、清爽的现代风格。

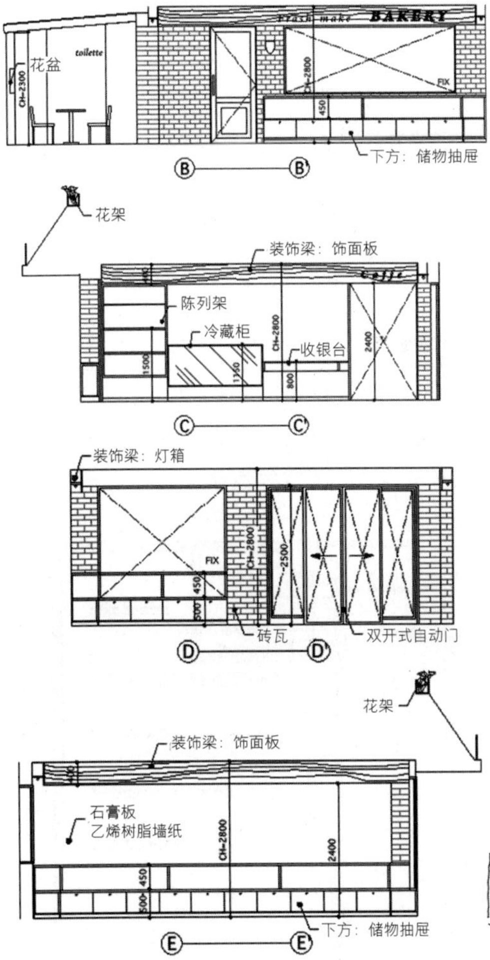

▲剖面图（单位：mm）

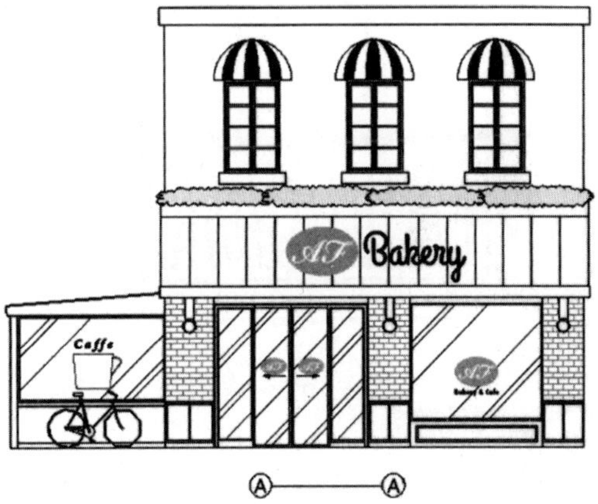

▲立面图

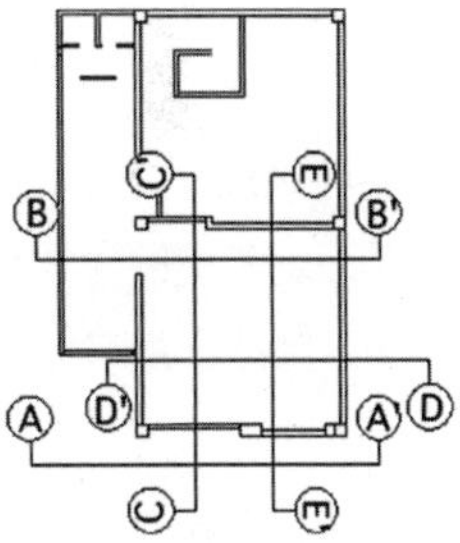

►展开方向

▲外观透视图

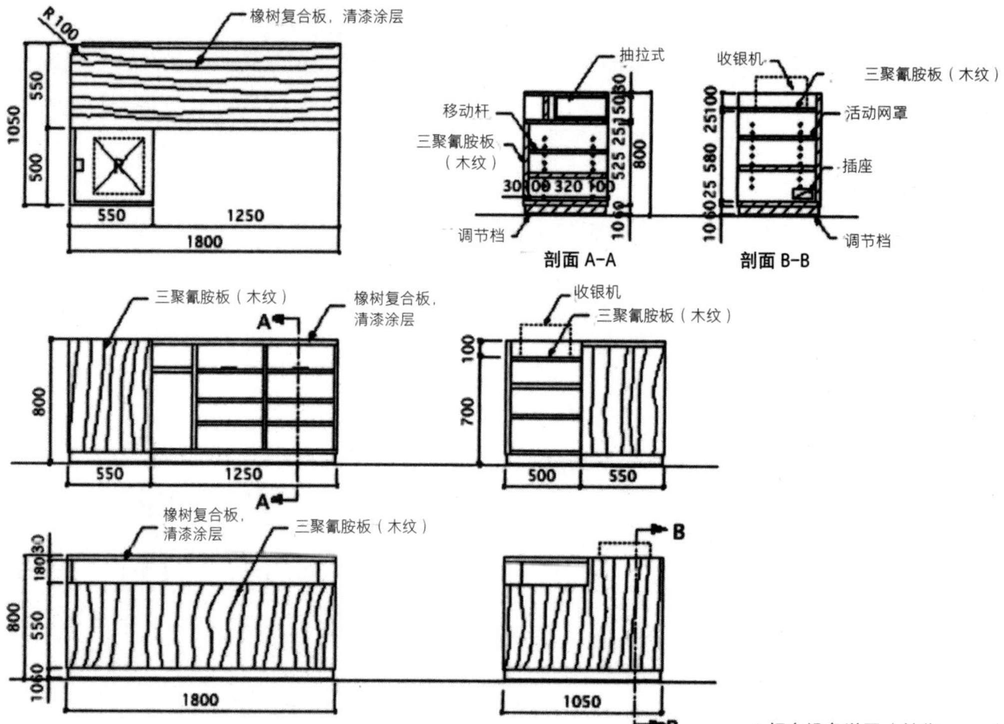

▲柜台设备详图（单位：mm）

陈列器具的功能

墙面附近有一个两段式出售台，高度也保持在 90 厘米左右。另外，西式蛋糕同样是自家制作的，所以还准备了一个冷藏陈列柜，与收银台设置在一起。中间摆放面包的货架也保持相同高度。上层面包架中，会特意摆上一些装在面包篮里的法式长棍，高度会高出 30 ~ 40 厘米，制造出富有层次感的视觉效果。

A	正面，壁灯	B	正面，吸顶灯	C	店内，吸顶灯

D	化妆间，管灯	E	咖啡用餐区，吸顶灯	F	卫生间，吊灯
				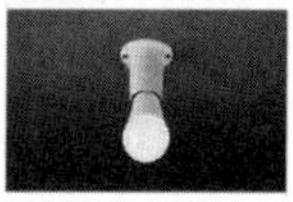	
G	餐饮区，管灯	H	停车场，聚光灯		
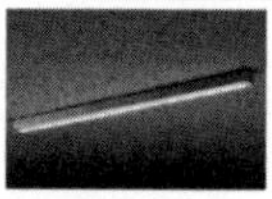					

◀灯具样式图

照明规划

考虑到整体成本，店内全部采用 LED 灯光照明。面包房选用白色 LED 照明，卖场通过黄色灯光营造沉静的室内气氛。此外，天花板周

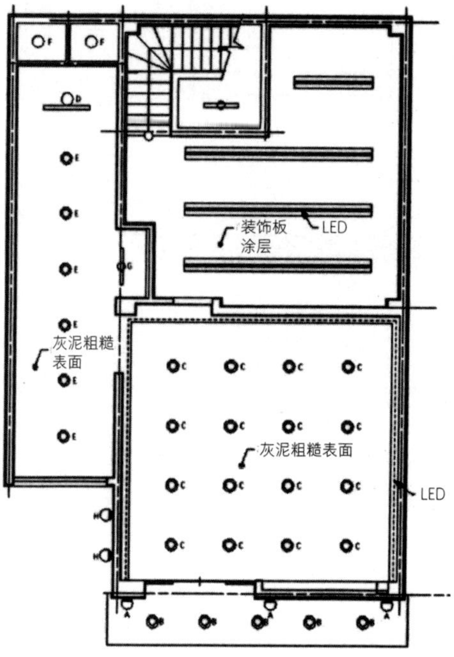

▲天花板平面图

围设计了装饰梁，并在里面安装间接 LED 照明。开放式咖啡店也选用 LED 照明，同样创造出静谧的店内环境。

设计上的法律法规

想要取得糕点制作许可，店铺标准（根据东京标准）必须达到如下要求：

· 地板必须防水且易于清洁（无须用水的地方可以用厚木板）

· 内部墙壁防水深度应该达到 1 米，且易于清洁（无须用水的地方可以不满足此要求）

· 必须配备防鼠、防虫设施

· 必须配备通风设备

· 店铺内亮度必须在 50 勒克斯以上

· 必须配备流动清洗设备

· 配备自来水洗手设备及手指消毒设备

· 员工用厕所必须配备洗手设备及消毒设备

· 根据员工人数，在工作场所以外的地方配备更衣室或更衣箱

· 店铺内以工作类型进行分区规划

· 在工作场所以外的地方配备原料仓库

· 根据产量及生产能力配备烘烤箱、蒸箱等必要设备

· 必要时需配备冷藏设备

标识计划

作为经营战略的一个环节，我们要进行标识策划。从店标设计、店铺积分卡、海报、宣传单到包装设计，统一塑造店铺形象，提升店铺知名度。

◀ 店铺标识

此外，我们要利用店铺网站以及社交网络的营销方式快速渗透，提高其在年轻顾客中的认知度，并且努力争取远距离的客人。

菜单构成

基本上，作为一家面包店的经营者，最重要的就是要深刻意识到：如果食物没有吸引力，就无法获得客人的忠诚度。

留意那些高度注意食品安全问题的顾客，强调面包是用国产小麦和天然酵母为原材料制作而成的，同时留住每天食用也不会感到厌倦的固定客人。与此同时，为了引起关注、提高知名度，需要不断研发独此一家的新产品。在社交网络上刊登照片，查看客人留言，并根据季节开发新产品的宣传也同样重要。

· 主食面包类

· 法式面包类

· 丹麦面包类

· 德国面包类

· 餐包

· 花式面包类

· 甜甜圈类

· 调理面包类

· 其他

面包房里的设备

让我们来介绍一下制作面包所需要的设备，设备的形状与尺寸因设备制造商而异：

· 烤箱：分燃气烤箱与电烤箱两种。根据不同类型的面包，确定是否需要带蒸汽功能

· 搅拌器：揉面的机器

· 烘炉：发酵面团的机器

· 吐司整形机：碾压、拉长面团的机器

· 油炸机：炸面包的机器

· 水槽：水池。必须配备双槽式的。同时，洗手的地方应该独立安排

9 和果子店

梅花和果子店

店铺类型：沿街店铺
所在地区：县政府所在地区（20 万人口的地方城市）
规划面积：160.16 m²

现场环境概要

该计划用地位于县政府所在的地方城市，人口超过 20 万。以前的中心城区是一个繁华的商业购物区，但因为无法适应交通机动化水平的增长，城市逐渐衰退，一片萧条，并且这一趋势正在加速。如今，市中心已经迁至郊外。

转换市场方针

改变经营管理的第一步，必须顺应顾客群体的购物行为，而以私家车出行的顾客群是主流消费层。因此我们建立了停车场，确保购物环境的便利性。

相比以前，自家生产是我们现在更想推崇的，并打算以此为方针继续经营下去，因此，计划将卖场区域和制作区域合二为一，自产自销。我们在提供新鲜、美味食品的同时，为了提高单价，不断进行新产品和礼盒的开发，并且顺应市场环境(这是一座以“梅花”闻名的城市)推出以“梅花”为主题的一系列糕点，包括梅子豆馅饼、梅子馒头、梅子夹心饼，以及面向成人的梅酒口味酒心巧克力。我们采用实体店与网店的双重销售方法，积极推行市场营销的有效政策。

菓子処
梅の花

▲店铺标识

店铺设施规划的考量

正如前面所说，因为是沿街店铺，首先要配备汽车停车场与自行车停车场。场地面积预计需要可以停放 5 ~ 6 辆汽车的空间。

由于是自家生产，所以布局前提是将卖场与制作区域结合在一起。

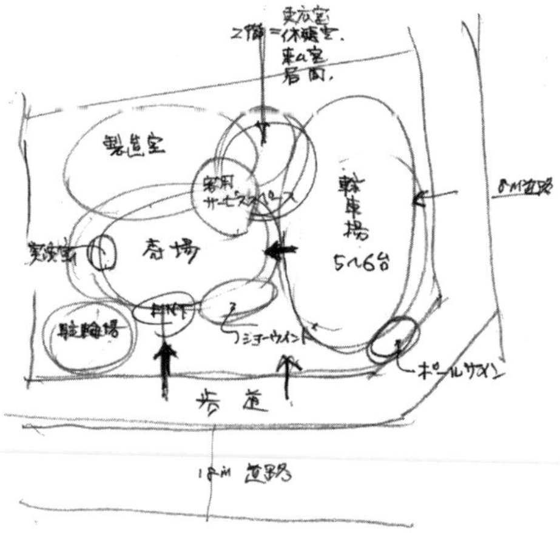

▲店铺设施规划

二楼作为辅助楼层，被布置成员工休息室、更衣室以及办公室等。

销售形式基本是面对面式，同时配备食品展示柜和进行商品咨询的柜台。

作为服务项目，我们为远道而来的客人准备了一处小小的榻榻米空间，提供饮品款待。

化妆室与厕所合并在一处。

另外，作为一种示范销售，我们设置一处宣传角，把制作过程展示给大家，通过声音与香气唤醒顾客的听觉与嗅觉，以此作为一种促销手法。

店铺配置玻璃食品柜与开放式陈列，增强吸引力。

日式糕点需要的包装工序繁多，因此需要两个包装工作区。

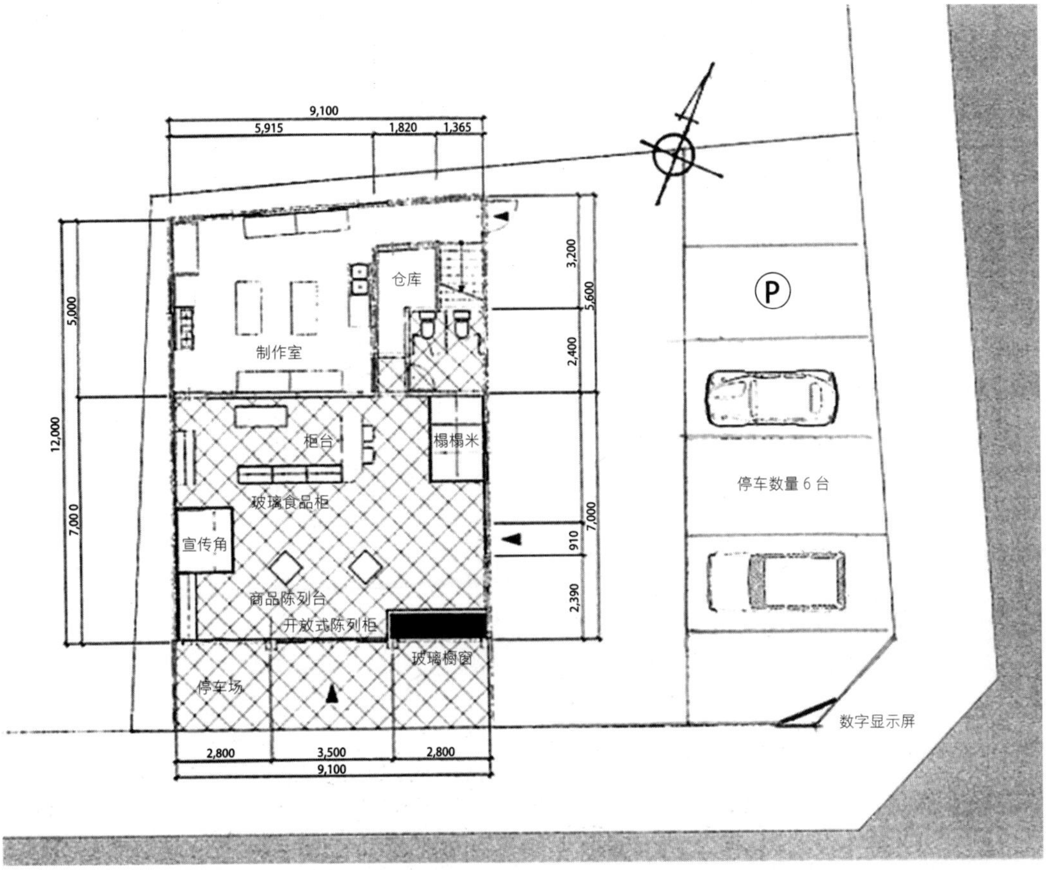

▲平面布局（单位：mm）

规划概要

占地面积：317.9m²
建筑面积：1 楼 111.9m²
　　　　　2 楼 48.2m²
两层面积合计：160.2m²

平面规划

占地含所在道路一角，因此计划把这个角落用来作为停车场。为此，我们在面向道路的正面开设店铺大门，而在停车场的一面开设一道侧门。

店铺内设置玻璃食品柜，随着季节变化，展示不同的和果子以吸引眼球，开设烘焙室，引起来店客人的兴趣。

店内设置一块榻榻米区域，提供茶水。因为有远道而来的客人，除了常规服务，我们还提供化妆室（厕所）。

二楼设置员工休息室、娱乐室、更衣室、管理室、值班室等。

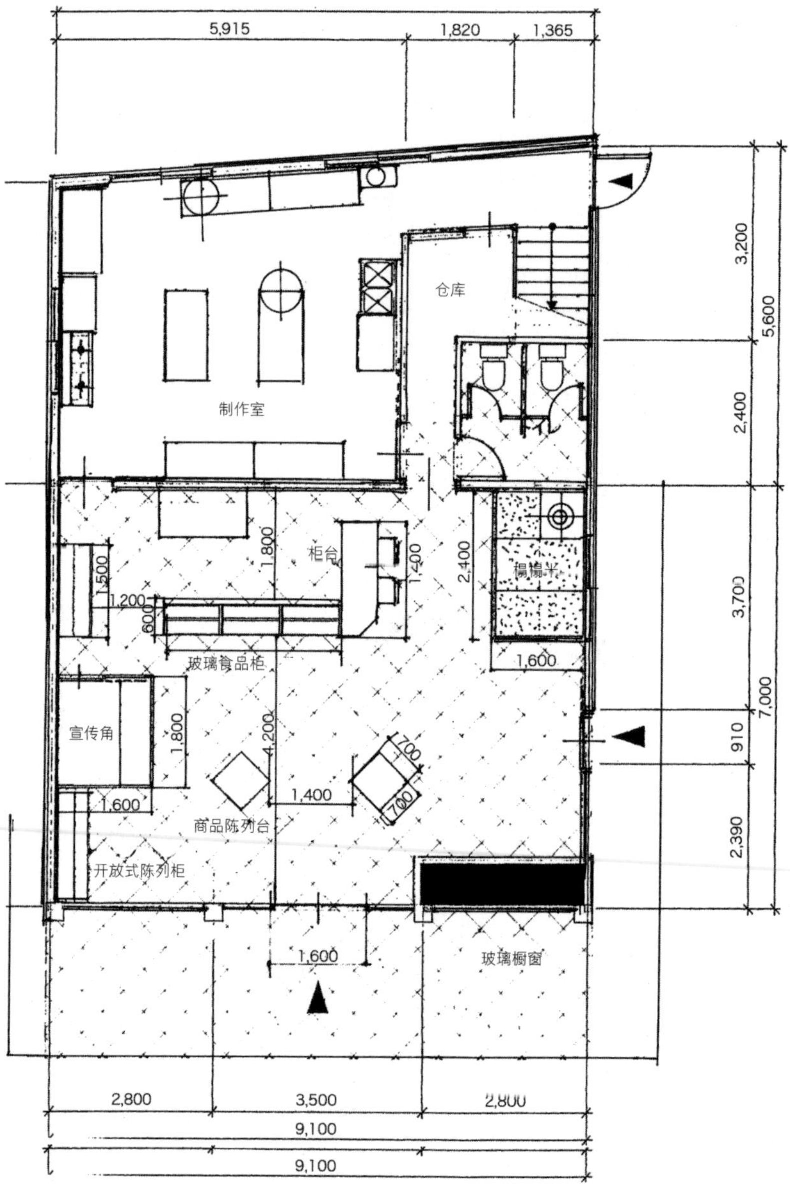

▲平面图（单位：mm）

▌店铺设计要点

①外观强调正面的 4 根立柱，木质表面用壁灯加以点缀

②腰线部分用细木条，体现和风元素

③店内正前方的墙面配有梅花图案的面板，强调店铺形象

④四周贴有明亮色系的墙纸，加入少许砂壁墙纸

⑤天花板用木纹饰面板，呈现三角屋顶状

▼剖面图

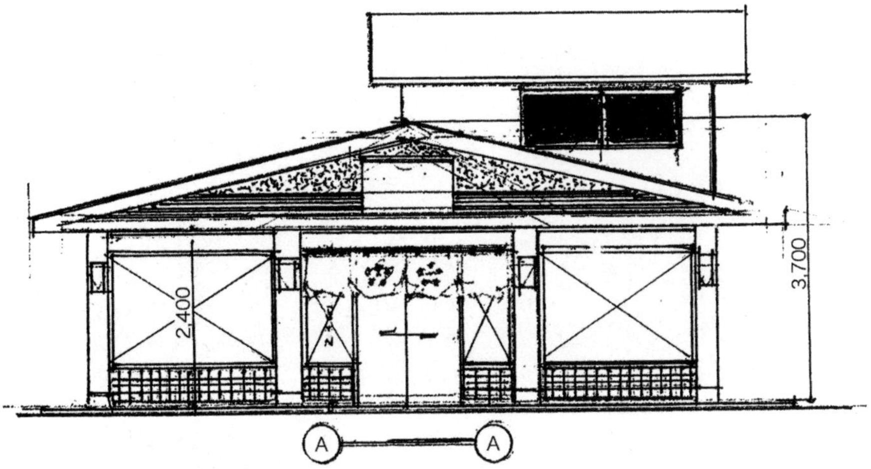

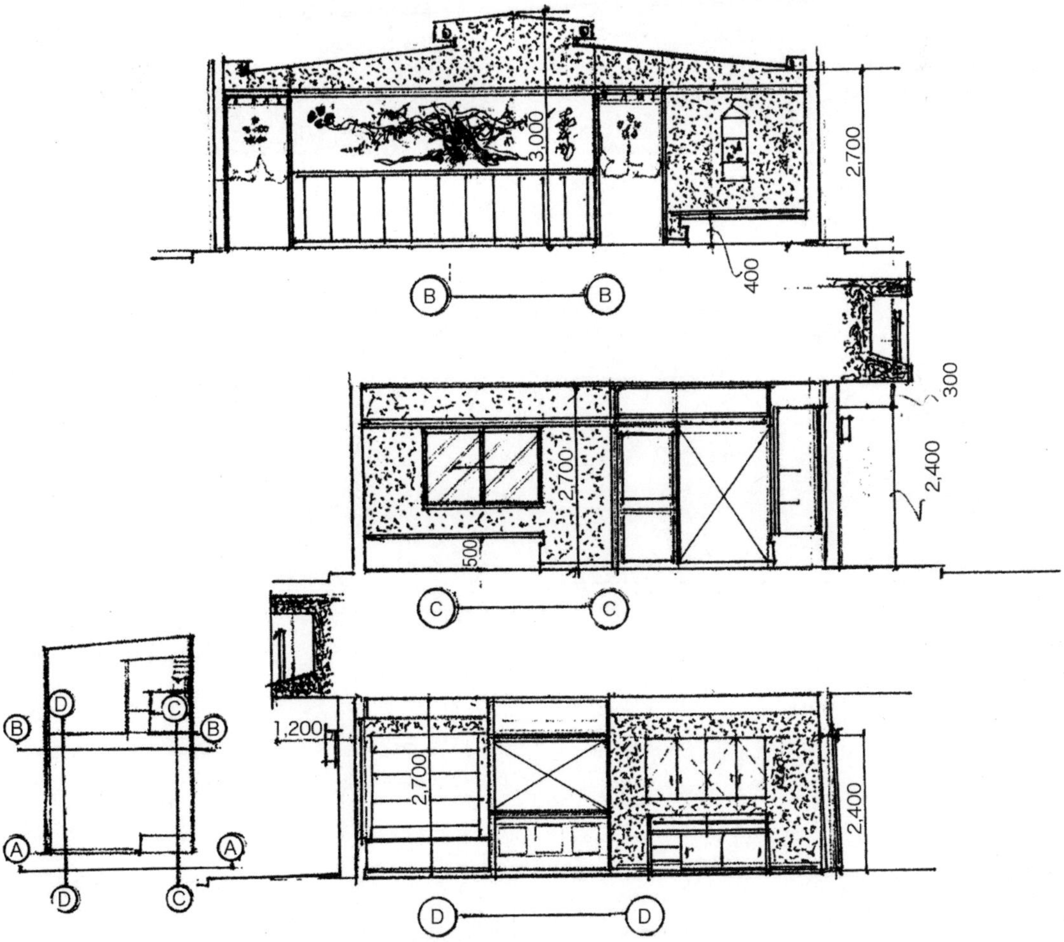

▲展开导览图（单位：mm）

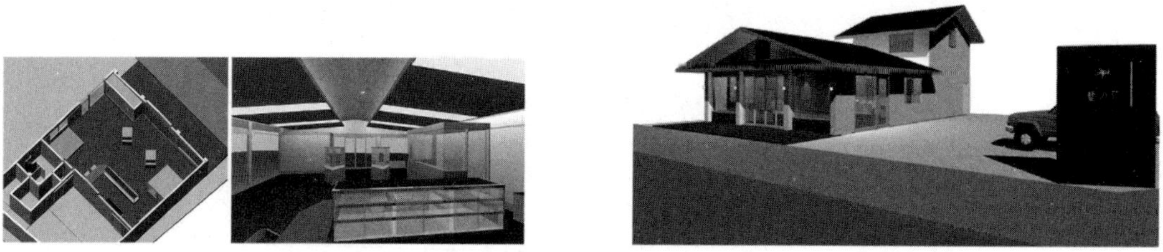

▲透视图

梅花和果子店完成表

地板	地砖，一部分榻榻米
墙面	砂壁墙纸，部分护墙板
天花板	三角屋顶，木纹饰面板，部分墙纸
外观	水泥砂壁外墙，地面部分瓷砖

陈列器具设计要点

①包装台

精美的和果子大多作为礼物送给亲朋好友，因此包装是一项很重要的工序。用来完成这项工序（需要包装纸、双面胶、胶水、系绳、礼品袋等）的包装台，必须方便人工操作，而且要具备各种功能。这一点必须引起设计师的重视。

②展示柜

原则上，和果子店都是隔着展示柜面向顾客销售的。商品要给人以高级、隆重的视觉感受（柜子尺寸的标准高度 90 厘米、深度 45 厘米），柜子的高度及深度直接影响视觉效果，因此考虑设计器具的时候要多加注意，如柜子的腰线部分可以镶嵌石料，或者在彩色玻璃下方打光，增强视觉吸引力。

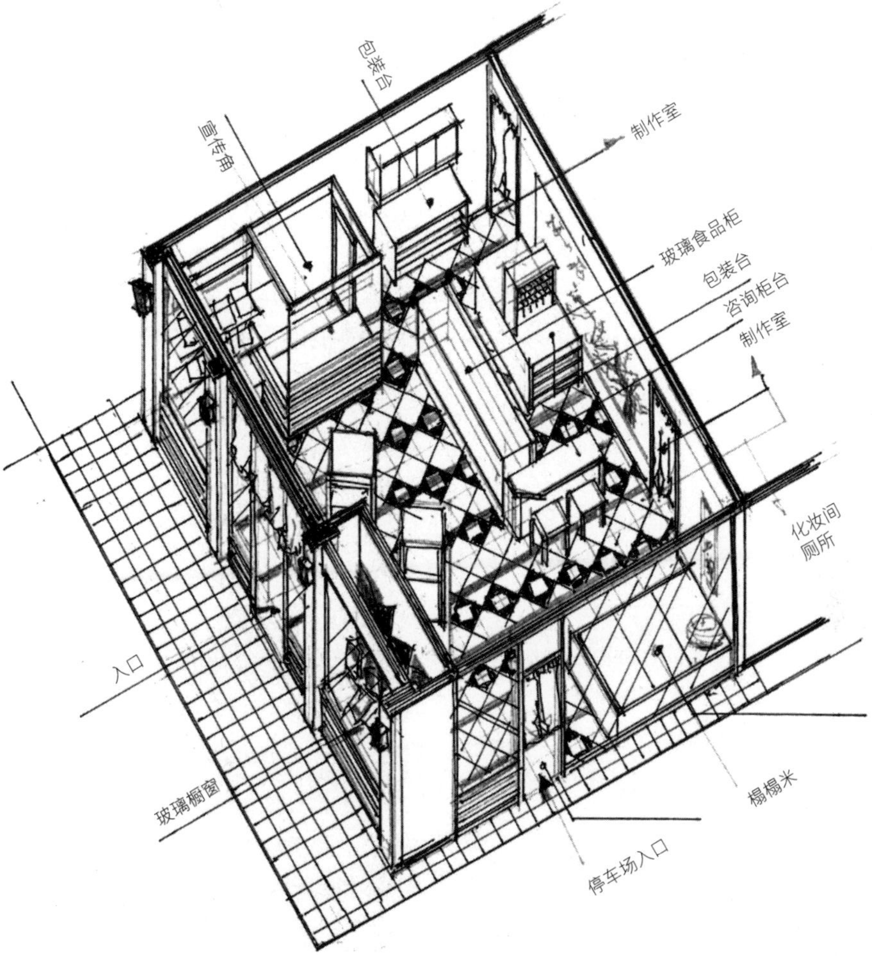

▲透视图

照明规划

Ⓐ基础灯光（天花板），采用柔和的间接照明，保持整体亮度。

Ⓔ天花板周围的间接照明采用 LED 灯带。

ⒷⒸ木框结构采用能强调和风的日式灯具。

※ 店铺（卖场）以外一律不采用照明灯具。

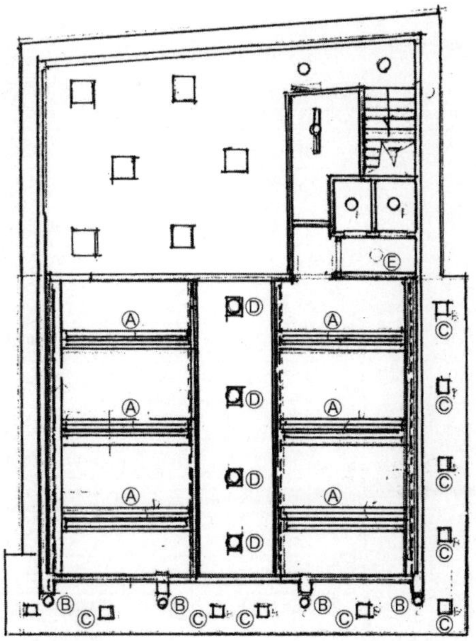

Ⓐ基础灯光直管 LED
Ⓑ壁灯（和风）
Ⓒ木框吸顶灯
Ⓓ木框吊灯
ⒺLED 灯带

▲照明配置图

10 西式甜品店

MOKA DOR 甜品店

店铺类型：独立店铺
所在地区：东京江东区北砂商店街
规划面积：43.35 m^2

选址背景

该店是位于东京江东区北砂商店街中心位置的一家西式甜品店。这条商店街位于下町区（相对于高级住宅区而言的平民住宅区），街道热闹嘈杂，各行各业的店铺应有尽有，鱼店、肉店、蔬菜店、水果店、食品店等，其中就有这家经营西点的甜品店。一般来说，西式甜点分类如本页下表所示。

经营志向

该店经营者是一位专业西点师傅，店铺出售他亲手制作的西式甜品。值得一提的是，该店凭借着注重味觉与视觉的双重感受，培养了一批固定的客人。在这条街上的众多店铺中，它绝对是属于少数让人惊艳的小店之一。“不疾不徐，好好挑选——就想酝酿出这样的氛围”，为了充分体现这一经营理念，这家店采用封闭式的店铺设计，有别于其他店的开放式结构。

这里包含的商品主要是甜品，店主还加入了特别学习的德式西点（曲奇饼）。在礼品甜点中，这款德式曲奇饼干的销售额占很大比重。

店铺机能配置上的要求

制作室一定要有。因为店铺规模的关系，原本考虑要盖两层楼，但由于工作流程的关系，无法满足。因此尽管有些小，最终还是决定盖成一层楼的店铺。

要配置玻璃橱窗。店方要求摆放一个标志性的大型多层蛋糕，并且不打算用蛋糕模型，为此，玻璃橱窗内要保证一定的冷藏温度。除此之外，店主想要将其设计成欧式风格的装饰橱窗，供大家欣赏。

店内的一体式陈列玻璃柜，要求既能展示零卖蛋糕，又能摆放包装在礼盒中的整个蛋糕，力求呈现高级感。

西式甜点的一般分类

水分含量区别	制作方法、面皮区分	主要品种
生甜品	海绵蛋糕类	切片蛋糕、蛋糕卷、卷饼、花式蛋糕
	黄油蛋糕类	磅蛋糕（重糖重油）、水果蛋糕、黄油蛋糕、芝士蛋糕、年轮蛋糕
	泡芙类	奶油泡芙、手指泡芙、圣多诺蛋糕
	发酵果子类	萨伐仑松饼、法式巴巴蛋糕、丹麦酥皮饼
	拿破仑类	蛋挞、迷你水果挞、千层饼、水果馅饼、苹果派、薄酥卷饼
	华夫饼类	华夫饼
	甜品果子类	煎薄饼、可丽饼、布丁、果冻、巴伐露、慕斯、芭菲
	料理果子类	比萨、肉馅饼
半生甜品	海绵蛋糕类、黄油蛋糕类、发酵果子类、蛋挞、部分迷你水果挞、蜜饯类	
干甜品	糖果类	水果糖、奶糖、牛轧糖、酒心巧克力、彩虹软糖
	巧克力类	实心巧克力、夹心巧克力
	口香糖类	各种口味口香糖、泡泡糖、果味口香糖
	饼干类	饼干、咸饼干、椒盐饼干、面包干
	零食类	薯条类、玉米类、小麦粉类

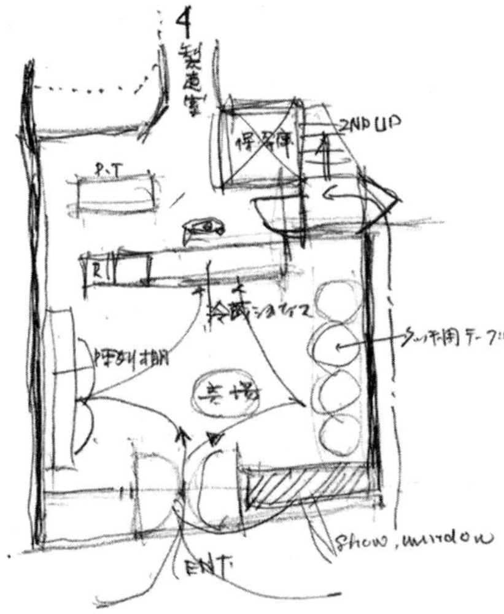

原始平面草图

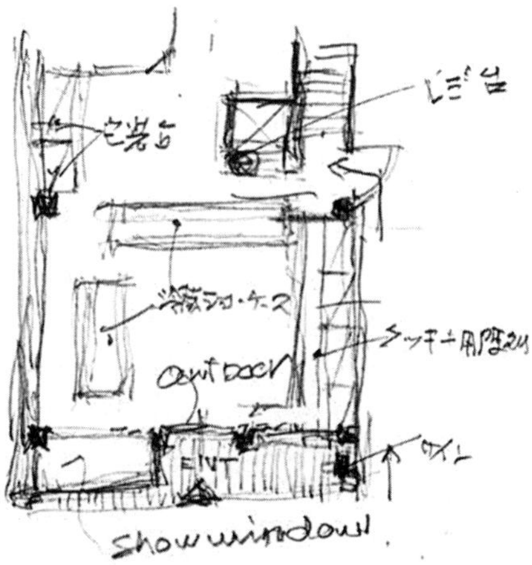

手绘改装草图

▲平面计划手绘草图

店主希望通过这次老店翻新增加更多的蛋糕品种，所以计划增加冷藏展示柜。

想要与其他店铺形成鲜明对比，设计上要能够提升店铺整体形象。

平面规划概要

店铺本身是木质结构，所以抗震性差一些，因此在建筑内部增加了钢铁框架，起到支撑作用。正因为如此，墙壁增厚了一倍多，店铺的面积也因而有所减小。不过这是店主对抗震措施的要求，一切以安全为首要条件。

店头构成：正面左侧为玻璃展示橱窗，大门采用双开式自动门，右侧为落地玻璃。这一部分构成店铺前半部分空间。

店铺外观设计也体现了店主的构思，除了玻璃，正面都采用砖瓦墙面。

店内正面是原来的冷藏展示柜，而右侧是新添置的，左侧的展示柜专门用来放曲奇饼类的糕点。展示柜下方用来放置备用商品，销售单品开放陈列，礼品盒装的放在橱柜内。

带礼盒的糕点比较特别，还涉及礼盒的包装，如果不具备包装这一条件，销售就无法顺利进行。因此我们选用了一体化包装台，包括礼盒、系带等。所以包装台的占地面积不小，这也可以说是店铺的一大特点。

这家店的店主还是个业余画家，为了吸引顾客，他把自己的画挂在店内，因此我们在墙壁上安置了挂画用的轨道。

我们在玻璃展示橱窗内增设了冷藏功能，这个工程最辛苦，要把冷藏机收纳在橱窗腰线部分，又要通过恒温技术避免玻璃表面形成雾气。

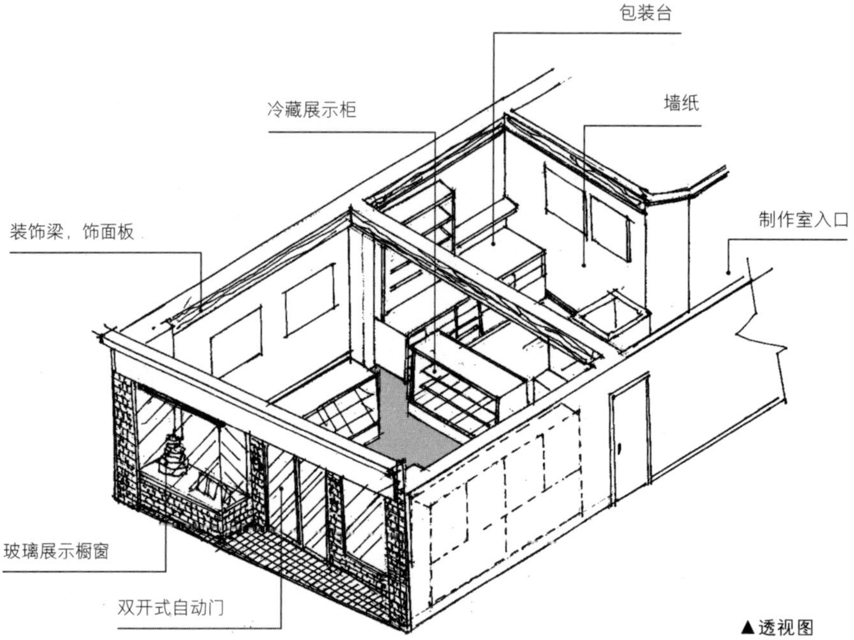

▲透视图

照明规划

· 外观广告牌。射灯打照在店铺的字母招牌上

· 店头及玻璃展示橱窗采用 LED 吸顶灯

· 店内采用箱形照明与射灯作为基础照明

▲广告牌效果图

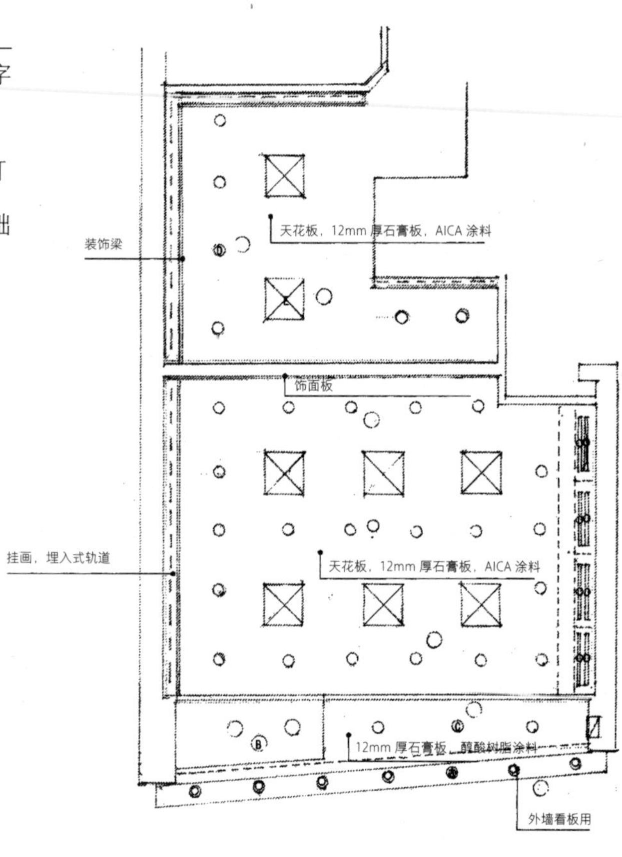

▲照明配置与天花板规划

形象设计及外观概要

外观部分

德式曲奇是该店的招牌，所以店头的外观形象要体现欧式风情。

· 除了玻璃部分，其余外墙都用砖瓦砌成

· 店铺招牌采用深棕色底、白色艺术字体的形式

· 为了营造浪漫氛围，我们在入口两侧各安装了一盏壁灯

· 店头部分的地板铺置瓷质地砖

店内部分

天花板四周的包边选用 30 厘米宽的装饰梁，为的是体现厚重感。与之相呼应的是曲奇展示柜和出售台所用的胡桃木饰面板与金色镶边设计，透露出些许高级感。陈列柜一侧有一面大镜子，视觉上扩大了空间。

· 浅褐色地砖

· 墙面整体为象牙色墙纸

· 天花板除了装饰梁部分，其余都贴墙纸

▲玻璃展示橱窗与店头部分

▲曲奇出售台及陈列柜

◀剖面图 A-A（单位：mm）

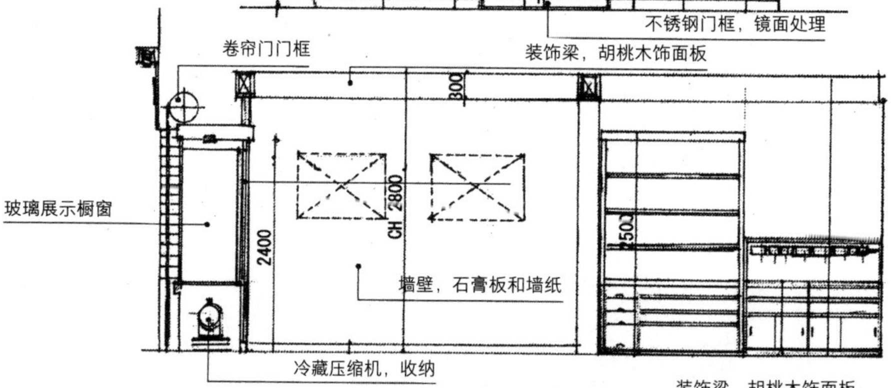

◀剖面图 B-B（单位：mm）

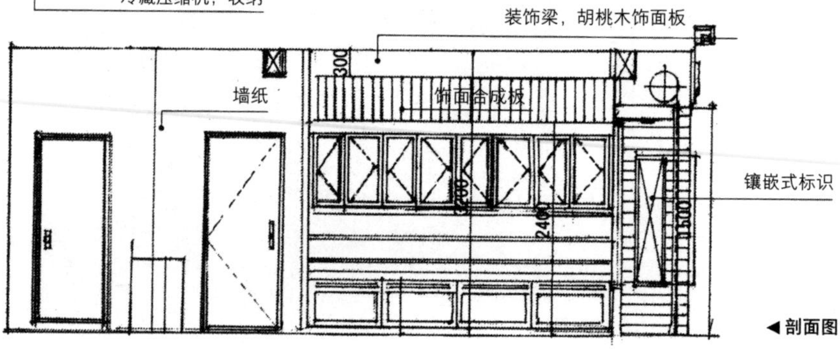

◀剖面图 C-C（单位：mm）

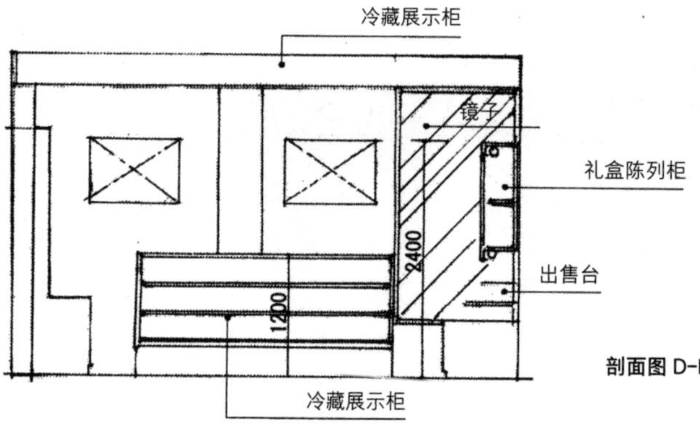

剖面图 D-D

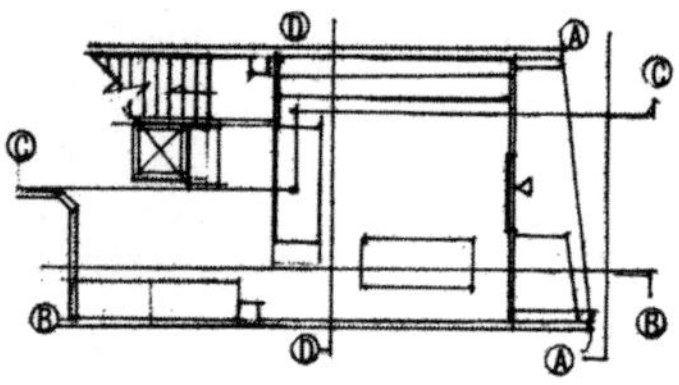

▲剖面图（单位：mm）

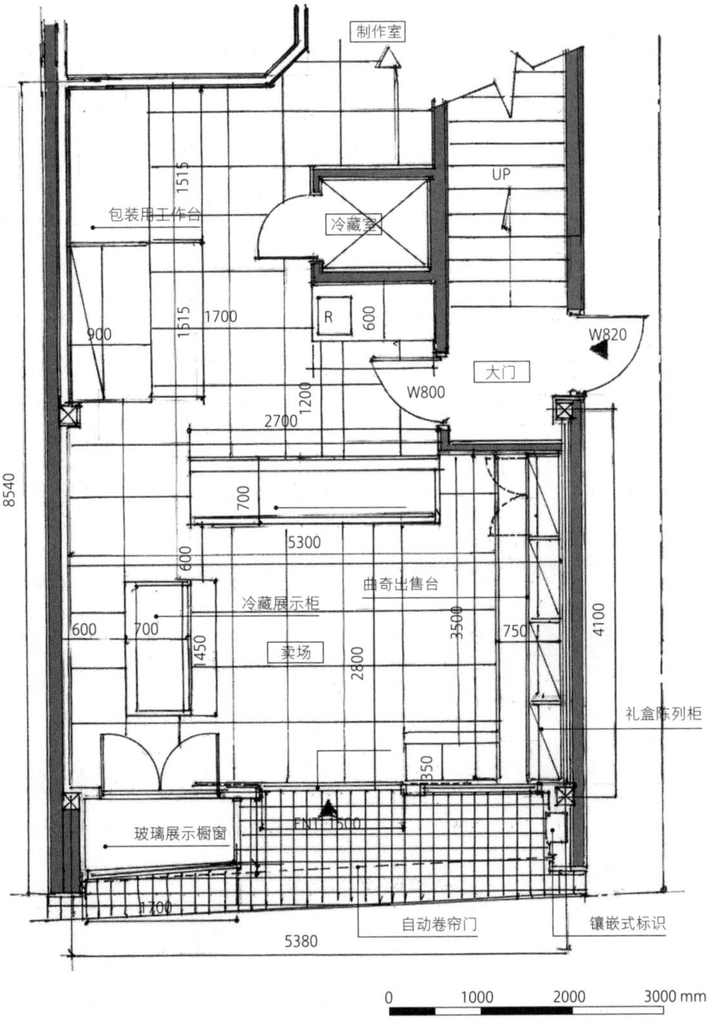

▲平面图（单位：mm）

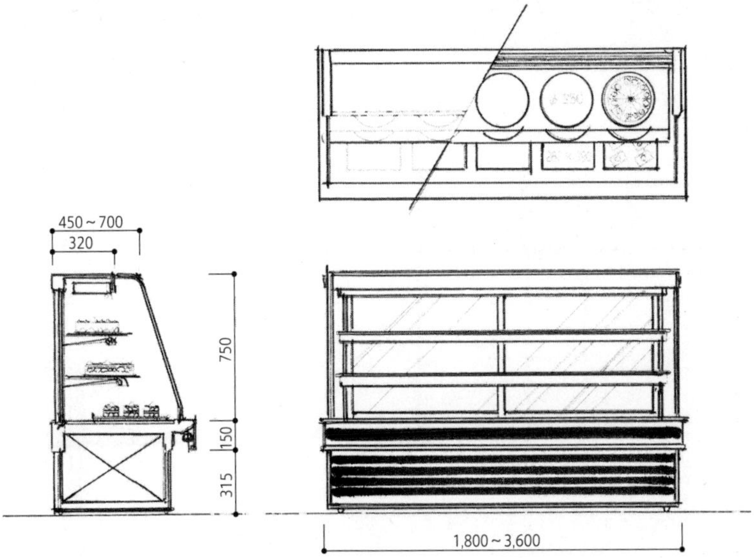

▲生甜品专用冷藏展示柜详图（单位：mm）

11 花店

店铺类型：店面出租型店铺
所在地区：东京郊外私铁车站周边
规划面积：47.8m²

盛放的花之家

了解经营管理与市场环境

我们一般所说的“花店”，属于日本标准产业分类中的“花卉零售业”。

所谓“花卉”，包括观赏用的鲜花、枝叶、球根类、盆栽、苗类、草类等所有绿色植物，而出售这些植物的零售店铺被称为花店。

日本从事含花卉在内的零售店铺（包括生活用品超市、建材超市）大约有 40 000 家（2007 年），全年销售额约 8000 亿日元（合人民币 500 多亿元）。

而专门出售花卉的零售店铺（花店）大约有 25 500 家，销售额在 5500 亿日元左右（约合人民币 350 亿元）。整体观之，花卉在超市内的销售额急速增长，而个人及中小企业经营的花店，无论在店铺数量还是销售额方面都有下滑的倾向。

消费动向

平成初年（1989 年），一般家庭在店铺购买鲜花的消费水平曾一度有过增长趋势，在 2000 年前后进入高峰期，停滞一段时间后开始下滑。

近年来，日本家庭用于鲜花、园艺方面的花费有减少的趋势，不过基本维持在原来的水平。

近六成的家庭，一整年都没有购买过鲜花，七成家庭没有购买过园艺用品。

购买者不仅对鲜花的保持天数及价格有所要求，对鲜花的颜色及品种等方面的需求也日趋多样化。

鲜花零售业销售额排位（2016 年）

第 1 位：日比谷花坛［约 200 家店铺，销售额约 213 亿日元（约合人民币 13.5 亿元）］。

第 2 位：青山鲜花市场［约 102 家店铺，销售额约 74 亿日元（约合人民币 4.7 亿元）］。

第 3 位：第一园艺［约 20 家店铺，销售额约 55 亿日元（约合人民币 3.5 亿元）］。

现场条件

该花店选址在东京郊外，距离私铁车站步行约 5 分钟路程，属于商住同时发展的区域，在女性（主要为职场女性）消费群体中非常有人气。该店铺属于个人经营的花店，一楼是店主自己的店铺及分租出去的部分，二楼则是店主自己的居所。

整体使用面积	769.4m²
一楼	382.6m²
二楼	386.8m²

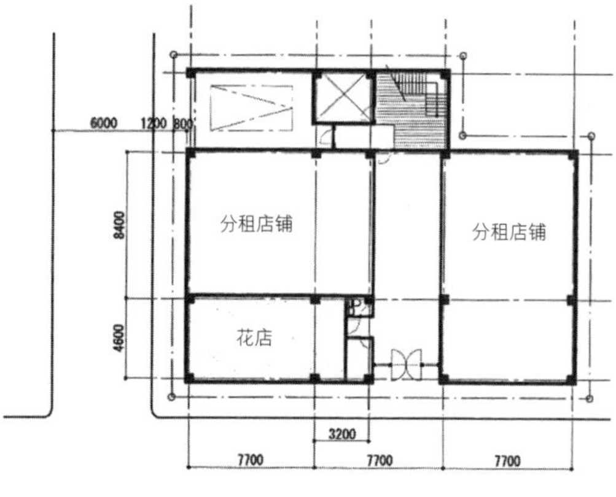

▲整体布局图（单位：mm）

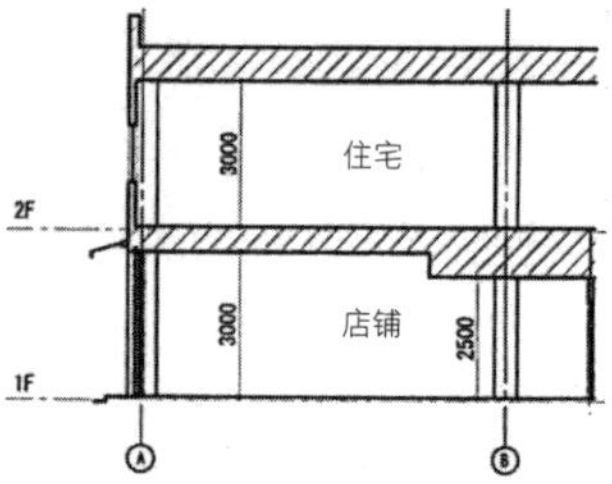

▲剖面图（单位：mm）

店铺配置

这家花店不单出售鲜花，还是一个面向主妇、职场女性的插花教室。把花卉带入生活，丰富自己内心的生活方式，这是该花店的创店理念。

店铺各部分设施配置

①引导区（玻璃门面）：单扇强化落地玻璃门，铝合金门框，玻璃门标贴纸

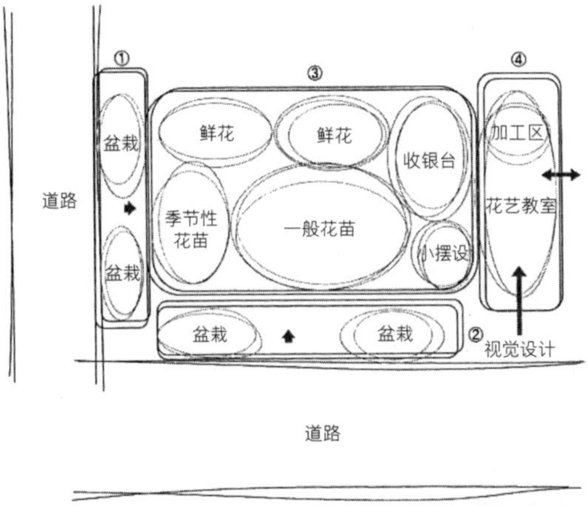

▲设备配置效果图

②引导区（滑轨折叠门一面）：滑轨折叠门、外墙壁内置式 LED 灯箱

※ 两面都安装了带店名标志的遮棚

※ 两面门口地板都铺置了波纹钢板

③卖场：盆栽台（带冷藏功能的三段式盆栽台）、鲜花冷藏柜、展示台、展示圆桌、收银及包装台、礼品包装陈列柜

④后台区：办公桌、椅子、柜架、加工用水槽及操作台、带挂钩面板

各部门的分区与布局

个人经营的花店一般以中小型规模居多，因此大多数店铺的卖场面积都不大。重点在于如何将鲜花品种与季节感作为吸引眼球的卖点。

发挥转角地形的优势，使其具有开放感是打造店铺的第一步。吸引客人进店，尽量让所有商品都能得到展现。

开设了两处店门，长边方向的入口采用滑轨折叠门，营业时间内全部打开。另一边的入口采用落地玻璃门，依然强调店铺的开放性视觉效果。

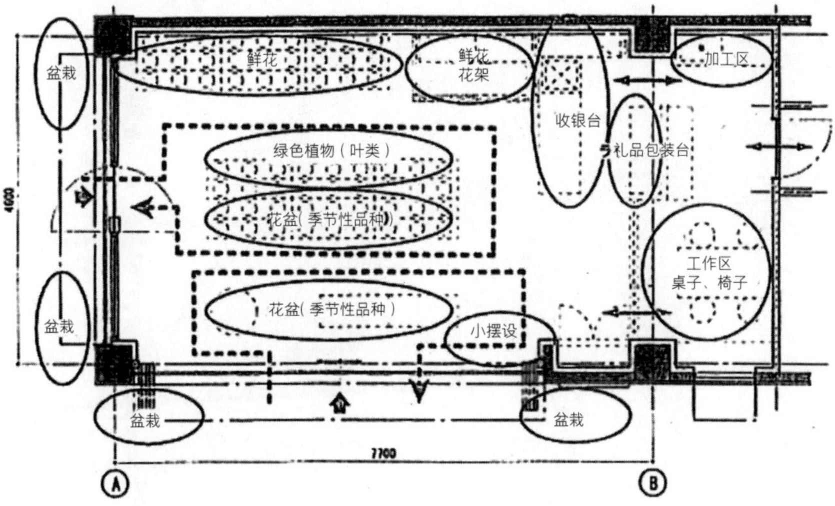

▲分区图（单位：mm）

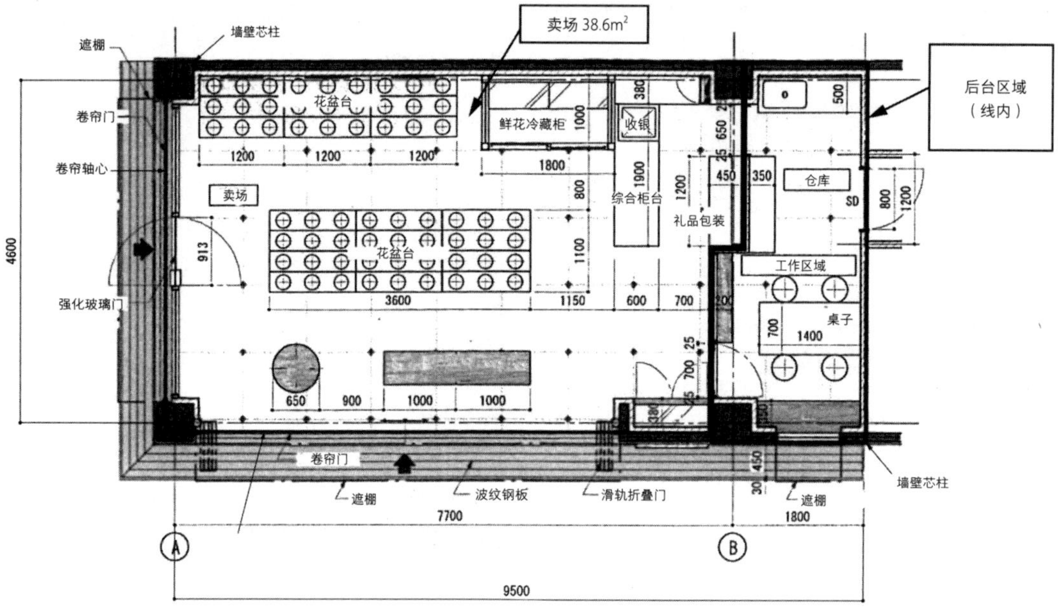

▲平面图（单位：mm）

外部店门口区域铺置波纹钢板，摆放绿色植物作点缀。

鲜花除了摆放在冷藏柜内，还有具备冷藏功能的三段式花台。鲜花幼苗（花盆）和景观类迷你盆栽基本摆放在中央位置。

店铺中还开设花卉教室，所以在后台区域放置了桌椅。店主能够在店铺外透过玻璃门窗看到里面工作的景象，我们以此作为布局的前提条件。

▲效果图

规划概要

店铺面积：$47.8m^2$
卖场：$38.6m^2$
后台区域：$9.2m^2$

平面规划要点

在规划店铺时，因为考虑到店主也居住于此，因此设计时相当一部分的意向都来自店主，我们按照现有条件，尽可能把店铺空间设计成最理想的状态。

以顾客购买需求为先决条件，来进行商品类别的布局，重视回游动线，方便顾客通往收银台。

收银台背后是摆放礼品包装用品的柜子，包装纸和绸缎带都可以供客人挑选。此外，加工鲜花所需要的水槽，也配置在收银台附近的后台区域内。

除了店铺入口可以通往工作区域，侧面入口同样可以进入工作区。

主要剖面图

综合柜台的构成更偏重于实用性。操作简单与功能齐全是我们追求的目标。

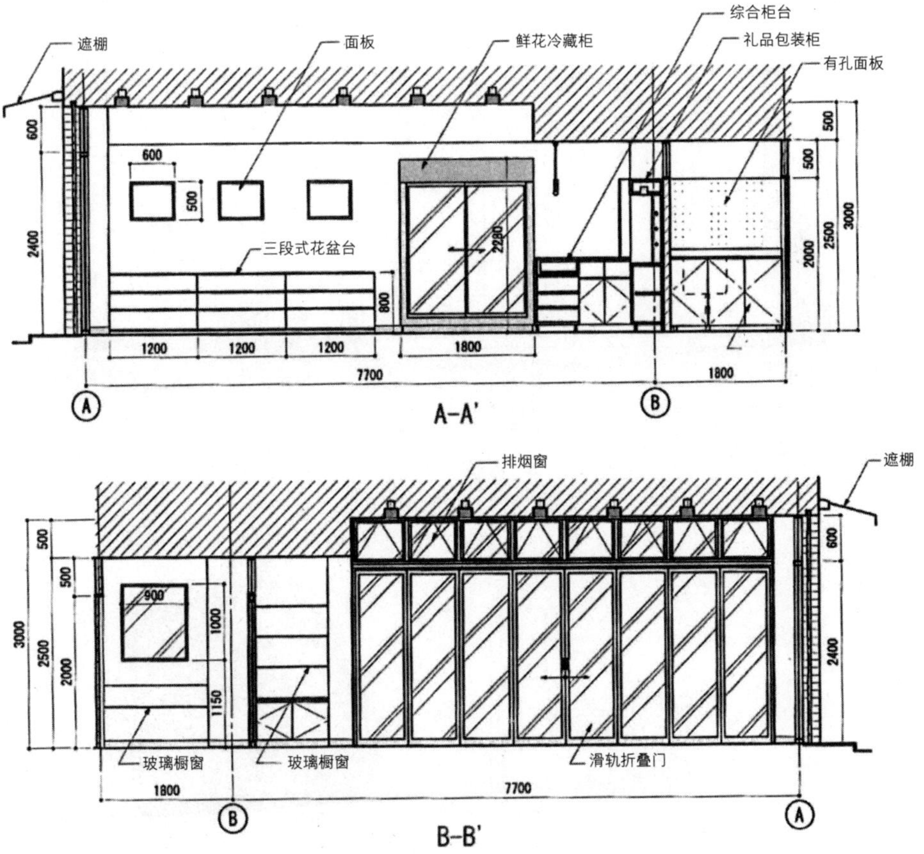

▲剖面图（单位：mm）

照明规划

为了降低成本，全部采用 LED 灯光照明。

照明规划的重点在于控制色温。为了表现出鲜花的自然色彩，基本将色温控制在 3500 开尔文左右。店内照度基本在 800 ~ 1000 勒克斯。

店内的吊顶天花板有段差，除了基础照明，还配备 LED 吸顶灯作为辅助照明。

三段式花盆台

一般品种可以采用非冷藏型花盆台，但考虑到有玫瑰花，还是选用了带有冷藏功能的花盆台。

天花板

我们限制了墙面与综合柜台附近的天花板高度（250 厘米），店内中央部分（300 厘米）因为配线盒的关系，不得不让天花板相对变高，进而形成内部光线较暗的视觉效果。

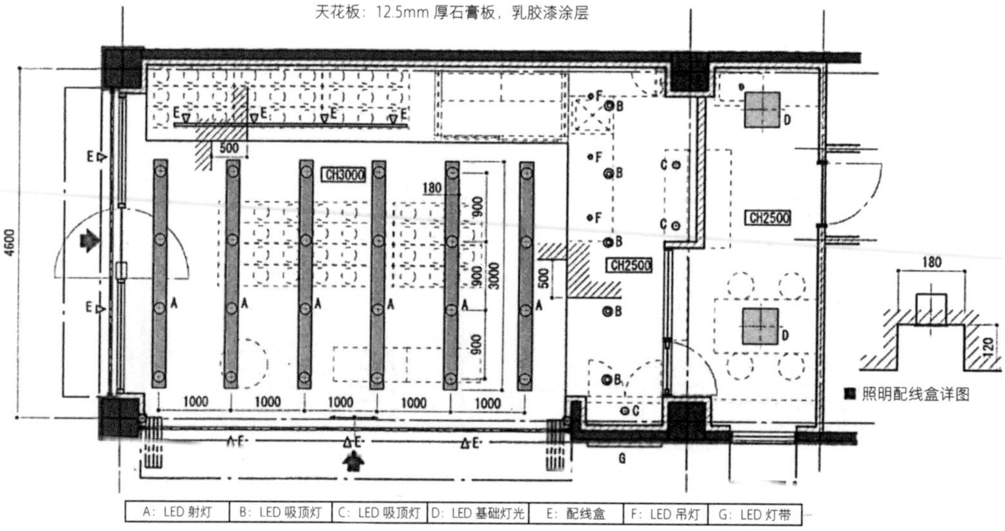

▲照明规划图（单位：mm）

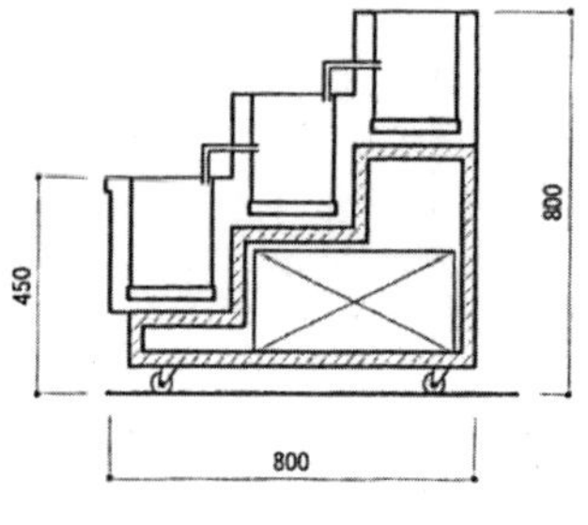

▲陈列器具图（单位：mm）

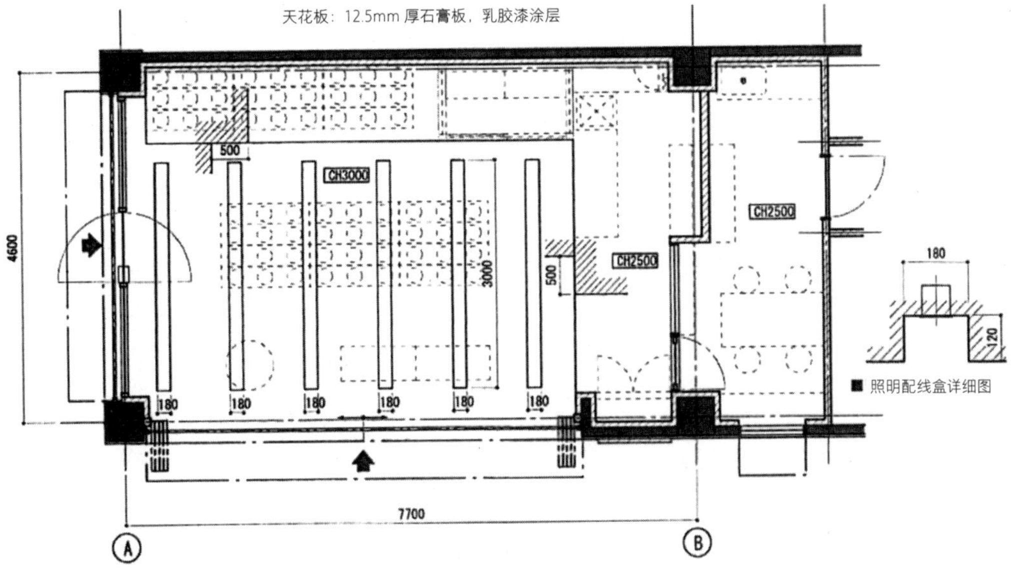

▲天花板平面图（单位：mm）

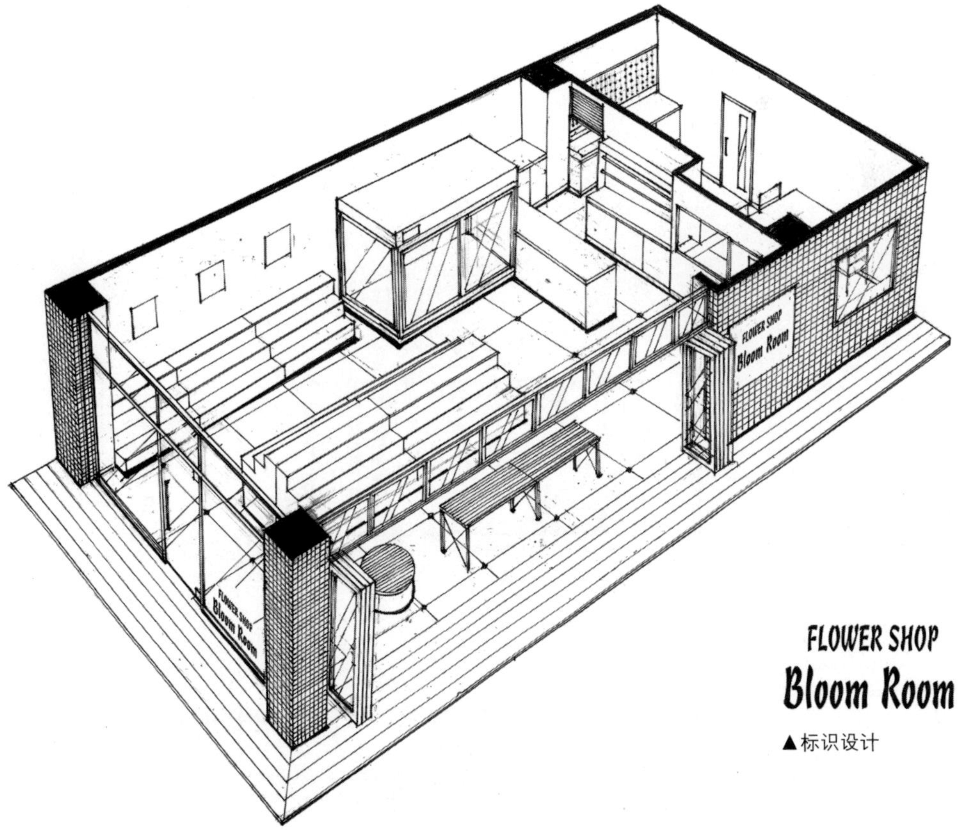

FLOWER SHOP
Bloom Room

▲标识设计

▲透视效果图

12 便利店

店铺类型：沿街路面店
所在地区：东京近郊住宅区
规划面积：930m²

经营管理与市场环境

一般认为日本第一家便利店（以下称CVS）是1971年7月11日开设在爱知县春日井市的TAC-MATE藤山台店。而以便利店这个名称广为人知的7-11首家店“丰洲店”则是1974年（昭和四十九年）5月15日在东京江东区开设的。现在，日本全国CVS店铺已达到54 882家（日本连锁经营协会于2017年5月22日16：00发表数据——来自《JAF便利店统计调查月报》）。

尽管便利店行业整体营业额增长减缓，但店铺数仍以2%的增长率逐年增加，持续保持优胜劣汰的状态，中小企业难逃破产或被大企业兼并的命运。

CVS的选址分为以下几类：

①住宅区附近

②地铁轻轨沿线的车站附近

③上班族聚集的办公楼区域

④沿街路面

本案例中的店铺，属于①和④的复合型类别。换言之，这次要规划的就是住宅区附近的沿街CVS店铺。

该店铺周边人流量非常之大，它背靠住宅区，又是通往附近学校的必经之路，且前面道路的通行量又大于一般普通道路。

我们考虑锁定半径400米之内（步行5分钟路程）的500 ~ 800家住户作为目标客户群。

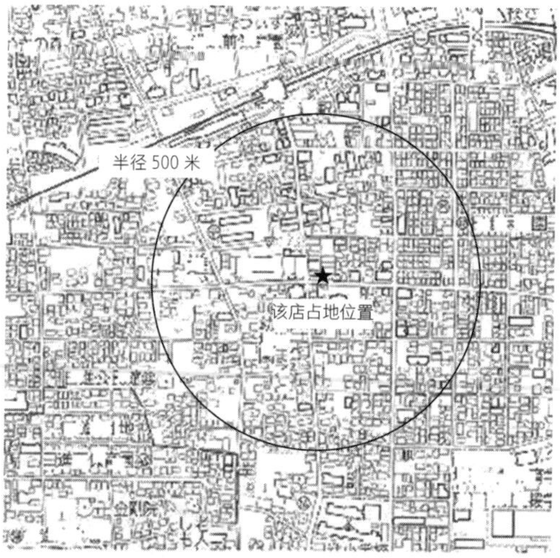

▲半径500米之内的商圈

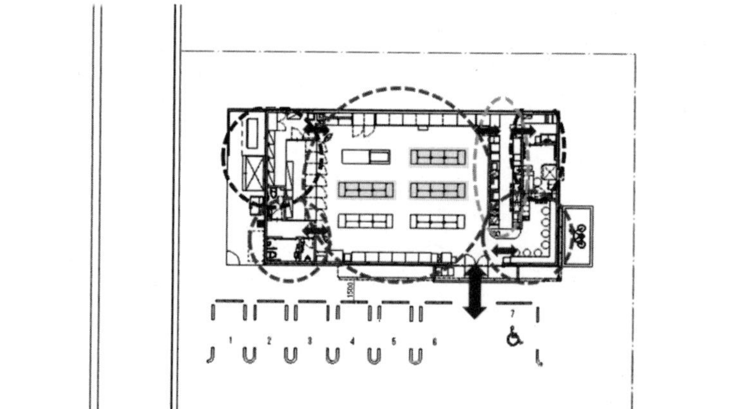

▲分区图

现场条件

这家 CVS 是位于东京近郊一处住宅区附近的路面店，周围有很多家庭型公寓，路上通行量也能保证。路宽 12 米，包括人行道与车道在内，所有交通设备相对齐全。

该店所选区域是满足 CVS 开设条件的中高层居住地域，同时又属于附近商业区域范畴之内。

这样一个交通方便、附近有停车场又靠近住宅区的候选地，可以说已经具备开店的必要条件。

目标客户群中绝大多数是年轻群体或单身人士，当然也包括高龄者与双职工家庭。

所在地区建筑相关规章制度

占地面积：929.5m²
前面道路宽度：4.5~12m
第一类中高层住宅区，近邻型商业区
建筑密度：60%~80%
容积率：200%~300%
有最低日照限制

分区的考虑方法

包括卖场、综合服务柜台、收银台以及营业必须具备的后台区域在内，一家标准 CVS 所需要的面积约为 200 平方米，最少也得有 120 平方米才能进行布局。

其次，还要对选址地点的停车场的可停车辆数进行讨论。为了方便进出，停车场最好选在店铺前面主要道路的沿路上。

收银台与综合服务柜台设置在店铺门口附近，而办公区域、更衣室及休息室位于综合服务柜台的后方位置。

如果以卖场为中心位置，综合服务柜台的对面为冷藏柜，后台区域可以经由冷藏柜所在区域到达服务柜台，进货、补货也可以走这条路线。

基本分区方法不会有太多的改变，只不过会根据建筑面积的大小，缩小卖场以外区域的空间。

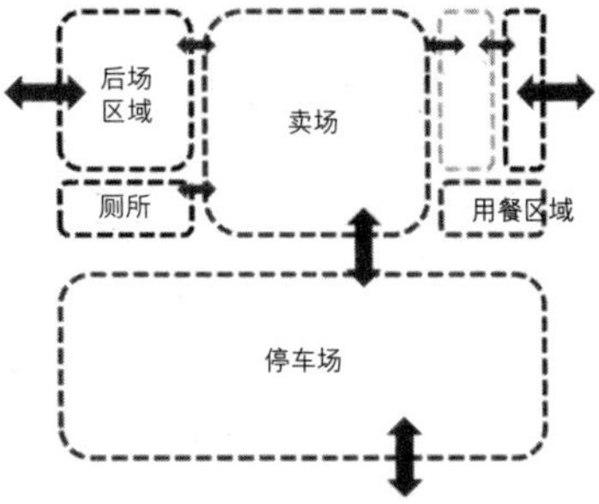

▲ CVS 功能区配置图

店铺配备的考虑方法

商品构成

CVS 的商品构成，自综合服务柜台及收银台起，分成如下 5 类（请参照平面规划图）：

· 服务类（宅配服务、影印、银行 ATM 等）

· 加工食品（饮料、糕点类）

· 快速食品（便当、面包、果蔬）

· 日常食品（一般食品、每日配送品）

· 杂货（日用品、文具、内衣裤等衣物类）

根据商品构成规划客人在店内的路线，以一般食品、每日配送品（面包、便当、饭团、果蔬、乳制品）、糕点类、杂志、酒类这样一个回游方式进行布局。

布局与注意要点

每个区域以如下原则进行布局。

卖场区

· 是店铺内最重要的部分之一

· 布局时以商品的呈现方式为主要导向

· 货架的标准尺寸以 45 厘米 ×90 厘米为最佳，方便布局，铺货容易

· 通道宽度原则上要大于 120 厘米

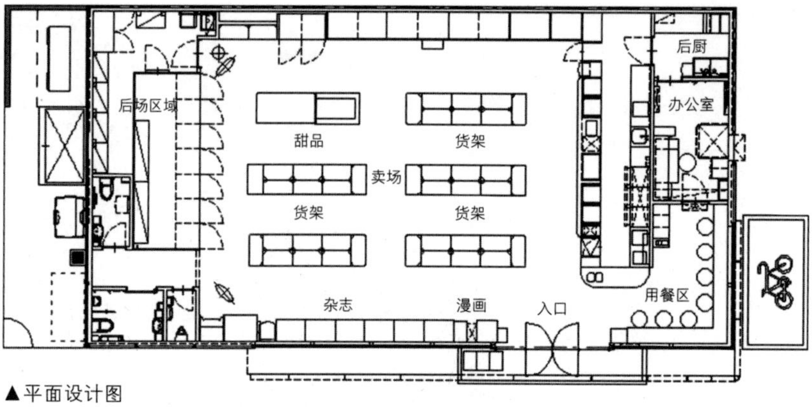

▲平面设计图

用餐区域

安排在收银台与入口之间，原则上避开可以直接通往卖场的区域：

· 餐台：宽度为 40 厘米左右

· 椅子：间隔 60 厘米左右

服务区域

①综合服务柜台附近

· 为了以最快的速度为来店客人提供服务，包括行进路线在内，所有器具的放置都要以便于行动为先决条件。内部通道的宽度，原则上要大于 90 厘米

· 收银机：1 ~ 3 台

配备蒸锅类用于加热的厨房器具

· 微波炉：2 ~ 4 台

②综合服务柜台旁边的后厨区

· 去往后台区域以及综合服务柜台都非常方便

· 因为受到空间限制，以最低限度的面积来进行布局

· 配置冷藏柜与双槽水槽

· 配备油炸锅与洗手台

办公区域

· 同时也是员工休息、更衣的地方

· 桌子、椅子

· 办公用文件架、电脑系统

· 员工用橱柜

休息、更衣区域

为了创造舒适的工作环境，必须好好规划这部分区域：

· 更衣区域（布帘）、穿衣镜

· 挂衣架

· 杯架及后台区

· 不锈钢更衣柜

· 货架

厕所

· 条件允许的情况下，尽量区分男女

· 也有共用厕所的情况

· 对于身体障碍人士的应对措施方面，近年来人工肛门便利设备也在考虑范畴

总结

综上所述，在 CVS 行业的规划中，选址可以说是非常重要的一环。其次，在考虑便利性的同时，店铺设计、硬件设备以及客人行进路线等方面对整个规划都至关重要。

最近，出现 CVS 与加油站、书店，甚至非单一形态的咖啡店联手打造复合型 CVS 的现象。

今后还会不断涌现出各类新兴行业，重要的是我们在做规划时也必须与时俱进，不断更新思路。

卖场

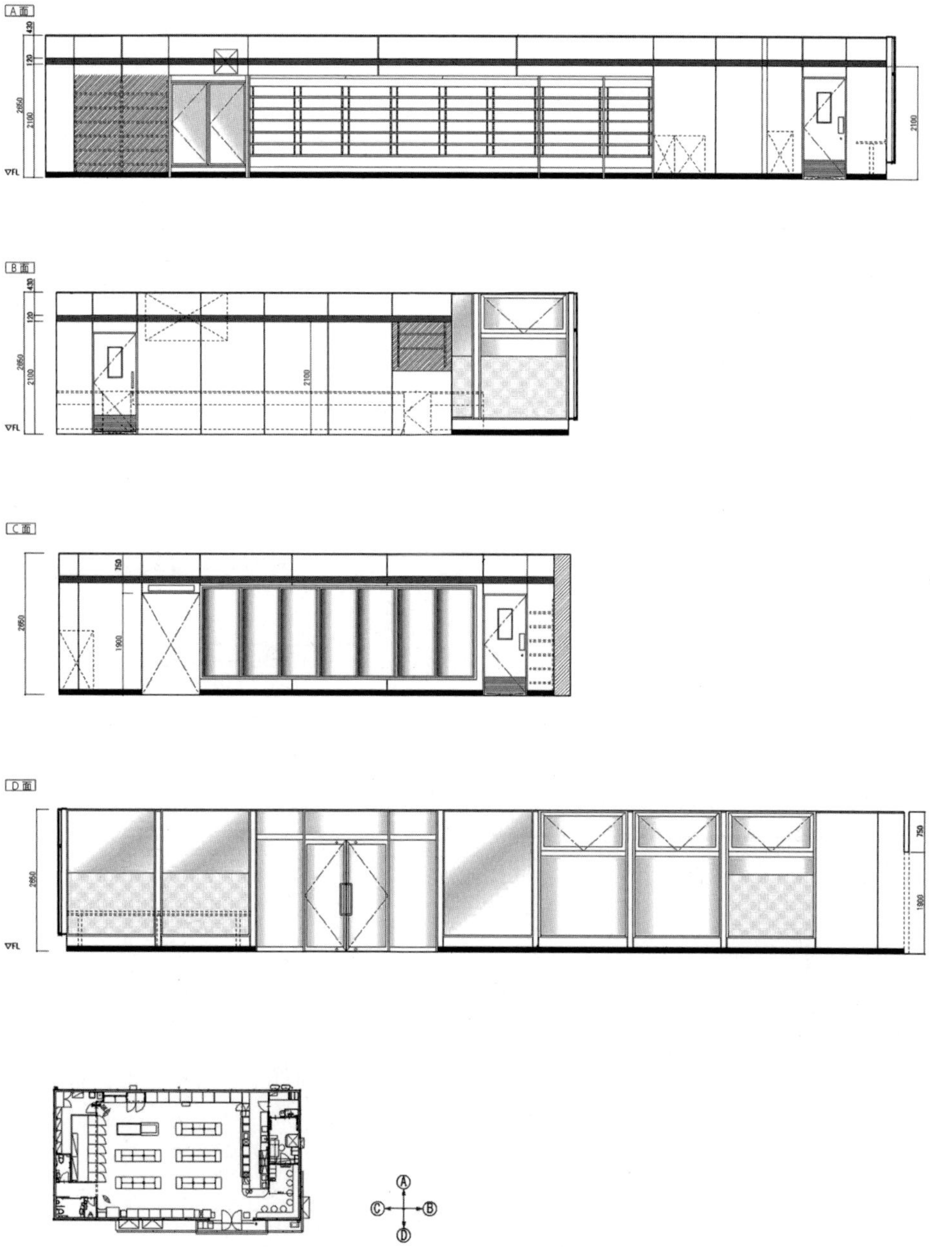

▲卖场立面图与平面图（单位：mm）

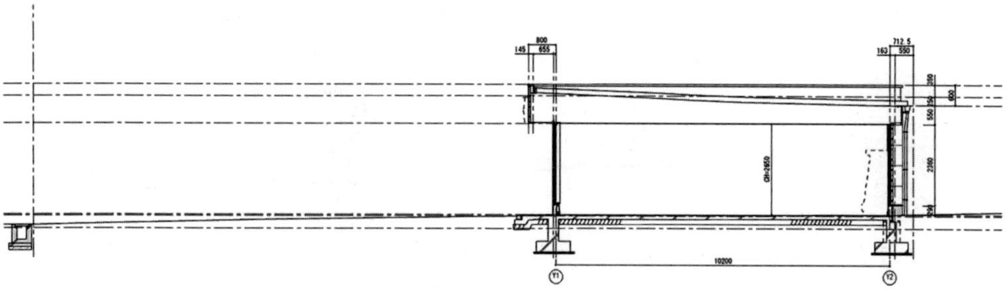

▲剖面设计图（单位：mm）

店铺设计要点

为这类经营形态的店铺作设计规划时，首先有必要对店铺的构成要素及与之相关的所有状况进行了解。此外，在计划开店时，特别要对关于间接营业部门的开店条件与店铺内环境的问题进行商讨，这些必须考虑在计划内。这里所列举的管理部门，在租地开店等情况中，会因为这部分费用的支出而影响经营情况，因此与开店方的商讨和沟通是十分重要的。一般而言，直接营业部门是面对顾客与创造利润的地方。

尽管下图中未显示出是沿街店铺，但这种情况一般都会设置大面积停车场。同时，有风、有雨就少不了门斗设计，这也得事先预想到。

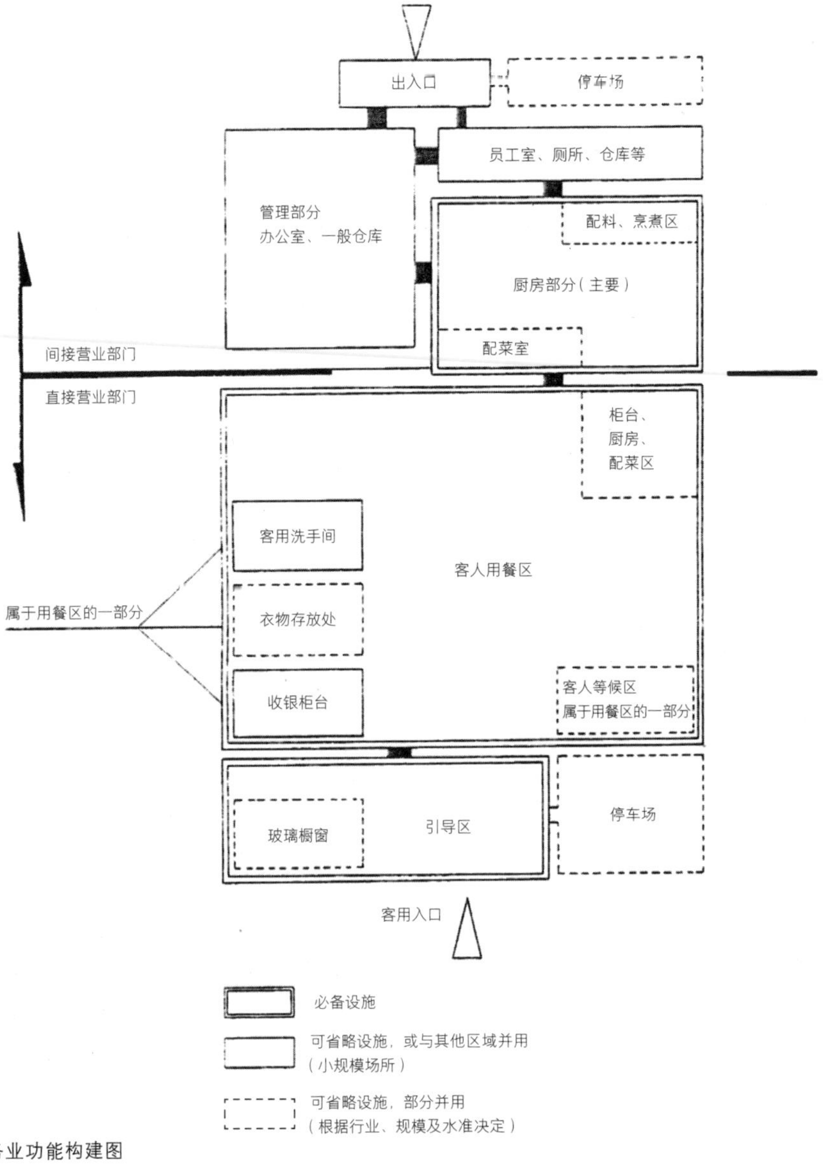

▲餐饮服务业功能构建图

◎店铺外观与入店通道部分

作为店铺的“脸面”，在设计店铺外观以及入店通道时，要把控以下五个方面：

· 对业种及业态是否了解

· 店铺名称是否一目了然

· 是否在潜在客人（行人、路人）的脑海中，留下符合店铺特点的印象（例如在意大利餐厅前悬挂意大利国旗）

· 餐饮店夜间营业居多，利用灯光提升效果非常重要

· 不同营业种类对新奇感的诉求

此外，为了达到以上要求，在装修选材及营造视觉效果的过程中，最好还要注意到以下五个方面：

· 形式变化

· 色彩变化

· 灯饰效果

· 质感，整体感

· 其他店标、彩旗等亮点的加入

◎店铺入口的构成

若要拿住宅打比方，店铺入口就相当于是玄关的部分。可是，一变成店铺，不同行业的“玄关”趣味性也各不相同。比如，高级日本料理店是封闭式设计，换成快餐店就变成开放式设计。因此，应该要注意到以下三点：

· 体现店铺形象

· 表现商品特点

· 均衡人均消费、滞留时间以及销售周转率之间的关系

另外，大多数复合型餐厅、饭馆都会在入口设置大型展示橱窗，而一些餐点种类较少的专营店（如专卖馄饨、饺子或是只出售咖喱饭的餐饮店），会选用小型橱窗。此外，提供每日推荐菜的餐厅，会选用立式菜牌来替代。

入口处的大门基本采用外拉式。作为下雨天放置伞架的空间，屋檐或遮棚会是不错的选择。另外，拉门最好是单向的，手推门则尽量选用操作简单的门把手。

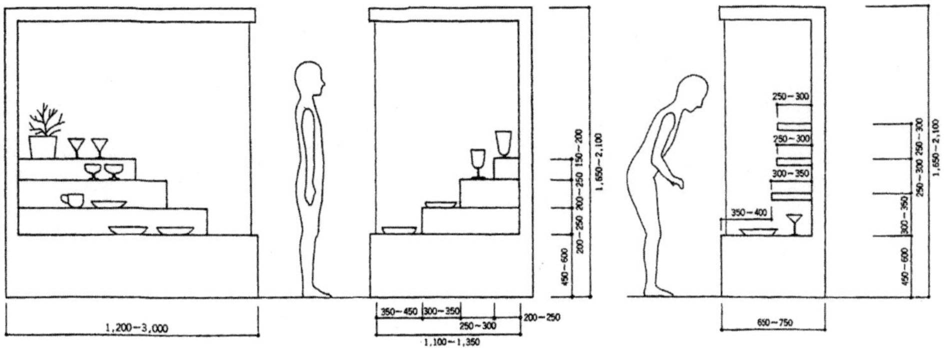

▲玻璃橱窗的类型（单位：mm）

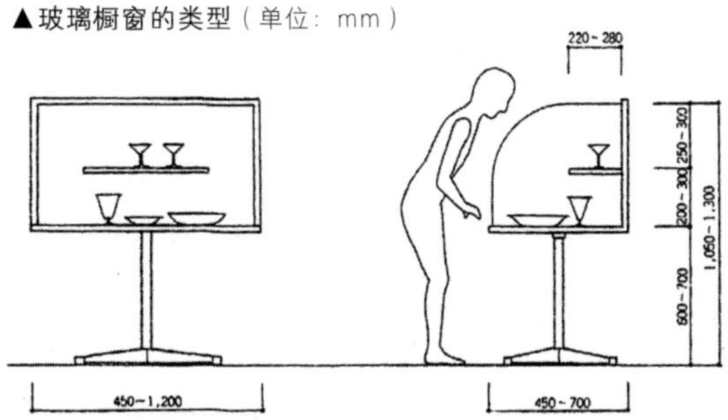

▲站立式餐柜（单位：mm）

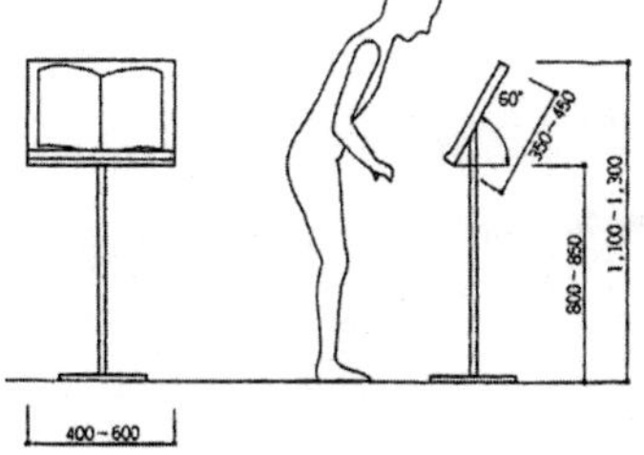

▲立式菜牌（单位：mm）

◎**根据不同座位类型的七种布局方式**

餐饮店的布局（平面规划）主要是从客人动线与员工动线出发，以两条路线不冲突，更有效地提供服务为主要目的。以下是根据客人座位的不同类型，产生的七种布局方式（虚线框内的部门是根据业务组织机构、店铺规模的需求而设置的）。

①小规模站立式店铺

这类店铺主要为果汁吧、站立式荞麦面店、靓汤店、拉面店等快速消费行业。设置座位较浪费店铺面积，因而比较适用于小规模的店铺。

管理部门→厨房→客用部分→没有客用座位

②客用座位+吧台座位

一般为承租型店铺，因此尽可能省去员工区域，使空间利用最大化。无论一起来的客人是几个，都能马上领位人店，这也提高了经营效率。一般适用于咖啡店或比萨店等。

管理部门→厨房→一般客用座位→吧台座位

③全部客用座位

可以说这是餐饮业最常规的座位模式。没有包房，但同一区域内放置可供2~6人用餐的座位，可以满足多人同桌用餐的要求。根据不同业态，分别适用于日餐厅、西餐厅以及休闲餐厅等各类轻饮食行业。

管理部门→厨房→一般客用座位→吧台座位

④全包间

同一区域内没有散客席，只提供包间服务。适用于高级料理店等餐饮场所。此外，营业时间内必须遵守所在行政地区餐饮服务行业监管条例。为此，规划时必须事先了解相关法律法规。

管理部门→厨房→客用包间

⑤座席+座位

寿司店、鳗鱼饭店一般会有普通座位和吧台座位，同时还有榻榻米座席。另外，中等规模以上的居酒屋或专门料理店也会采用这种形式，不过店员在榻榻米上传菜、递水更加辛苦，因此榻榻米区域内，客人与店员的动线设计也必须万无一失。

管理部门→厨房→客用座位→客用包间→吧台座位

⑥宴会席位

这一类型的优点在于无论人数多少都能应对，一般婚礼场合就是这一模式。

管理部门→厨房→客用座位→客用包间→宴会席位

⑦包间+宴会席位

大规模宴会席位加包间的形式适用于符合餐饮服务行业监管条例的日本料理店及日式餐厅。值得注意的是，包间及大型宴会席的客人，不得影响其他客人用餐，因此设计上采用回廊式通道。

管理部门→厨房→客用包间→宴会席位

◎**根据不同厨房类型的四种布局**

餐厅的厨房器具，无论形式上是单个或是整组，目的都是为了能快速提供餐食。因此，根据不同的餐饮服务，厨房与客用座位的布局也会发生变化。以下是根据不同厨房类型而设计的四种基本布局方式，可做参考。

①开放式厨房

客人座位与厨房之间隔着吧台，这是一种形式。另一种情况，出租型店铺为了节省空间，也会将收银台与吧台合并在一起使用。这种最小规模也是最基本的布局方式，可以越过吧台为客人进行服务，因此即便客人座位的空间不够大也没问题。

吧台座→开放式厨房

②双厨房

寿司店、天妇罗店、烧烤店、牛排店等一般会有两个厨房。一个是用来配菜做前期准备，另一个是当着客人面用来最后装盘。双厨房的设计重点在于两条员工专用的行进动线，必须保证通道的必要空间。

普通厨房→吧台座位→厨房

③表演型厨房

牛排店或休闲法式餐厅里，厨师会当着客人的面烹饪美食，然后直接上菜。这一类型比较适合较大规模的餐厅。

普通厨房 → 吧台式开放厨房 → 多个吧台式开放厨房

④封闭式厨房

像中餐厅、酒店、宾馆等地方，与料理有关的一切行为都不会让客人看见，客人只是坐在餐桌前，与厨房相隔一段距离，通过餐厅服务员传菜。如此一来，店员的行动路线相对变长，有时候酒水柜台与综合服务台会合并使用。我们要做到的就是合理布局厨房器具，提高工作效率。另外，避免多处火源（烤炉、炉灶等）而引起的火灾，必须彻底贯彻防火防灾措施，时刻保持高度危机意识。

普通厨房

◎客人座位布局及其形状、尺寸

客人座位的布局方式分为：❶纵向式；❷纵横双向式；❸横向式；❹点缀式；❺变形式；❻长凳式；❼座席式。❶～❻是常规布局，俱乐部、夜总会等场所大多数会用❺。另外，很多日本料理店会采用❼，❼又分为榻榻米座席和地板座席。

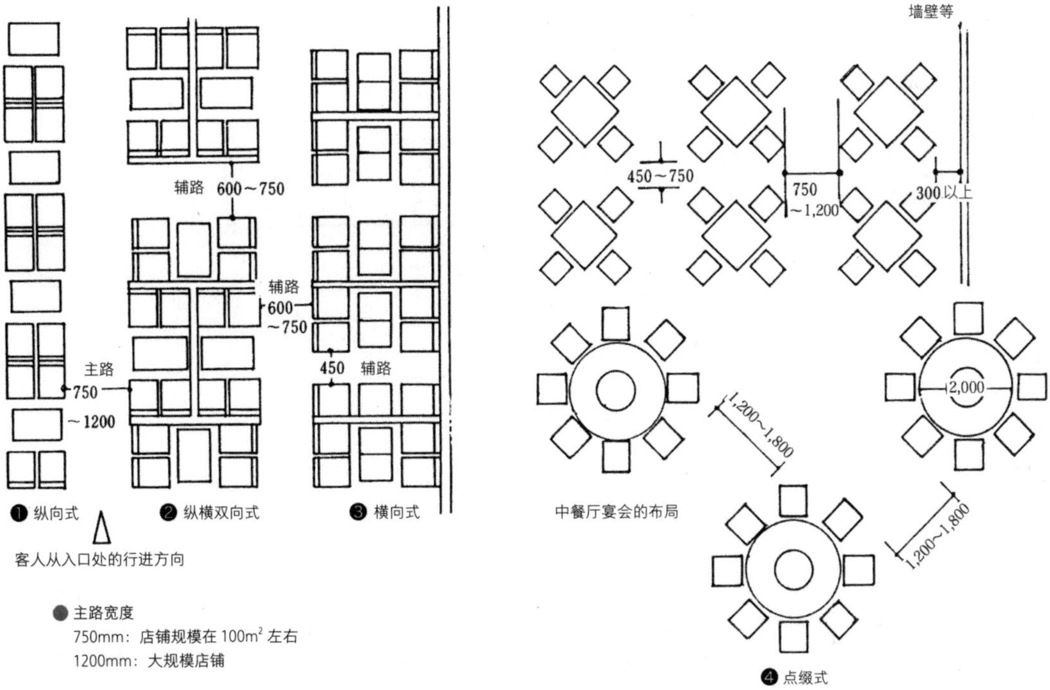

▲客人座位布局（单位：mm）

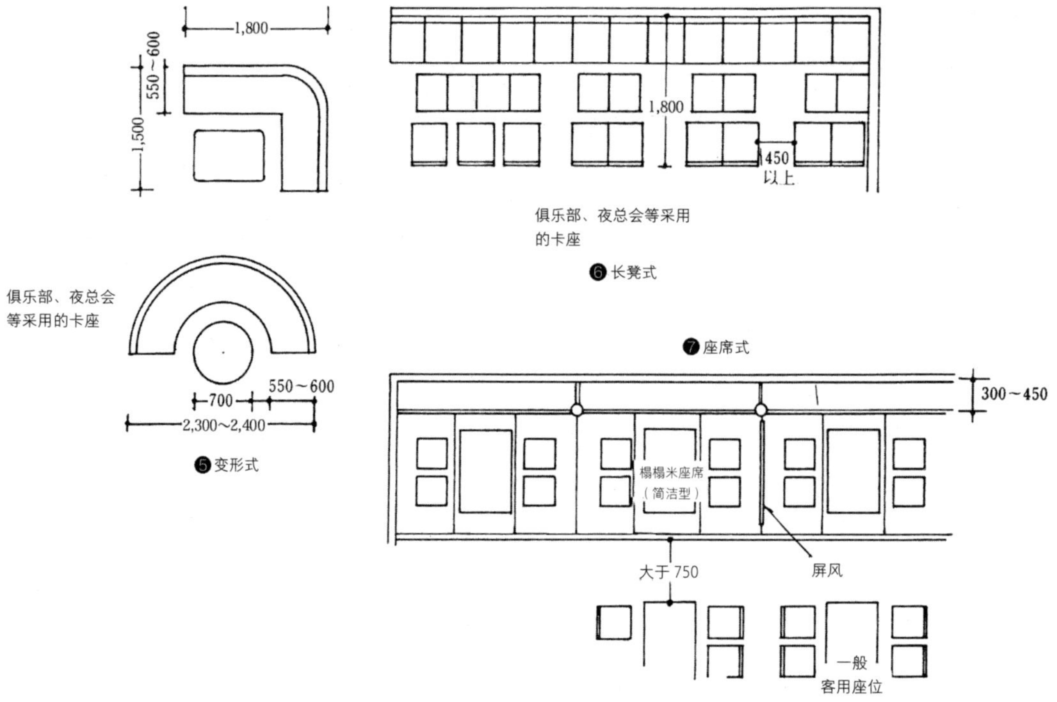

▲客人座位布局（续）（单位：mm）

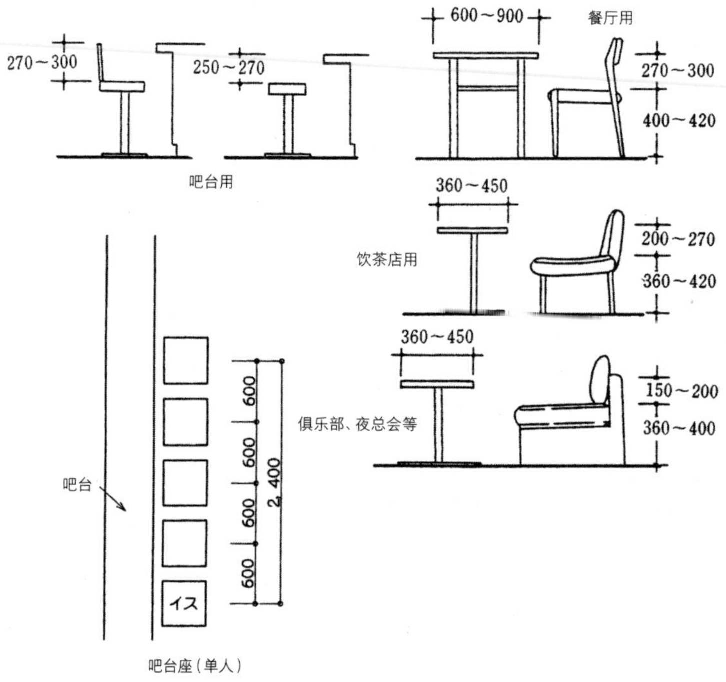

▲不同行业客用座椅的标准尺寸（单位：mm）

◎吧台形式

①降低服务区地板高度的低矮吧台

降低厨房地板高度的做法在地板施工较简单的情况下可以采用。

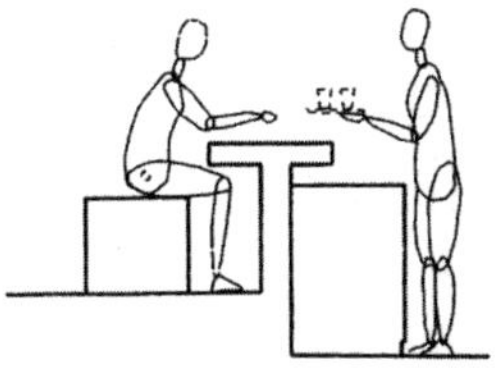

▲低矮吧台：降低服务方地板高度（单位：mm）

②一体式低矮吧台

很多拉面店、咖喱店会采用这类座位与吧台一体式的做法。

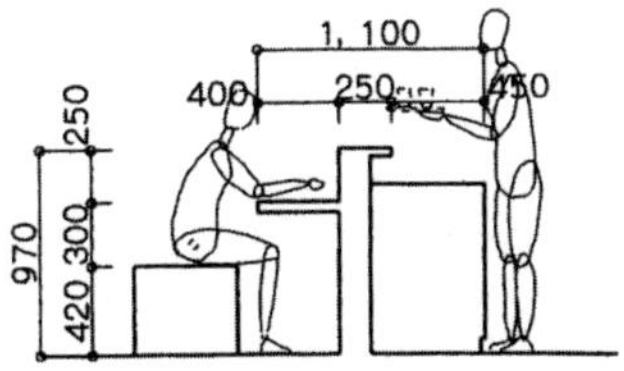

▲低矮吧台（变形）：较多采用（单位：mm）

③抬高客人方地板高度的低矮吧台

在没有肢体接触的情况下，一般可以抬高客人座位一边的地板高度。

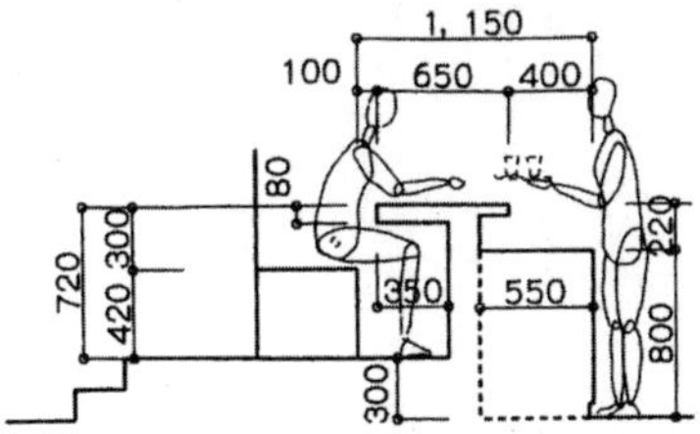

▲低矮吧台：抬高客人方地板高度（单位：mm）

④高脚吧台

店内地势平整的情况，经常会采用这种方式，如酒吧。基本上，会设计踏脚或扶手，来增加座位的稳定性。本案例是为了要满足厨房防水处理和设备埋置，才抬高了地板高度。

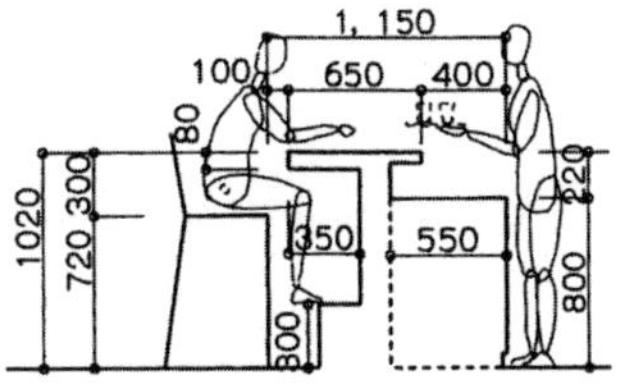

▲高脚吧台：酒吧等（单位：mm）

⑤下沉式座席

日本料理店较多采用此类方式。

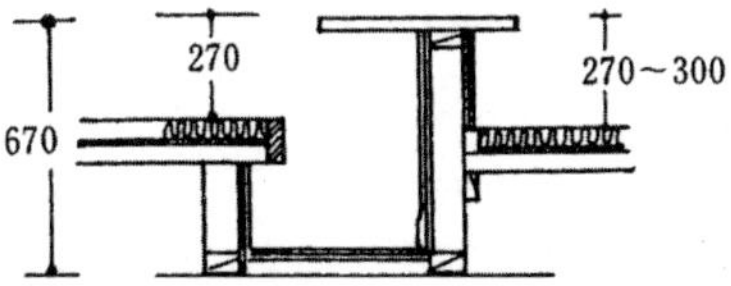

▲下沉式座席（单位：mm）

◎**厨房的形式**

在规划餐厅的时候，厨房是重要的场地之一。可以说厨房的功能性以及厨房设备的布局，都直接影响餐厅经营，因此在规划时要做好万全准备。关于厨房的形式，有以下几种类型：

①开放式厨房

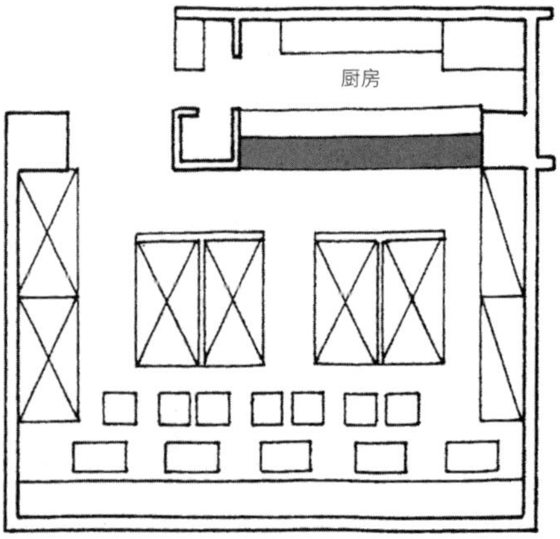

▲开放式厨房的案例（日式餐厅）

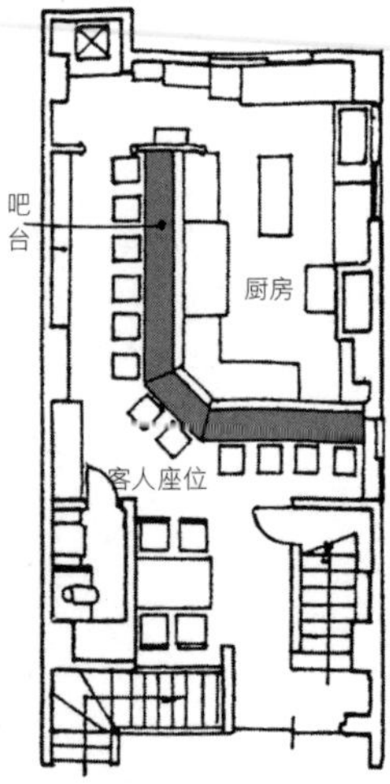

▲开放式厨房的案例（天妇罗店、日式炸猪排店）

无论日式或西式餐厅都会采用这一类型，即将厨房与吧台座一体化，让客人坐着就能看到厨师的烹饪过程，从厨师的肢体动作中感受食物的美味。说的就是那句“卖的不是牛排，而是滋滋的声音”，换言之，用视觉、听觉、味觉来激发食欲。

②开放与封闭式厨房

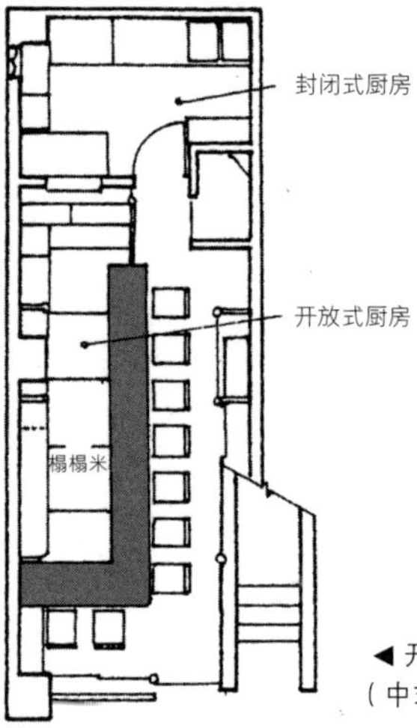

◀开放与封闭式厨房的案例（中式拉面店）

将吧台部分的开放式厨房与用来配菜的内部厨房连接在一起。这种情况比较少加设吧台座位。

③封闭式厨房

从客人座位或客人包间内无法直接看到厨房的状况。经由间接配菜区把食物送到客人面前。

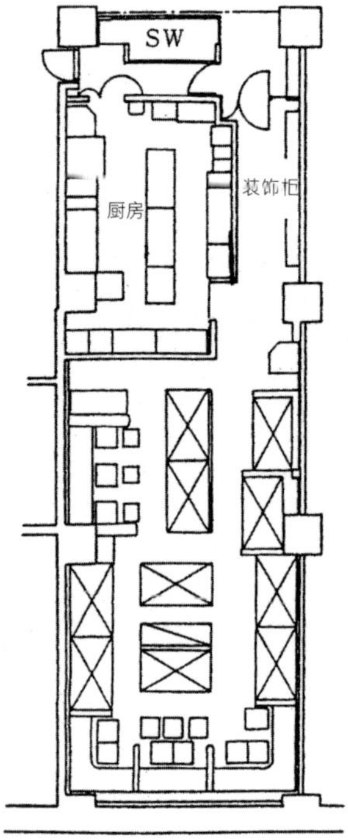

◀封闭式厨房的案例（一般餐厅）

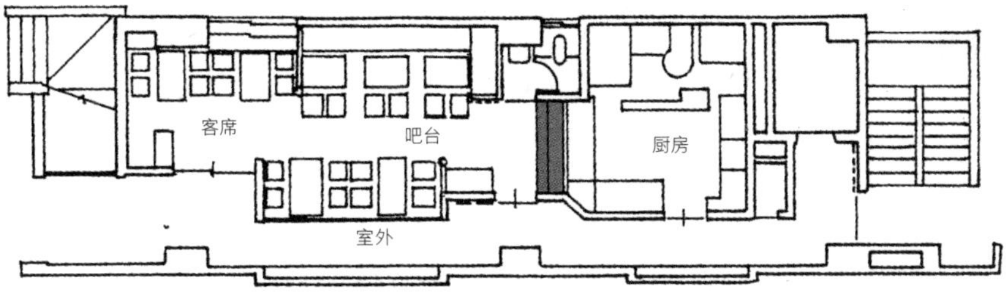

▲半开放式厨房的案例（荞麦面店）

因此，厨房内发生什么外界一概不知。日本料理店、餐厅等大型店铺会采用这一类型的厨房。

④半开放式厨房

厨房与一部分客用座位相连，传菜、撤菜都在吧台进行，从客人座位无法直接看到整个厨房的状况。一般会被中餐厅、家庭餐厅、小吃店、日式荞麦面店等日常餐厅所采用。

◎**附属设施**

①收银台

一般多设置在入口附近，不仅是结账的地方，有些中小规模的店铺还会在这里进行预约，所以收银台附近较为忙碌。因此，收银台的设计也必须考虑到它的功能性。

②衣帽间

有些餐饮店，客人逗留的时间会比较长，所以对舒适度也会有要求。很多餐厅都会在收银台附近，设置一个可供存放衣物和背包的衣帽间。

③备餐室（服务区域）

备餐室与客人用餐区的互动较大，一般会存放一些餐具（刀叉、纸巾、茶叶罐、咖啡杯），餐厅服务员也是从这里开始给客人提供服务的。与此同时，这里还可以用来做上餐前的准备，如果可以连接厨房就更好了。

④厕所、洗手间

这在餐饮业是不可缺少的一个场所。特别是一些高级俱乐部，洗手间的装潢非常豪华。因此，干净与否直接左右客人对餐厅的整体印象。

⑤酒柜、红酒柜

不同业种需求不同，例如，西餐厅配备红酒，日本料理店则是清酒或烧酒等。在店内存酒是为常客提供的一项服务。

⑥其他

例如，提供伞架和热毛巾的服务。另外，对于管理经营部门，还必须配备员工休息室、食堂、厕所、办公室和仓库等。

招牌与店标的设计

为了提高顾客的信任度与好感度，我们要为店铺进行一系列的标识策划。

标识策划绝非仅限于设计招牌或店标这类视觉上的部分，还包括：

· 深刻了解企业自身的独特性

· 有明确的目标、含义与视觉识别

· 融合以上两条，并准确传达给外界等所有与企业相关的行为。

其中，视觉识别可以通过以下几个方面打造：

· 标识（标牌等）

· 字体

· 宣传色（通过色彩传达理念及形象）

· 象征图形（加强视觉效果，丰富视觉表现力的图形或构图）

· 宣传文案（传达理念与信条的文字）

标识策划的基本要求如下：

· 现代化

· 原创性

· 简单易懂

· 造型的美观性、完整性

店铺内，所有视觉性标识必须统一，主要包括以下部分：

· 内装、外观

· 店标、招牌等

· 手绘海报

· 名片等印刷物

· 菜单、杯垫等

· 包装材料

招牌与店标设计的展开案例

旬肴、旬菜、红梅

这家日本料理店打出“女性日本料理”牌，整体给人留下温暖与柔美的视觉感。

宣传色为紫红色，象征图形是黑色正方形，宣传字样是“旬肴”和“旬菜”。

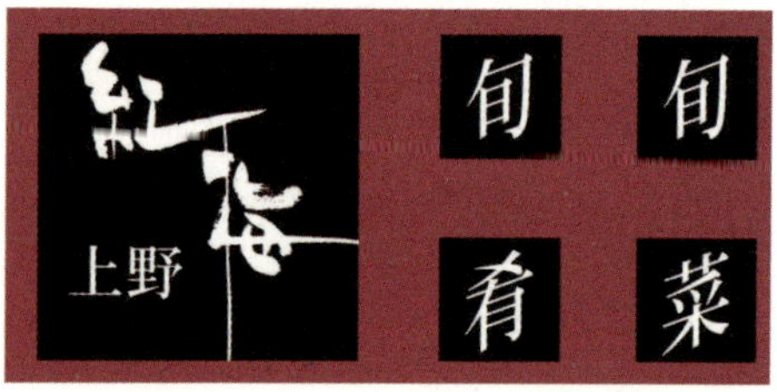

▲店标、标识

▲入口处的店标

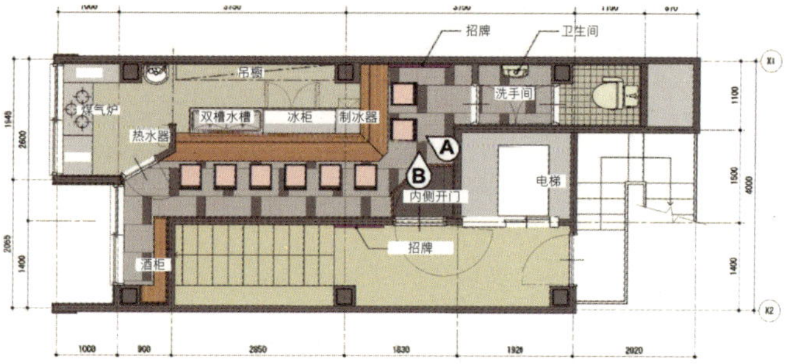

▲平面图（单位：mm）

▲杯垫

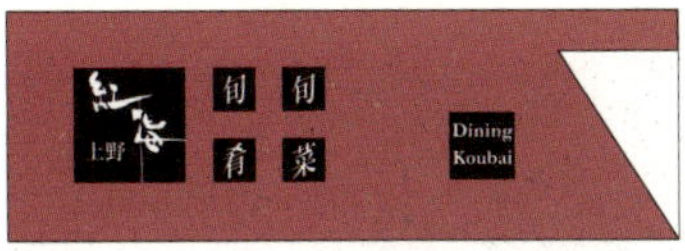

▲筷套

标识实例

▲和食店（关东煮）

▲居酒屋

▲汉堡店

▲日本荞麦面店

1 意大利餐厅

Salvatore Cuomo 比萨店

店铺类型：店面出租型餐厅
所在地区：福冈县福冈市
规划面积：230m²

意大利休闲餐厅，真实版“主厨的餐桌”

餐厅位于福冈市中心的一家商务酒店的1楼，面朝马路，车流量非常大，临时来用餐的客人也很多。在满足住店客人早餐需求的同时，也要吸引一般客人来店用餐，这就是我们的规划重点。再者，作为设计概念，店主要求我们给出的设计方案可以体现出菜单的独特性，以及料理是用当地食材做成的。

在设计意大利餐厅时，一般会从两个角度出发：以隆重感、高级感为卖点的高级餐厅和以惬意、随性为特点的休闲餐厅。该店铺属于后者，不过值得一提的是如何捕捉到“家”的感觉。如下图所示，整个店铺就像店主的家一样舒适，一整面书架式橱柜，带出书房的气息。此外，作为本店代名词的比萨窑炉，就设置在店铺入口正对面。店铺内所有客人都可以看到厨房以及大厨料理桌上的情景，大家不仅可以看到每日新鲜的食材，还可以在观看大厨现场展示的精湛厨艺中产生食欲。

▲店铺外观 / 充分体现出长形店面的优越性，无论是比萨窑炉还是开放式厨房，都一一展现在大家眼前

▲店铺内观 / 将店铺特点比萨窑炉以及大厨料理桌、冷藏柜等合理布局，增添温馨、舒适、休闲的室内元素，构成真实感与味蕾的最大融合，这是本店铺设计的一大特点

从工作效率和空间体验出发的顾客动线和服务动线

在规划餐厅时，要求所做计划尽可能满足任何时间段、各个顾客层所需的服务。特别像本店，不仅要保证酒店住客的早餐服务，还包括自助午餐以及晚间套餐服务，所以设计规划要从顾客动线和服务动线出发。

在迎客区附近就分设两个方向的顾客动线，所配置的较大型柜台可以充分对应带客人座、结账等候等各类需求。另外，我们在冷藏柜这边加强灯光照明，并且朝着迎客区配置，目的是为了吸引等候的客人。在座位配置方面，无论来客人数多少都能安排，如单个客人可以安排吧台座，两人或四人也都能满足。而在桌椅的设计上，我们采用多样性的安排，临时增加或减少座位数也轻而易举。

厨房配置分成前、后两个部分，后厨部分进行洗净、备菜、外送，这部分区域设置在不被看见的厨房背面。而备餐台、比萨窑炉、酒水台等呈 L 形排列，完全展现在客人眼前。特别是中央部位的备餐台，是提供各种店内服务的起点，因此我们采用了 96 ~ 113 厘米宽的台面，并且给予充分的通道空间，尽可能提高服务效率。另外，厨房各部位（料理比萨区域、厨房共享区域、酒水服务区域、洗涤区域）也分别设置了服务动线，避免动线之间相互交错。

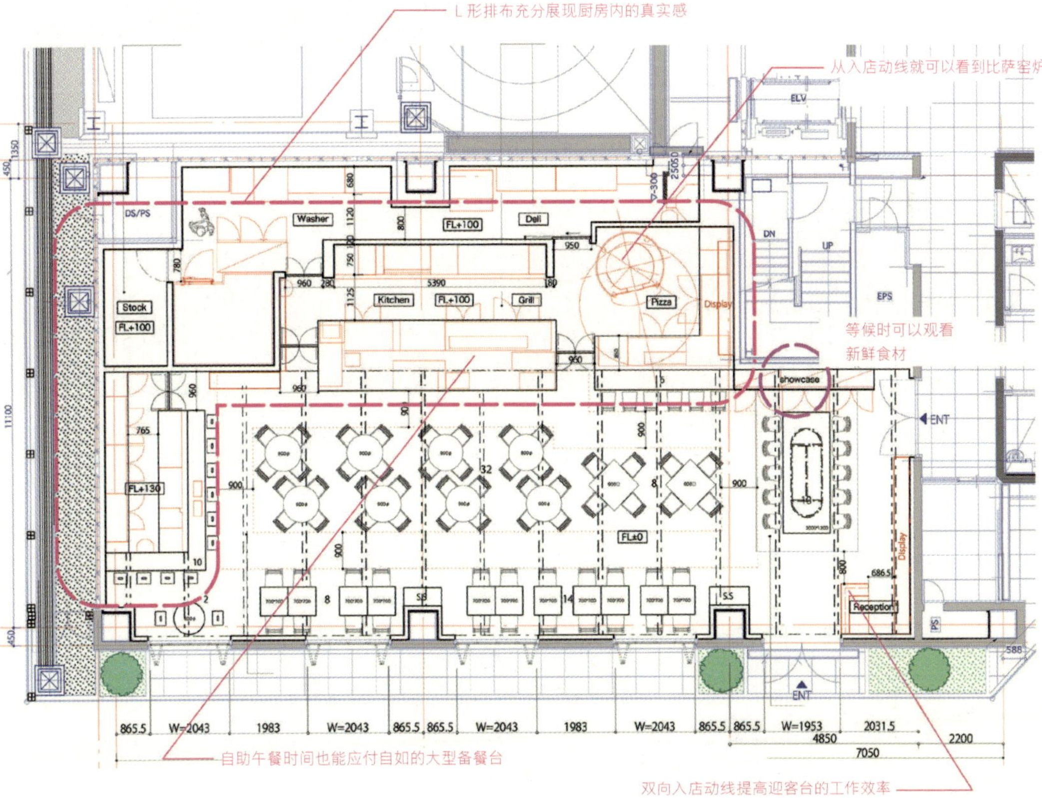

▲店内平面图 / 入店动线有两条，来自酒店及路面。这是为了顺利迎客带位而动的小心思。此外，厨房也分为内、外两个部分，特别是位于店中央的备菜台附近，这里的服务动线尽可能独立布局，互不干涉（单位：mm）

注重实用性与操作性的店内布局与照明

接下来，我们来看一下店内布局。本页的剖面图为正面门厅方向看到的样子，包括酒水台、备餐台、比萨窑炉前方柜台。为了方便早上与中午客人自助取餐，我们把所有台面高度统一在90 ~ 100厘米。而比萨窑炉前的柜台设置了玻璃屏风，在客人取用酱料的同时，也能看到窑炉的火焰。

照明特点如下方照片所示，备餐台上方不远处的红色吊灯非常醒目，可以把食材和大厨料理的姿态都清晰地展现给客人。另外，迎客区域选用稳重的枝形吊灯。与此类似，我们在各个区域采用不同种类的灯光照明，演绎出不同场景的特色。

▶ 配餐台 / 我们模仿了“主厨的餐桌”。红色吊灯成为店内亮点，成就视觉与味觉的双重享受

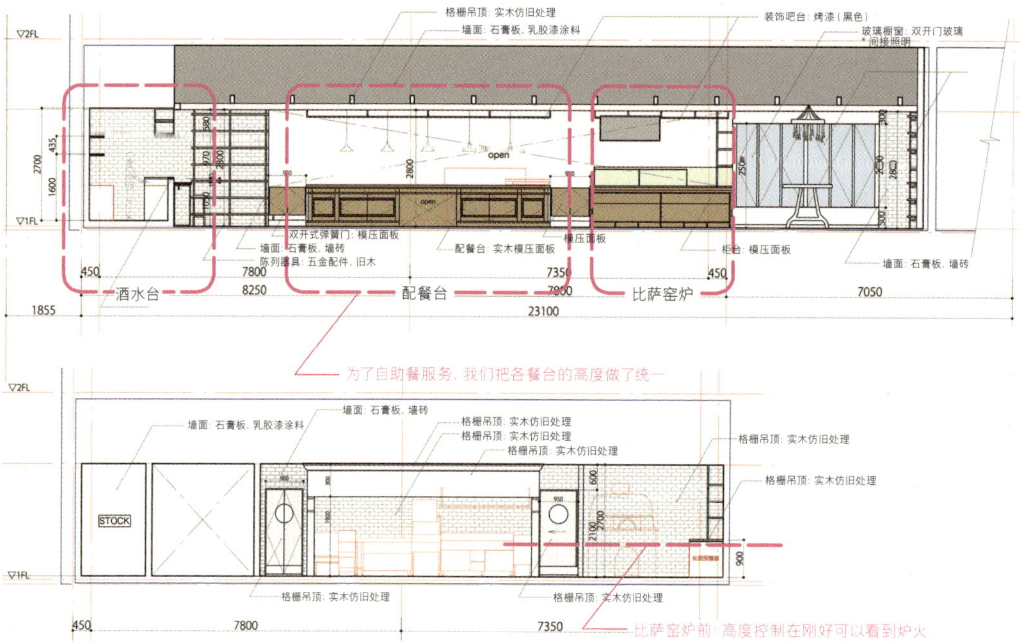

▲长边方向剖面图 / 上图为从门厅方向看厨房一排台面的剖面图。酒水台、配餐台、比萨窑炉前所有台面统一高度，同时满足早、午餐自助式服务。下图为厨房墙面的剖面图，客人可以一眼看到比萨窑炉内的炉火（单位：mm）

与食物相得益彰的空间：格栅吊顶营造安心感与开放感

大楼底层或路面店铺一般层高都较高，对于餐厅这样座位式的服务而言，很容易丧失温馨感。这家店铺采用 120 厘米间隔的木格栅吊顶，一下子将原本空旷的空间凝聚起来。木格栅吊顶不仅视野通透，还能接受到间接照明，让整个门厅变得温暖、安心，而木格栅通透的特性同时又具备开放感，可以说是一举两得的效果。

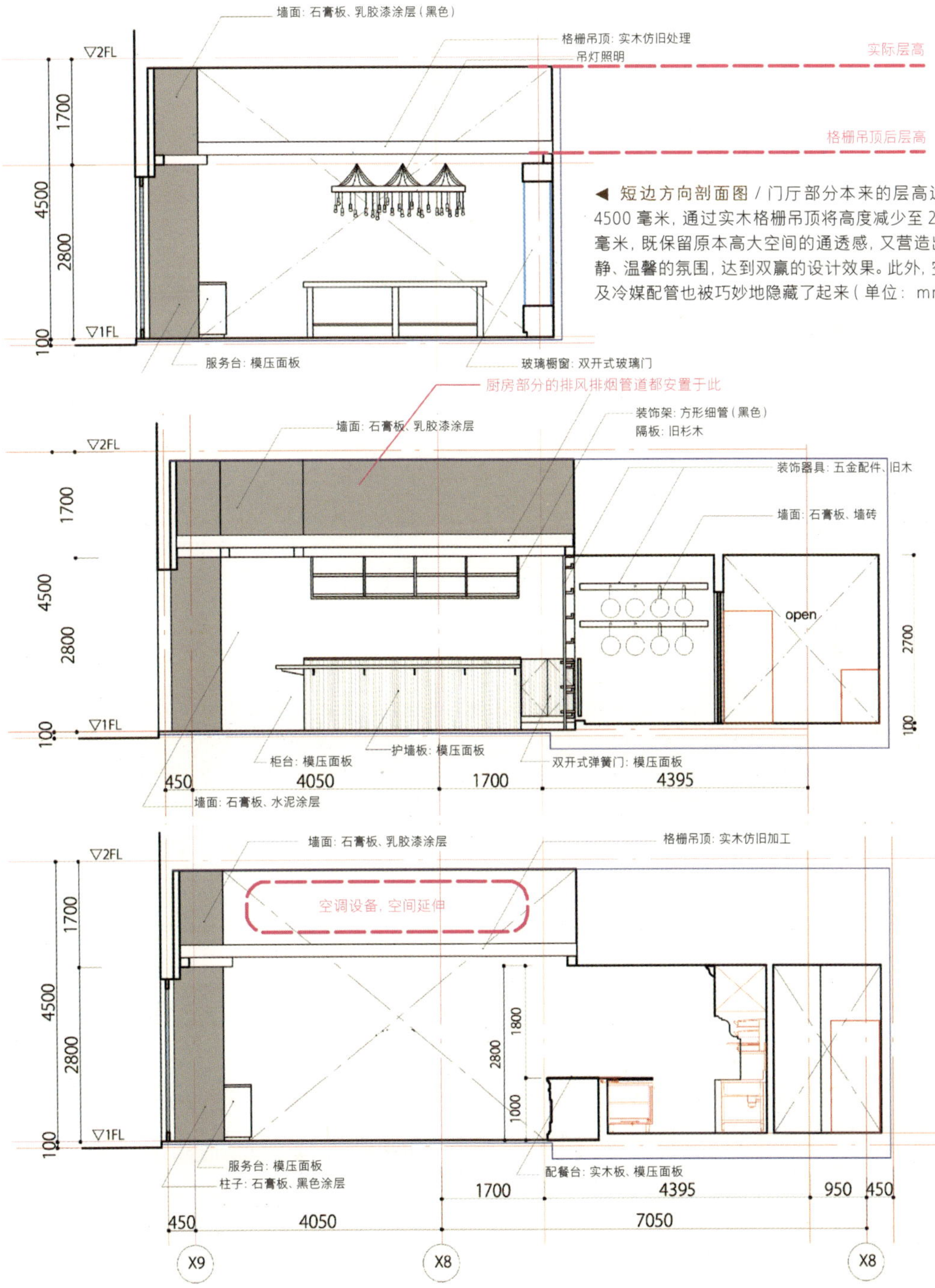

◀ 短边方向剖面图 / 门厅部分本来的层高达到 4500 毫米，通过实木格栅吊顶将高度减少至 2800 毫米，既保留原本高大空间的通透感，又营造出安静、温馨的氛围，达到双赢的设计效果。此外，空调及冷媒配管也被巧妙地隐藏了起来（单位：mm）

同时满足厨房与门厅所需：配餐台周围的设计技巧

配餐台是厨房与门厅服务的重要连接点。这家店铺所采用的是 175 厘米 ×600 厘米大尺寸岛形餐台，优点就在于可以满足多名店员同时传送菜而不拥挤。此外，厨房与外界地面存在段差，我们在这里设计了双开式弹簧推门，空间上造成分界点，为的是不直接看到厨房地板。因为这 10 厘米的段差高度，我们把台面高度也各自做了相应调整，厨房料理台这边 90 厘米（料理台最佳高度）、门厅一侧为 100 厘米（自助餐餐台最佳高度）。从厨房踢脚板部分看去，有 3 厘米左右的悬空设计，这是防止厨房清洗时水流向店内的小措施。而台面则选用实木复合板，给人以柔和的视觉感受。

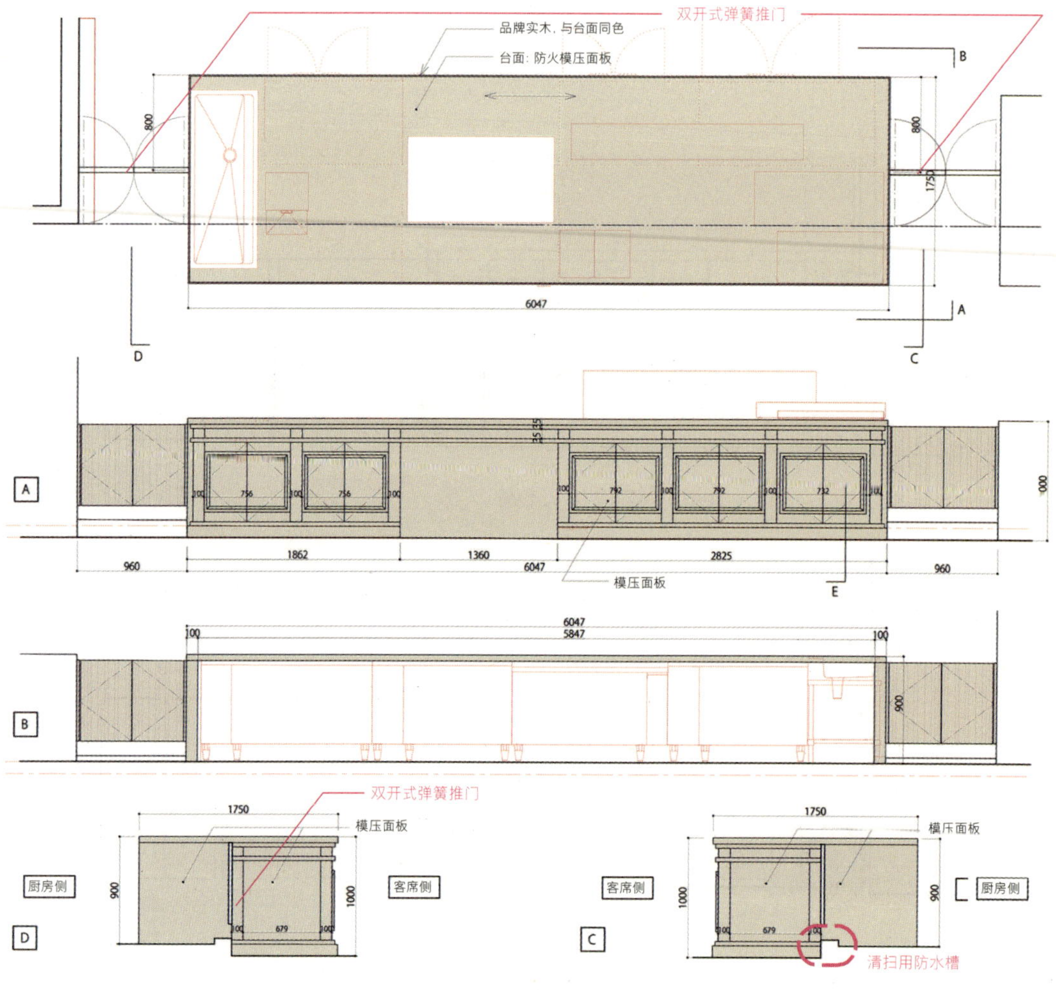

▲**配餐台细节** / 厨房一侧为了确保给排水管道排布空间而产生了段差。于是在这里设计了一道弹簧推门，作为店堂与厨房的分界点。另外，为了防止厨房的水流出，在段差内侧作了防水槽设计（单位：mm）

营造休闲氛围的关键：选材与细节

餐厅内但凡客人能碰触到的部分，都选用与店内氛围相符的建筑材料（实木、天然石料、铸造五金类）。一旦用在柜架上的五金配件褪色了，一定会重新涂上指定颜色。

厨房墙面采用白色瓷砖，除了视觉上干净卫生之外，瓷砖的光泽感就像镜面效果一样，能使空间变得更大。另外，前台区域的冷藏柜选用透明底板，一眼看去与厨房的白色瓷砖一样，形成整体感。除了具备装饰作用，还十分贴近生活。

关于客人座位的设计更是多样化，不仅尺寸有大小之分，连形状也各不相同，如吧台座、圆桌、方桌等。椅子的种类也是一样，既做到了整体视觉新鲜感，对于常来的客人也能满足他们下次来店的不同体验。

▲冷藏柜 / 采用了通透式冷藏柜。不仅可以看到墙面装饰，又与厨房墙面形成统一。贴近生活，让顾客感受食材的新鲜

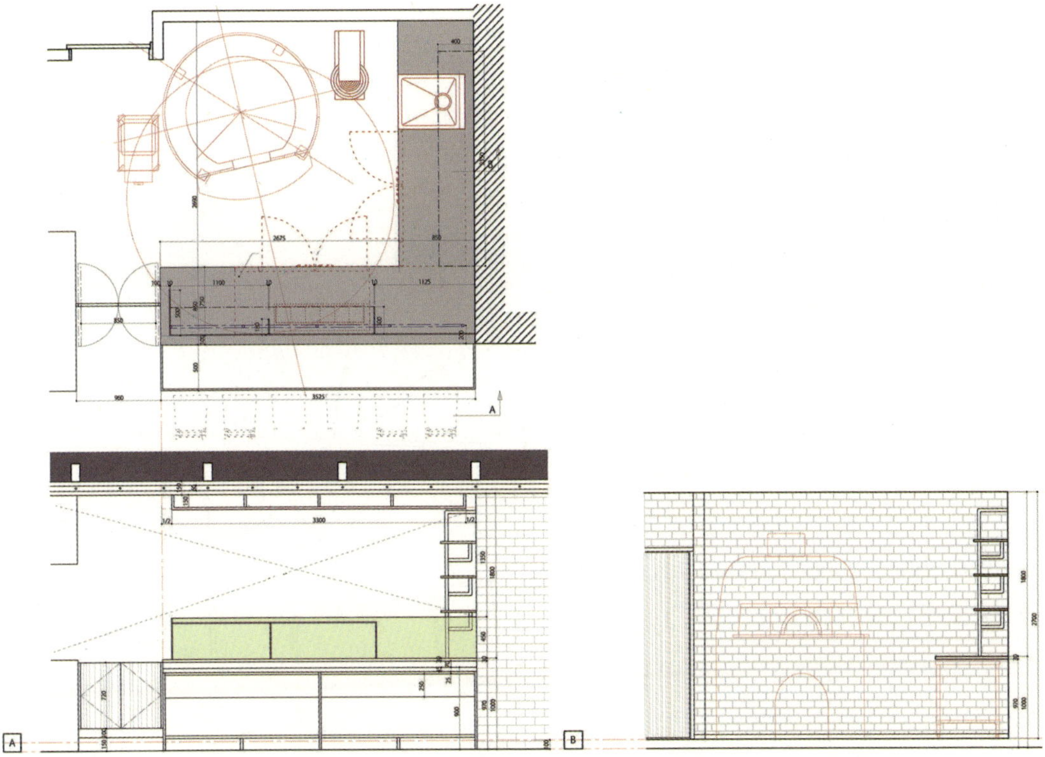

▲比萨炉区域详图 / 为了满足制作比萨的要求，台面板采用具有冷却效果的大理石。此外，为了与配菜台等统一，做出隔断阻挡热气，同时又刚好能让客人看到窑炉内的火焰（单位：mm）

2 怀旧咖啡馆、餐厅

Changing Moods 咖啡餐吧

店铺类型：沿街店铺
所在地区：东京中野区
规划面积：67.4m²（室内部分）

关于咖啡店

街上随处可见的咖啡店，在世人心里到底是一种怎样的存在？

有关咖啡店起源的传说各式各样，其中之一讲的是1554年，在当时奥斯曼帝国的伊斯坦布尔，两个叙利亚人开了一家出售咖啡的小店，这成为世界上第一家咖啡店。土耳其语的“咖啡”一词，是经由kahve变为kafe而得的，而咖啡店成为当时协商政治经济以及交换公众意见的社交场所，在被人们广泛接受后，逐渐流传至欧洲各地。

在现代，一手拿着咖啡杯，一手滑动平板电脑或手机等设备，与身边的朋友或远方的好友聊天成为一种常态。无论是工作交流或是独自游戏，都可以在任何一个地方完成。咖啡店在现代社会，已经不仅仅只是一个喝咖啡或饮料的单一场所，可以说它是一个能够提供不同需要的“多功能场所”。

主题概念的重要性

每个人都会选择差不多类型的咖啡店吗？有热热闹闹与朋友闲聊的咖啡店，也有安安静静独自享受个人时间的咖啡店。这就需要根据店主偏好与各种需求以及时代所需而决定。换言之，每个咖啡店都要有自己鲜明的主题概念，尽管讲起来都是咖啡店，但其实各有特色。与其他行业相比，咖啡店的种类繁多，若都想沾点边，就会失去自己的个性，结果反而不会被消费者眷顾。

怀旧咖啡馆

本案例中的咖啡餐吧是一家怀旧风咖啡店，可以让来店客人重温旧时的美好时光。让咖啡店成为一个居所，在忙碌的一天中挪出一点点“自己的时间”“可以偷会儿懒的时间”“放空的时间”。因此，成功的设计可以把各种空间混合在一起，前提是一定要有统一的氛围。

店铺介绍

20世纪六七十年代的美式怀旧咖啡馆。内装大多采用旧木与中古家具，营造出凝聚怀旧感的空间。

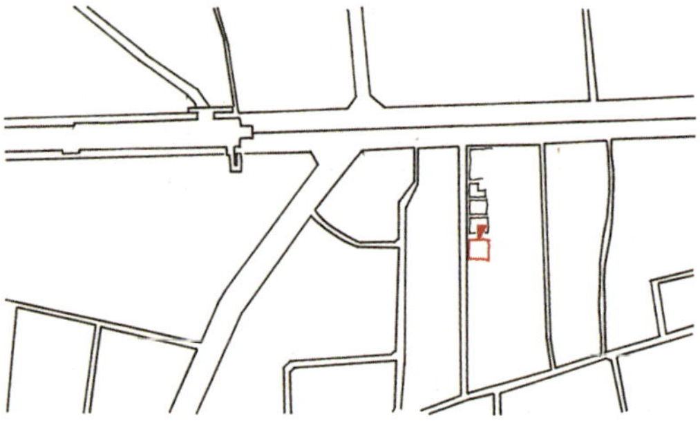

▲周边地图

▲透视图

营销领域及内容

咖啡店距离东京新中野站几分钟路程，周围没有大型购物中心。昭和时代（1926—1989 年）遗留下来的商店街是附近居民日常生活的依赖。附近有中小企业以及银行，因此需要提供午餐与晚餐的场所。

· 营业时间：11：30—23：30

· 目标客户群：20 ~ 40 岁的男女

· 提供服务：以咖啡为主的饮料及轻食，部分时间段提供含酒精类饮品

店铺概念及背景

店铺所在建筑是钢架式结构，经过几次内装改建，已经无法想象当初的样子。该店铺虽说是路面店，但所处的主要街道被一片住宅区所围绕，可以说“不容易被发现”是它的一大特征。

店主想保留老房子的特色，在此基础上将咖啡店打造出怀旧风。顾客 DIY 的地方，由店主以及朋友共同负责完成。

设计重点

采用 20 世纪 60 年代欧美风的家具以及灯光照明。地板、台、桌面等都选用木跳板（建筑工地脚手架所用木板）。店铺入口挂有画作点缀，一部分地面为水泥地，墙面使用复古墙砖与亚光白色涂漆相交替的方式。天花板采用铁格栅吊顶，涂漆部分故意露出斑驳。窗框部分也是一样的做旧风格，在原来的框架上重新涂色加工。整体内装给人以沉重、复古的视觉感受。

椅子、桌子、灯具还有中古家具都是从二手店淘来的。本着“没有就自己做”的宗旨 DIY 了好些东西。因此，整个店内设计包含了各种形式与各种素材，这样一种混杂的风格，反而将“时间创造时代”的流动性与非统一性做了最完美的平衡。不仅如此，“随心所欲选择自己最中意的那把椅子”也成了这里的一大卖点。

店铺构成

店铺门面窄小，进深却很长，这是本店铺的地形特征。我们把咖啡店的大门重新设计成落地玻璃门，从外面就能一眼看到店堂内，安心感与幽深感将成为吸引客人的亮点。也正因如此，店内采光也不错，加上最里面的墙上还有一扇大面积挑窗，使得店内通风环境也得到了保障。

厨房与吧台作为一个整体，成为一个完全开放的空间。尽管也曾存在“是否要让客人看到料理过程”的分歧，不过“无论料理过程还是方法，全都公布于众才比较能获得安心感”，以及“我想开一家能与客人对话、聊天的店”这样的考量占了上风，成为最终店铺的风格。

一进店门的区域，也可以当作一个小型画廊。这里的座位形式适用于工作，也可供周围

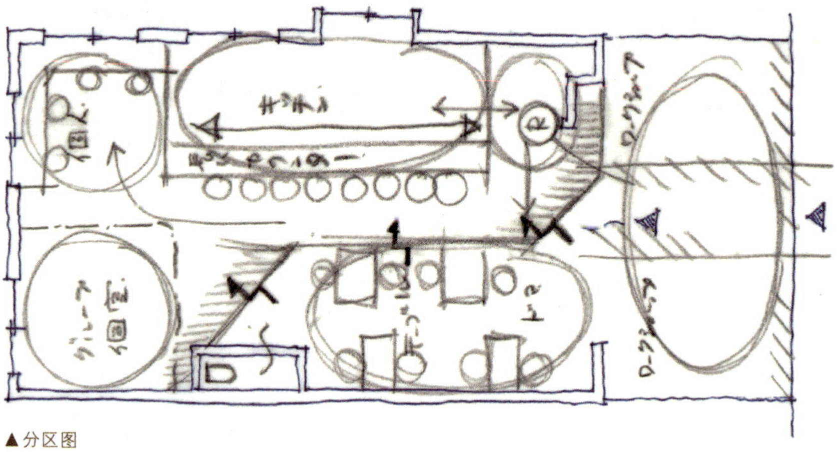

▲分区图

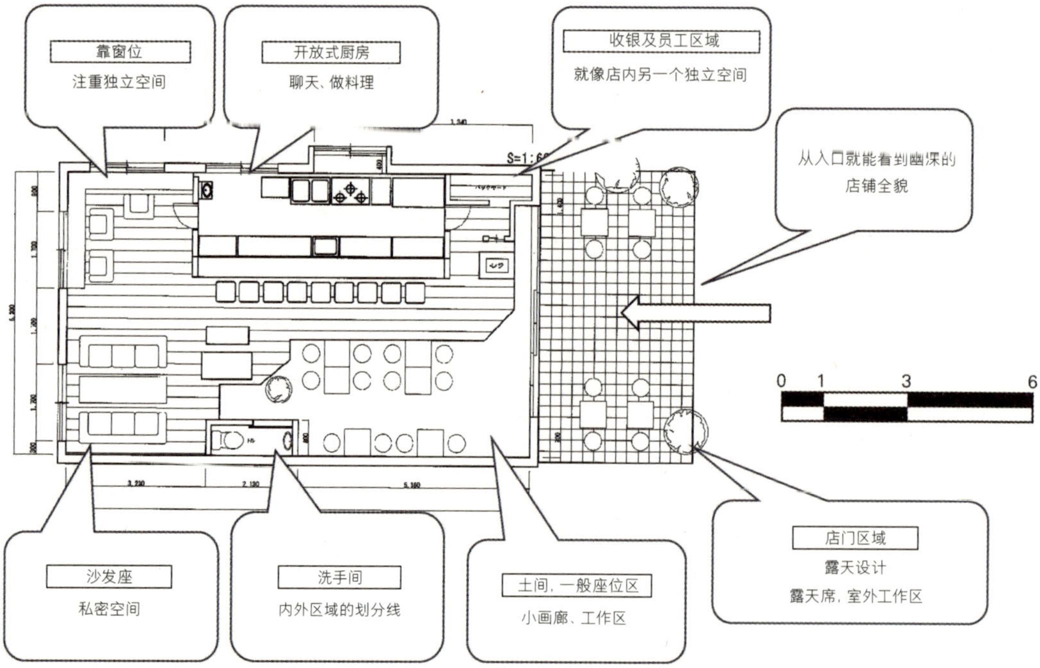

▲平面图（单位：mm）

居民闲聊，当然同样可以用来作为出售手工作品和相片、绘画的展示空间。

小画廊的土间部分与之后的实木地板有一格台阶高度的差别，以此作为两个区域的分界。一上台阶，先来到吧台座位，这里是大厨师傅与客人聊天的地方，吧台上也安装了充电插头供有需要的客人使用。这条长长的吧台同时又是厨房与外界的划分线。再往里的区域是一处安静的靠窗座位，适合一个人独处。而与之相对的另一个角落是沙发座。这次改装只是将内外装修做了调整与改进，而中央位置的洗手间并没有挪动，所以问题就来了，难道让厕所处在客人座位当中？虽然这是既定条件无法改变，但我们用植物与垂帘做了适当修饰，以此作为内外部分的缓冲地带。

尽管整个店铺风格是怀旧风，但每个区域都各有特点，每个区域也都是根据不同需求进行设计与布局的。这样一来，会让客人产生好奇，吸引他们下次光临时尝试不同的座位，这也是一个提高回头率的方法。

这家咖啡店的特点也是它的魅力所在——“山重水复疑无路，柳暗花明又一村”，正当迷失于街道时，突然发现居然还有一间独特的咖啡店，似曾相识，但又有其他店铺没有的原创元素。

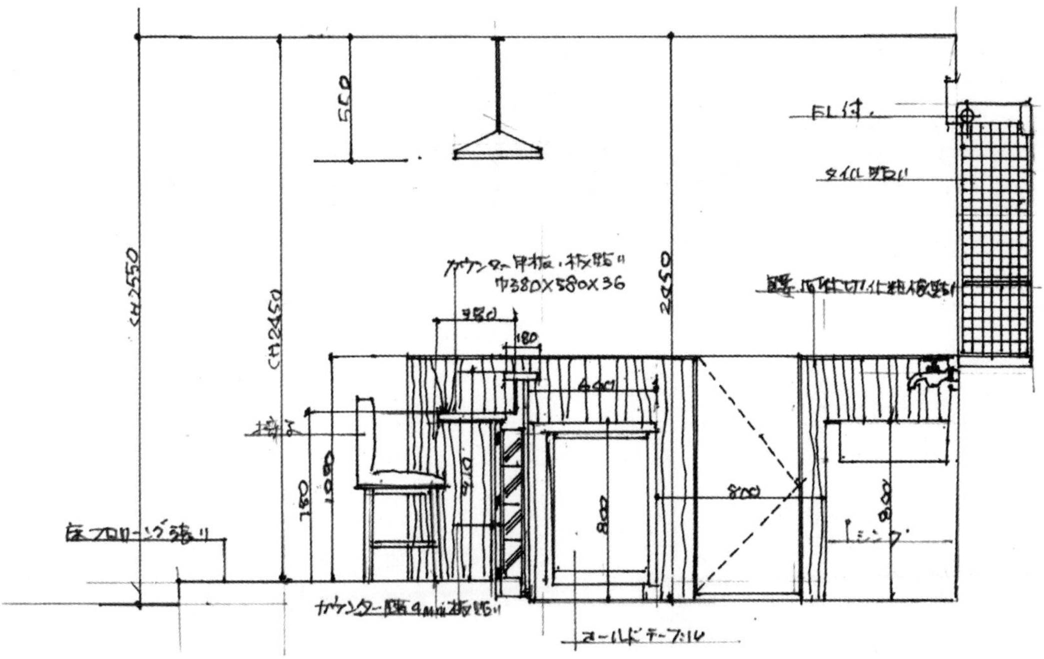

▲剖面图（单位：mm）

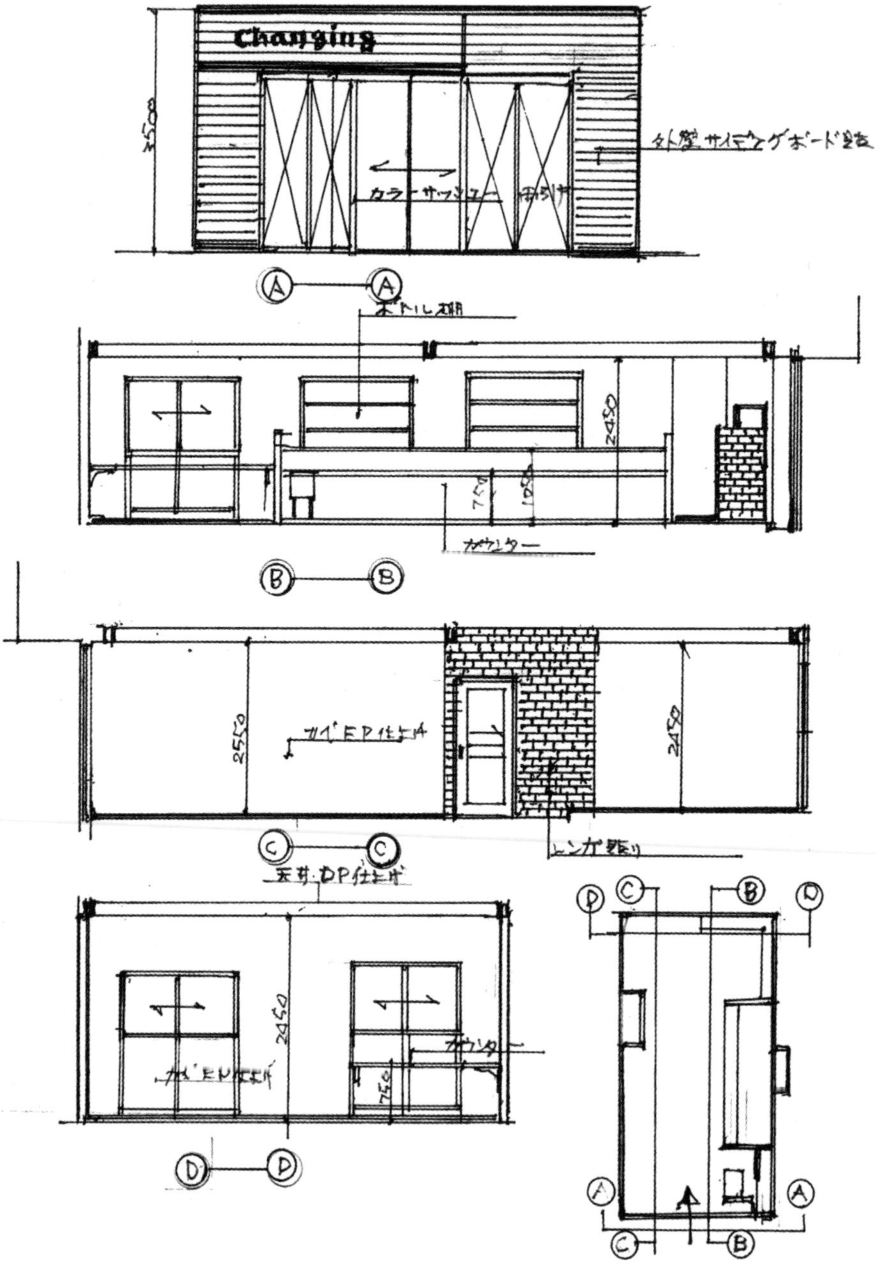

▲展开引导图（单位：mm）

全程服务式咖啡店

咖啡店可分为自助式［如罗多伦（Doutor）咖啡、星巴克］和现在所说的全程服务式。后者（如米田咖啡店、星乃咖啡店）以个人经营居多，不过现在大都往连锁店的方向发展。具体经营流程如下所示：客人入座、店员接受点餐、店员送餐服务、客人离席结账、店员收拾餐桌。因此，我们规划设计基本就按照这一个流程进行。另外，菜单产品的价格定位对店铺有决定性影响，因此规划之初就不容忽视。

3 自助式咖啡店

规划概要

店铺类型：店面出租型店铺
所在地区：名古屋市
规划面积：154m²

咖啡文化的由来

在日本，咖啡作为一种产品，是在1856年首次被引进的，当时喝咖啡的仅是一部分上流社会人士。1888年4月第一家真正意义上的咖啡店“可否茶馆”在东京上野正式开业。明治时代（1868—1912年）末期，布兰堂咖啡、狮子咖啡厅也相继在银座开店。而为日本咖啡文化做出贡献的，一定就是盛况空前的Paulista咖啡馆，据说顶峰时期的连锁店高达20多家，从业人员也超过千名。

由于Paulista咖啡馆提供的咖啡价格低廉，进一步推动了咖啡的普及度，再加上日本各地其他品牌的咖啡店以及牛奶餐吧[milk hall，一种盛行于明治、大正时代（1912—1926年）的轻饮食店，主要提供牛奶和面包等食物]的不断出现，让咖啡成为大众饮品，特别是1937—1938年成了咖啡的黄金时期。然而，随着第二次世界大战的爆发，咖啡进口受到限制，甚至完全禁止，而战后的欧美文化也影响了日本原有的生活模式。全程服务式咖啡店开始逐步转型，到20世纪80年代，罗多伦咖啡与星巴克这样的连锁咖啡店开始进入市场，自助式服务的咖啡店（价格低廉、随意、方便）在全日本范围内得到发展，成为市场主流，一直沿袭至今。

本案选址与其背景

计划选址所属25万人口的大城市，人口密度逐渐递增。店铺设在一栋10层楼公寓的1楼。随着独立小家庭数量的不断增加，周围学校、公共设施也日趋完善。

据市场调查结果，周围竞争店铺较少，虽然有3间小规模咖啡店，但并非都市风格。

以经营方针为基础的规划

根据上述选址条件产生的经营策略：把青年、男性上班族以及20 ~ 40岁年龄层的群体作为目标客户群，而自助式咖啡店应该是最适合周围环境的经营模式。基于以上考量，我们开始对店铺做进一步规划。

店铺前台区域与店内构成

目标建筑物的首端有3米左右的内凹区域，我们决定好好发挥地势优点，将其作为室外空间来利用。

我们想在店铺前台位置就能环视全店，把这里打造成一个开放式的空间，因此店头设计要着重考虑。当然，店门一定是出入方便的双开式自动门，让客人拿着饮料也能畅通无阻。

我们会把三明治、蛋糕等小食的售卖区放在店头，让客人一进门就看见。自助式餐饮店的平均单价较低，因此这一区域的销售额直接影响全店销售，所以这部分的促销方式值得商讨。

接下来就是客人点餐了，需要有让人印象深刻的菜单。我们会把菜单设置在点餐台背后的墙面上，价格与食物内容一目了然。

之后便是付钱、领取食物、进入座位的过程。据调查了解，来店客人大多为1人或2人，以此为参考来进行座位布局。

吧台基本以饮品为主，连带制作三明治、热狗的内厨区域。整个厨房区域具有整体感。

卫生间部分，店方要求如下：男女厕所分开、厕所要包含洗手台、要有员工休息室等，我们根据这些制作了整体草图。

确定最终的标识计划。

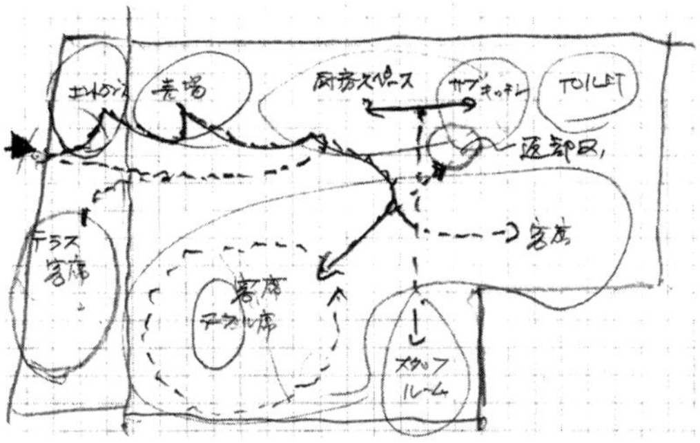

▲规划草图

店铺大致效果

墙面空间采用实木条与不同天然石纹的墙砖，营造出沉稳的室内氛围。同时，天花板周围配置间接照明，灯光与墙面材质形成柔和的光影效果，来增添气氛。而厨房墙面采用白边红底的瓷砖，强调对比，造成视觉冲击，有加强记忆的效果。

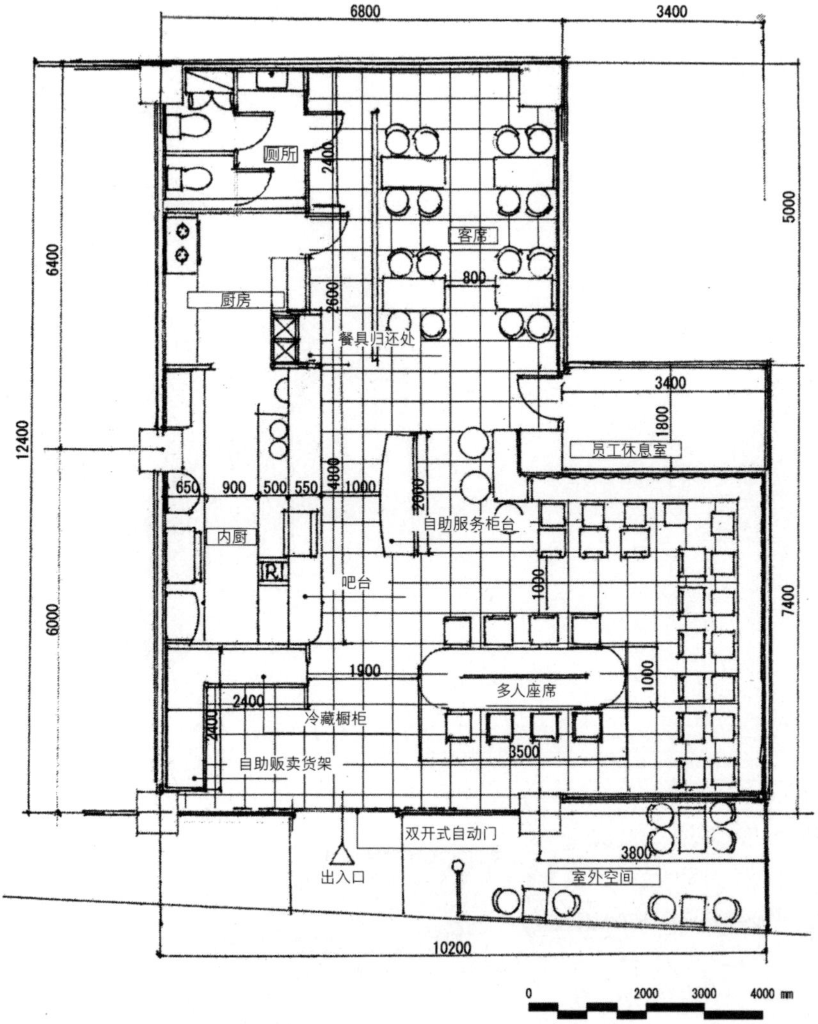

▲平面图（单位：mm）

平面规划

店铺建筑面积 141.12 平方米，室外面积 12.88 平方米，合计 154 平方米。

所在建筑为钢筋混凝土结构的公寓大楼，一楼和二楼为出租店铺，三楼以上为公寓。

店头部分有屋檐，计划采用灯箱文字。右侧为开放式露天座位，有遮棚，保证 8 个座位，供客人闲聊、喝咖啡。用栏杆扶手作为与外界的分界线，柱形墙面上有竖直英文字母的店名。

自助式服务流程如下：点餐、支付、给餐。同时设置餐具归还处，店铺以店员动线、节省人工劳力、方便取食为原则进行布局。

吧台正前方设有自助柜台，有糖包、冰水、奶油等配料供客人自行选用。

客席规划

顾客大多为学生或单一客人，所以主要设置吧台座与多人拼座。此外，室外露天席也可以供客人小坐片刻。

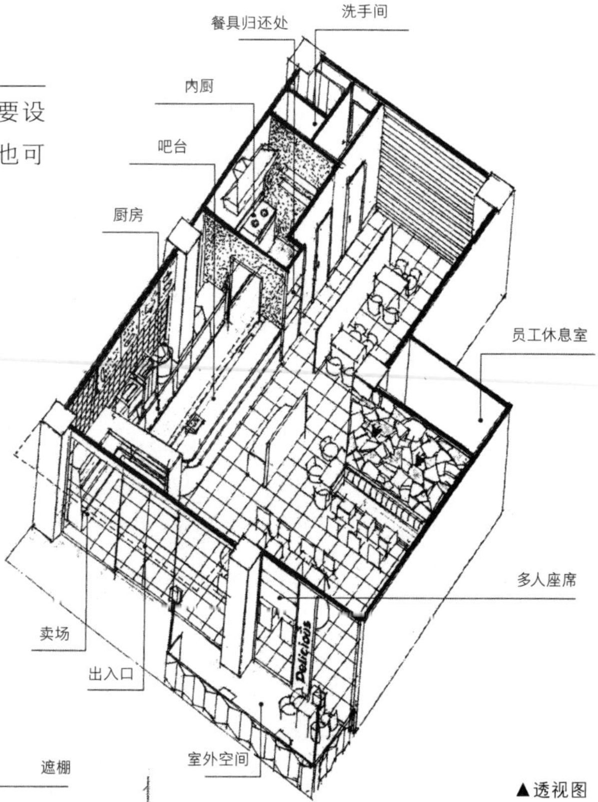

▲透视图

▲外观透视图

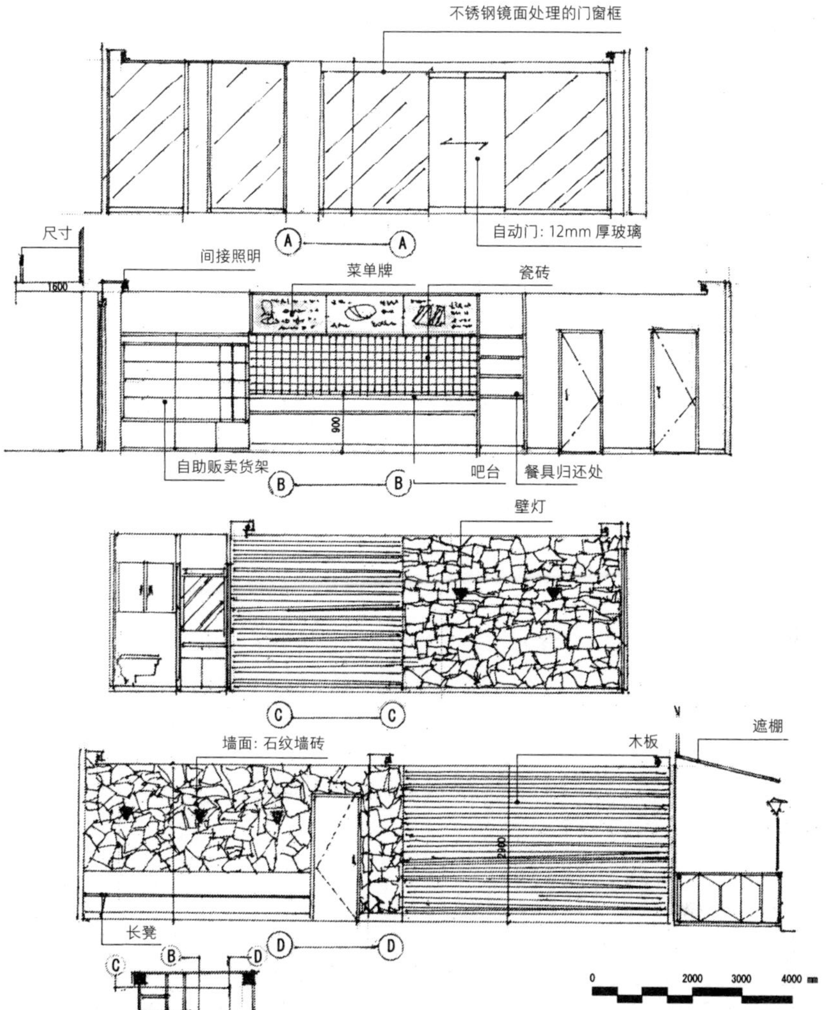

▲剖面图

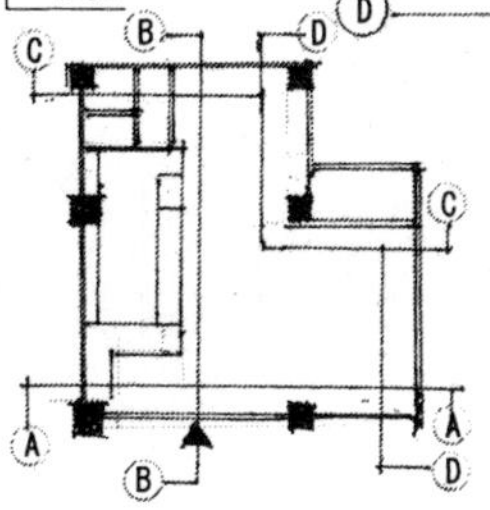

◀展开引导图（单位：mm）

店内构成

店铺整体设计路线偏向沉稳。

店头部分采用50厘米×50厘米聚乙烯地砖，颜色选择浅棕色。墙面选用明亮的石纹墙砖，凹凸纹理，营造阴柔的视觉效果。厨房墙面选择白边红底瓷砖，极具视觉冲击，加深印象。店铺正前方的墙面则铺设木板，增加稳重感。天花板采用墙纸与涂料结合的方式，并在天花板周围安装内置灯箱，构成间接照明。

完成表

店外地板	瓷地砖
店内地板	聚乙烯地砖
护墙板	部分普通墙砖、部分石纹墙砖
墙面	墙纸、部分瓷砖、部分石纹墙砖
天花板	墙纸、部分石膏板涂层

厨房内及出售台所需设备清单

①出售台（开放式货架）
②蛋糕用冷藏柜
③双槽水槽
④洗手台
⑤咖啡机
⑥温杯盘
⑦浓缩咖啡机
⑧冰镇咖啡机
⑨冰镇饮料机
⑩制冰机
⑪厨房水槽
⑫面包机
⑬烤肠机
⑭木质面包摆台
⑮操作台
⑯洗碗机
⑰煤气炉
⑱冰箱
⑲料理台
⑳收银机
㉑垃圾箱
*1 餐具归还处
❶2 ~ 3 段式归还架
❷ 双槽水槽
*2 座位数
· 4 人用餐座 ×5 = 20 席
· 2 人用餐座 ×11 = 22 席
· 1 人用餐座 ×13 = 13 席
（合计 55 席）

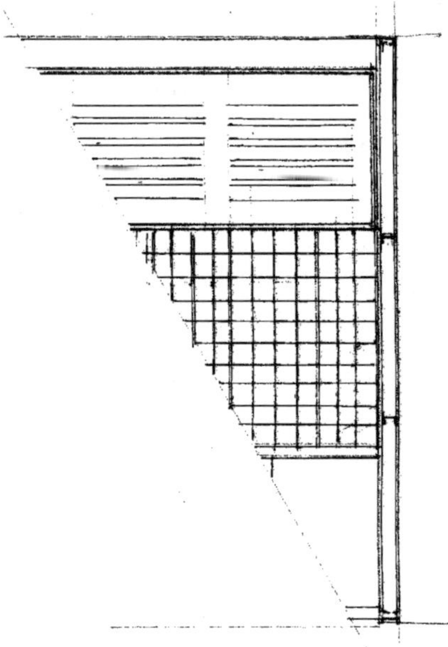

▲立面图

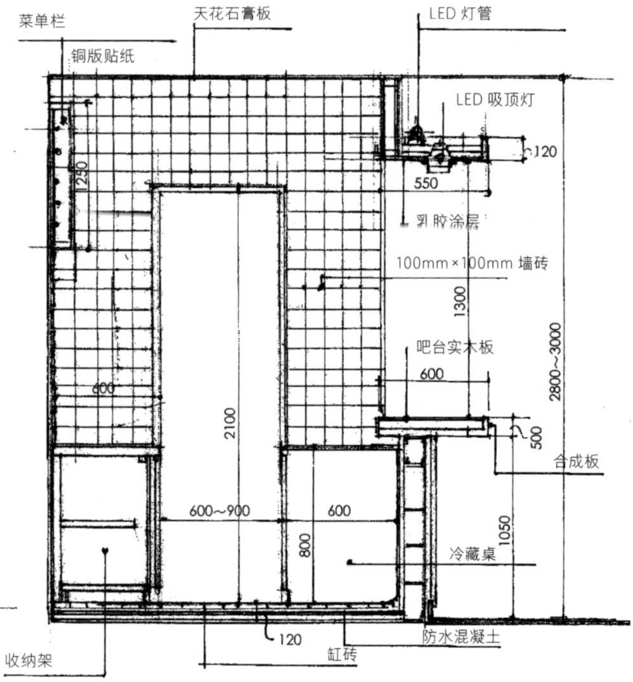

▲厨房剖面图（单位：mm）

照明规划

基础照明由 LED 筒灯组成，壁灯采用间接照明的 LED 灯带。柔和的光线营造出咖啡店的氛围，特别是石材贴面产生的阴影，有一种令人放松的效果。

墙体四周采用了装饰照明。此外，外部露台部分使用了立式设备，并根据店铺功能设计了店头。

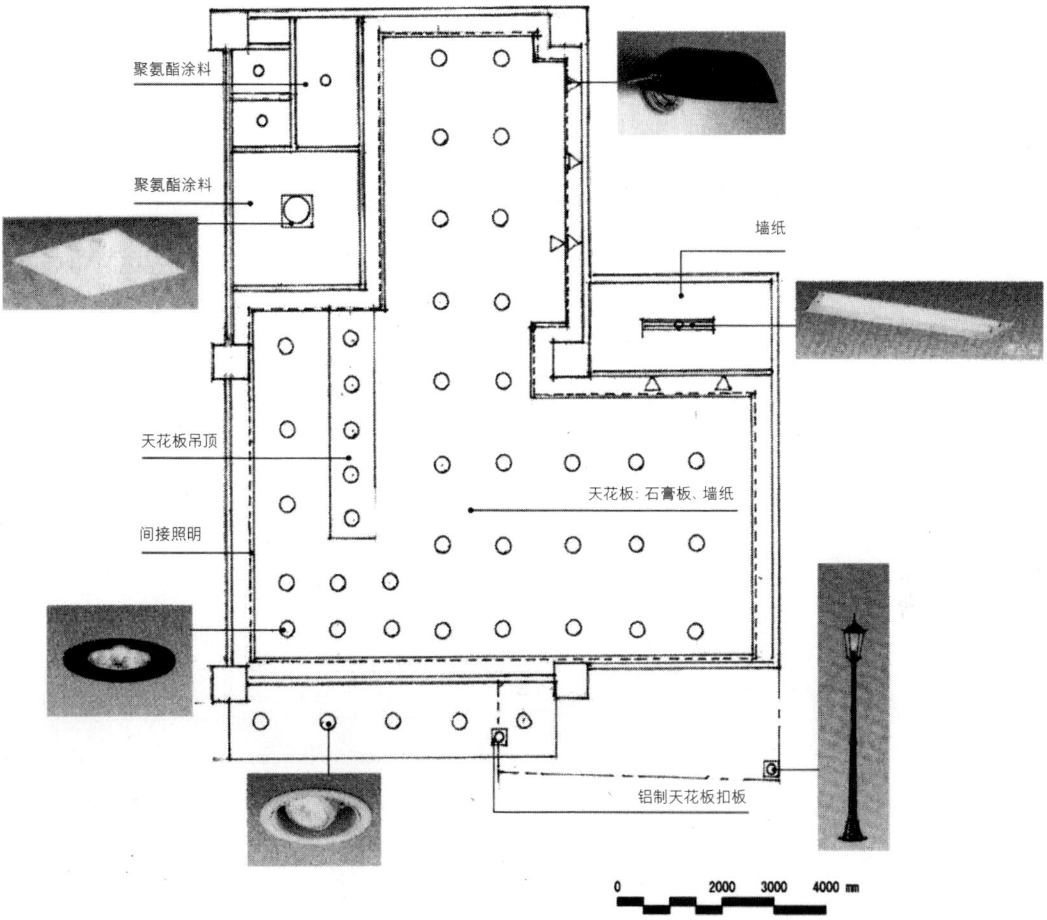

▲天花板平面图、照明配置图

4 传统日本料理店

鱼屋日本料理店

店铺类型：店面出租型店铺
所在地区：距离东京惠比寿车站步行 15 分钟路程的商店街
规划面积：46.15m²

经营与市场环境

近年来，各类日式餐厅中很多小规模的店铺，都以个人经营的形态存在于市场。这些小规模店铺大多预算有限，因此保留部分原有构造，加入新设计，控制好预算是大多数店主的诉求。另外，能否在原有的基础上注入新的巧思，是考验设计师功力的地方。

这家日式餐厅，由几家设计公司同时给出方案，从设计、功能、成本等方面进行比较筛选，最终才选定我们的设计方案。

保留原有元素，增添新元素

距离惠比寿车站走路还要 15 分钟，就店铺位置而言，实在称不上有优势。

老实讲，原有房屋构造过于硬朗，也不太适合设计成和风空间，再说遗留下来的厨房设备只适合用于轻饮食类餐厅，可以说能用的只有一个框架。就原有房屋构造而言，一眼望去只有一根长条横梁，天花板高度也不够，根本不适合用作日式空间。因此，大方向只能先选定为开放式空间。于是，我们决定不采用吊灯，保留并利用横梁设计出间接照明，让柔和的灯光照亮整条横梁。

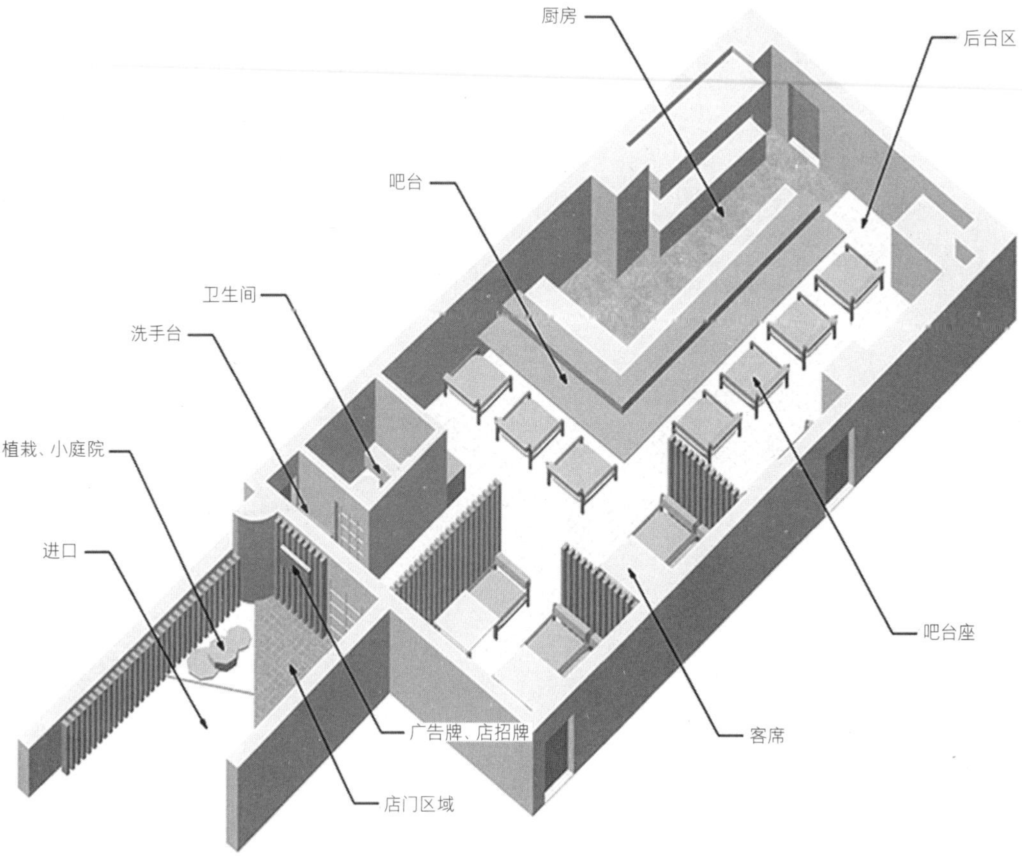

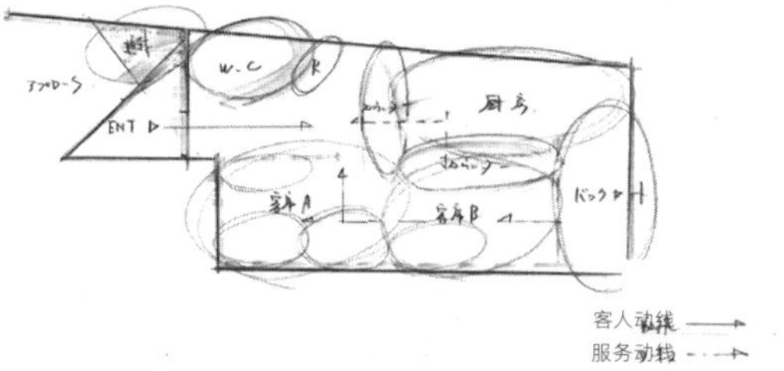

按功能进行布局

进口处，包括外部墙面设计、植栽等一直到内部空间，每一个细微之处都需要有景观、有亮点。

餐厅大门的招牌及广告牌必须具有最大辨识度，所以店招牌的设计一定要花些巧思。

吧台座及其他客人座席的布局，除了要确保必需的数量，最重要的是如何合理设计动线。

厕所的洗面台要配备收纳架，既要清洁卫生，又要具备功能实用性。

厨房、后台区域，主要考虑配膳与服务机能，必须针对高工作效率的布局方式进行讨论。

按功能划分区域

①进口：外部构造、植被

②店门区域：广告牌、店招牌、大门

③吧台：客席、收银、衣帽存放、桌椅

④厕所、洗手台：温水坐便器、洗手台

⑤厨房、后台区：厨房设备、冰箱冰柜、餐具柜、食材库

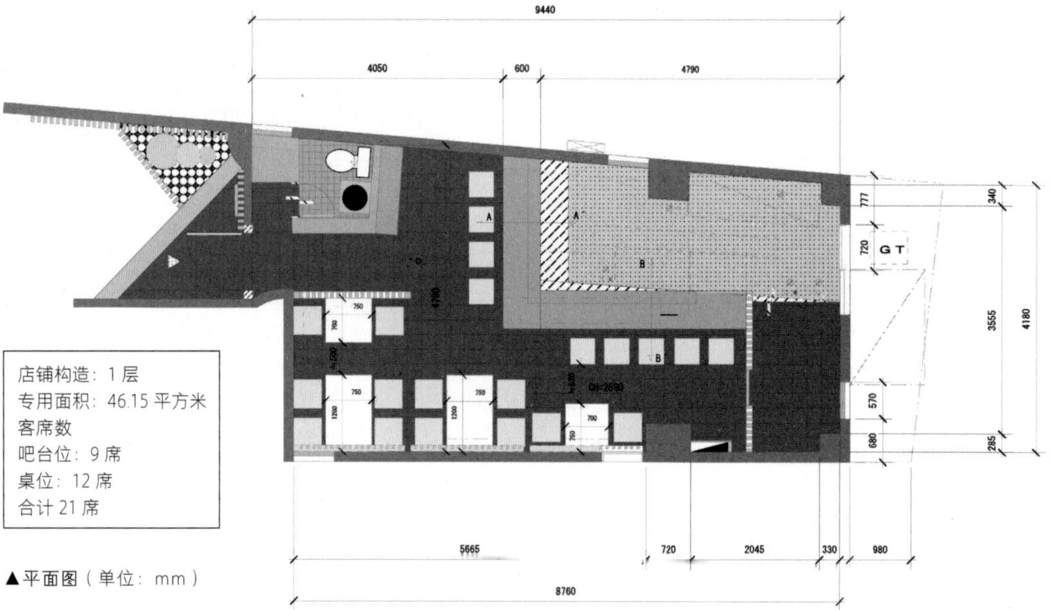

店铺构造：1 层
专用面积：46.15 平方米
客席数
吧台位：9 席
桌位：12 席
合计 21 席

▲平面图（单位：mm）

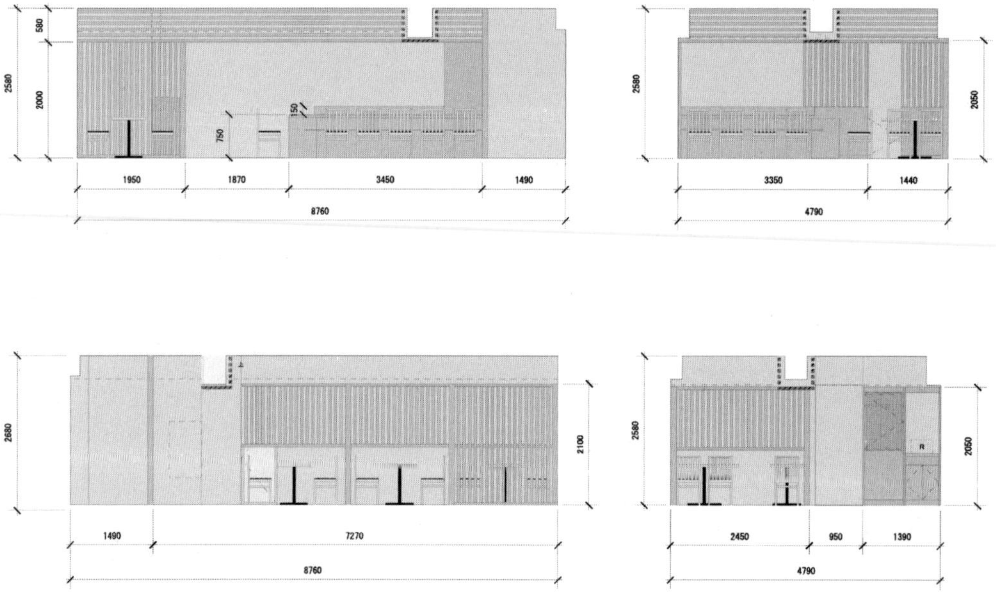

▲剖面图（单位：mm）

设计从店门进口开始

一般在做规划时，通常会从进门动线开始考虑，即便空间狭窄，也能通过悠长进口打造出具有进深感的空间构成。

我们采用没有压迫感的木格子隔断，以及柔光打照墙面的空间布局，再加上天花板处理和墙面上的木格子装饰，形成柔和的光影效果，增添温馨的气氛，打造别有洞天的和风空间。为了保证足够的座位，我们采用大小桌组合的布局，以应对各种人数的来店客人。另外，从吧台位置可以看到店内所有客人，及时给予贴心的服务对小规模店铺而言是最重要的。

照明规划

这家店铺我们采用原有照明与新增照明相结合的方式，并且在木格子背后设置间接照明以确保店内必要的亮度。要让横梁呈现出设计感（不规则造型），设计图稿一定要参照原有天花板的构造。另外，为了让整体空间充满柔和的光线，墙面采用木格设计，同时也构成了间接照明。

用调光器可以调节出更具视觉效果的光亮度，效果就是削弱了钢筋水泥原有的硬朗，实现格调沉稳的日式空间。

厨房规划

规划日本料理店的厨房最重要的是实际操作性，以最少的人数提供最多的服务。采用现有厨房设备会与预算成本产生很大出入，所以必须要经过专业人士做进一步调查。

而本案例中的日本料理店，出于操作上的考量，打算最大限度地利用原有设备。在此基础上，我们再来进行设计规划、功能规划以及预算成本的调整，初期阶段基本上都可以同步进行，但到之后的厨房规划，可以说才是重头戏的开始。

▲店门口

▲吧台

▲客席（桌位席）

5 红酒日本料理店

店铺类型：住宅区型餐饮店
所在地区：长野县
规划面积：570.35m²

了解经营管理与市场环境

在规划餐饮店时，除了预测顾客群（年轻群体或中老年群体、家庭成员或友人群体等）和调查周边竞争店铺之外，还必须对周边环境、有无街道居民协议、有无城镇建设协定等方面做仔细调查。同行业的基本资料，可以从个人企业统计数据中得出结果。

从经济普查（为了把握从业者规模等基本构成，日本总务省统计局重点推行的全面性调查）的基础调查结果中，也可以获得区域统计数据，以及周边餐饮店的信息。

该店铺用地所在地区属于第二类居民专用区域（日本《城市规划法》所规定的用途地区），建蔽率 50%，容积率 200%。

规划这类用地的店铺时，一定要对店铺外观设计、色彩搭配着重处理。既要成为一道景观吸引行人，又要注意色彩与主建筑及周围街道的整体感与协调感。以札幌市为例，只能选用《景观色彩基准操作指南（札幌 70 种景观色）》中规定的可以发挥地方特色的景观色，而长野县的白马村，也颁布了关于建筑外墙颜色的规定。在规划这些区域内的店铺时，一定要事先参考有关色彩与绿化方面的规章制度。

考察现场条件

该店铺所在位置位于市区郊外一处非常幽静的住宅区内，距离地铁站较远，需要搭乘公车或出租车才能到达。

长方形占地如下图所示，总规划面积为 570.35 平方米。南面与西面都面向道路，特别是南面道路宽 14 米，两侧还有人行道，而东面道路宽 9 米，单侧有人行道。

实施计划时对店铺功能配置进行讨论

①整理客户要求

本案例中的客户要求将自己的兴趣与实际收益挂钩，来开一家红酒日本料理店。其中有一条硬性要求，就是希望可以在店铺地下设计一个红酒窖，妥善存放自己收藏的红酒。店主想在日本国内与更多的人分享红酒与日本料理搭配出的美妙感受，也是源于这一初衷，他才决定开一家红酒日本料理店。

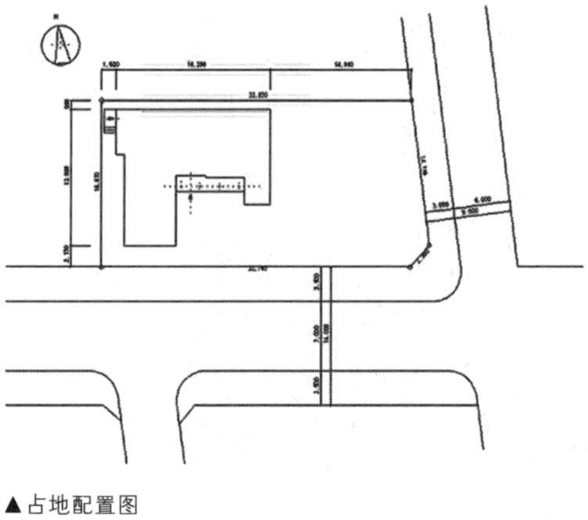

▲占地配置图

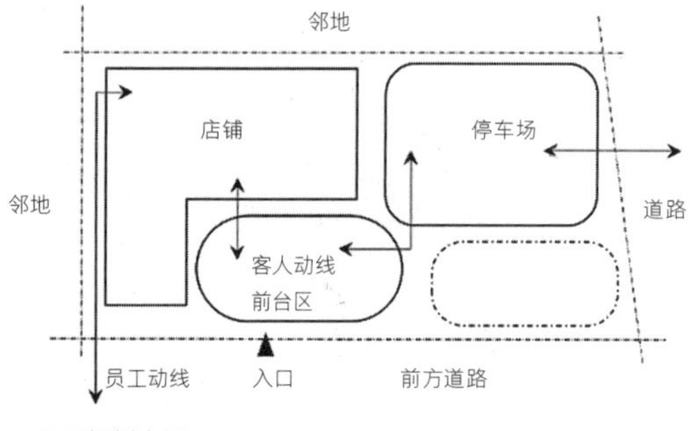

▲配置规划布局

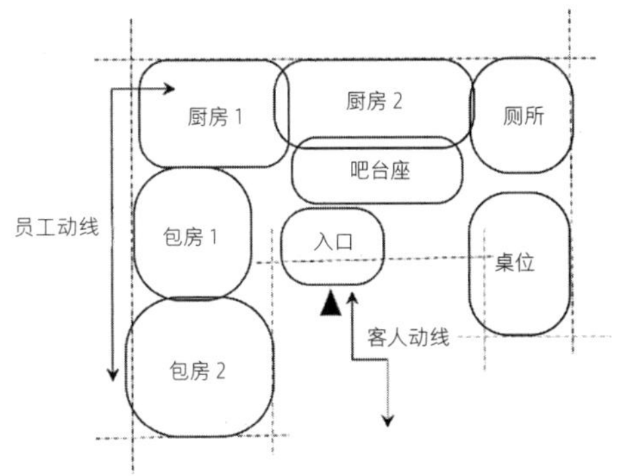

▲店铺内功能划分及分区图

②规划

本案宗旨在于将日本料理与红酒各自的魅力融合起来，给食客提供一个东西方文化碰撞的用餐空间，而外观风格则属于拥有红酒窖的欧式建筑。店内除了吧台位、桌位，还有日式包房，满足各类客人的需要。

③设计草图及配置计划

针对实际占地情况，要对店铺设施的配置进行讨论。处于街角位置的店铺更要讲究形象，也需要仔细规划恰当的植物盆栽。这家店铺位于用地内侧，且形似字母 L，于是从路面导入店内的一段距离，既要衔接自然，又要清晰地表现出领地感。

④动线讨论

首先，因为两面临街，因此店主方希望将人、车动线相互分离。其次，人的流动路线中还要保证员工路线与客人路线不冲突。不仅如此，既然是餐饮店，也得考虑搬运动线，要保证进货材料、红酒等物品进出的动线。

各部门的分区与布局

对于一家餐饮店来说，除了计划如何改善环境、提供美食，还有一点是必不可少的，那就是如何对外做适当的宣传。把自家店氛围如何好、如何独具一格传达给外界，包括自己的竞争对手，既要表达充分，又要保留行业秘密，把握好这点非常重要。

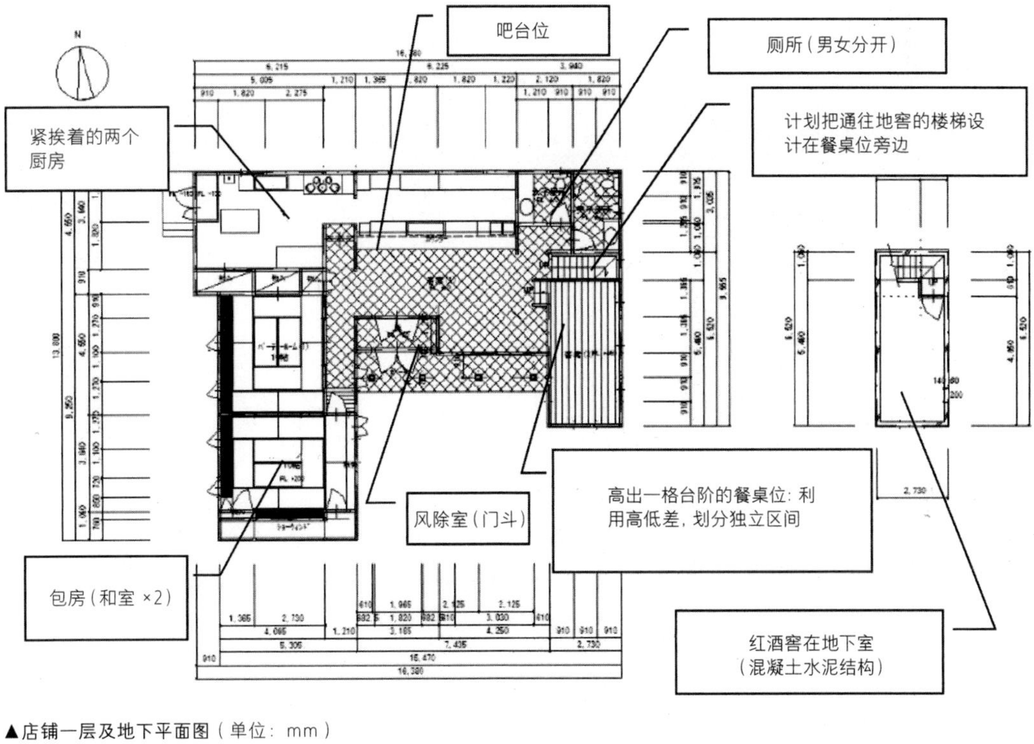

▲店铺一层及地下平面图（单位：mm）

一般来说，餐厅的厨房面积要占总面积的30% ~ 40%，不过还是要根据提供料理种类的不同调整实际需要的面积，确保最恰当的空间比例。另外，拿客人的座位空间来讲，一个座位为1.1 ~ 1.5 平方米（宾馆餐厅位大约是 3 平方米）。每个地方如何收纳归位也非常重要。

首先，根据功能将各部门分区，来决定大致布局。厨房与其他需要用到水源的区域安排在用地内侧的北面方位，吧台座位于入口，与厨房两两相对，桌位与包房分别安排在店铺左右两侧。

走廊作为店员提供服务的主要行动路线，与各区域相连接。地板高度差的设计，丰富了店铺空间的构成。

为了发挥出地窖的设计亮点，桌位区域高出一格台阶。

其次，为了能提供更无微不至的服务，不能忽略员工的行动路线，要顾全到包房、桌位等每一个角落。出于餐饮类行业的需求，通道最少确保 100 厘米的宽度。

平面设计注意要点

店铺门口设置门斗。

入口正面就是开放式厨房，与吧台位两两相对。客人一进店马上就能招呼。

店头部分的正面就是座位席，为了吸引外面行人的目光，采用大面积落地玻璃门。吧台座区域高出一格台阶，强调空间特点。

从第 139 页的店铺内功能划分及分区图可以看到餐厅设有 2 个厨房。厨房 1 主要进行日本料理烹饪，选择在客人看不到的位置，属于封闭式厨房。而与吧台座相连的开放式厨房 2，作用是更快速地为客人提供各类其他服务。

包房是为了宴会或聚会而设置的。相邻两间包房的中间隔断可以拆取，以满足多人数团体客人的需求，而包房的内装则采用与餐厅主题相符合的和风设计。

厕所位于整个餐厅的北侧，分设男、女两间厕所。

根据客户要求，设计了地下酒窖（位于六人座的位置）。

器具收纳规划

餐厅店员站立着提供服务，让来店客人坐着就能享受到无微不至的服务。因此，吧台周围的收纳设计，要以厨房需求为主导，着重功能性。

店铺内功能划分及分区图

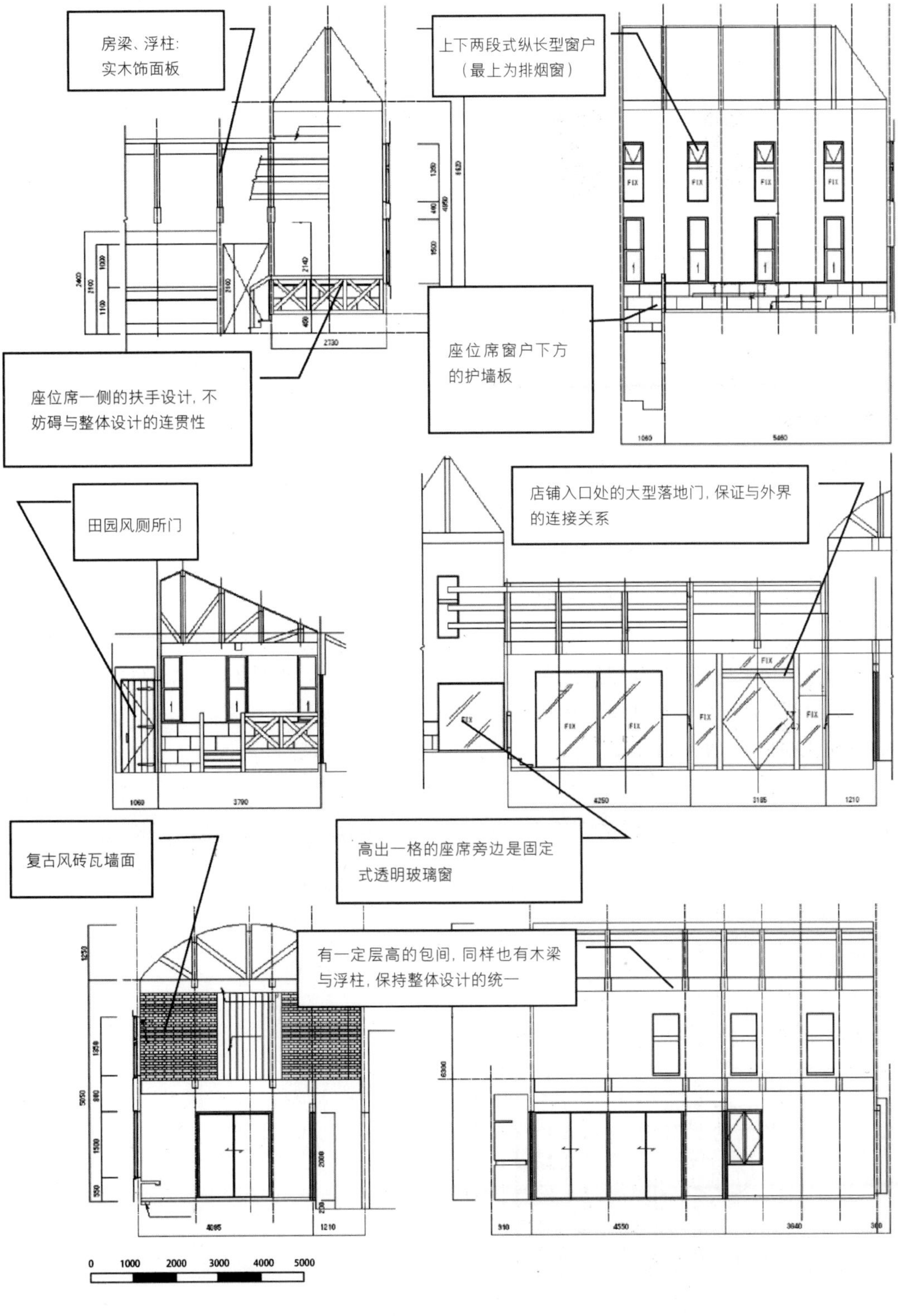

▲主要剖面图（单位：mm）

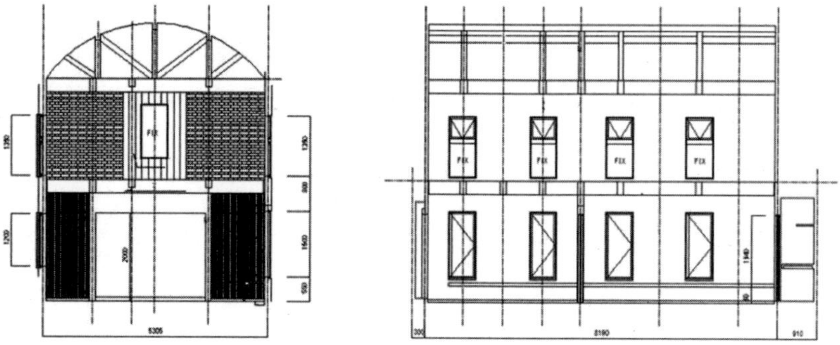

▲包房内部装修完成图

室内设计

店内（一楼使用面积约 153 平方米）地板材料部分，从门口开始，包括门斗部分的主要选材如下：陶土地砖、实木地板以及包房的榻榻米。

店内木梁（参考主要剖面图）同时满足日式与西式的设计需求。

包间采用实木与复古砖瓦相结合的墙面设计，将店内设计风格统一，榻榻米房收纳架处的一部分铺设鹅卵石，增强设计感。

门窗（厕所门）部分，田园风木门配上复古五金配件。和式包间采用格子拉门，体现日本风格设计元素。

天花板较高的部分采用两种复古风吊灯，确保客人用餐时有足够的亮度，并且营造餐厅内的华丽氛围。

正对店门口的吧台上方是红酒杯架（参考本页剖面图），成为餐厅内一大亮点。

红酒杯架的上方墙面是厨房与吧台位的分界墙面，采用全顺式砌砖方式（只有最底层为纵方向堆砌）。

桌椅统一选择木质家具。墙上的装饰水彩画也采用木制画框。

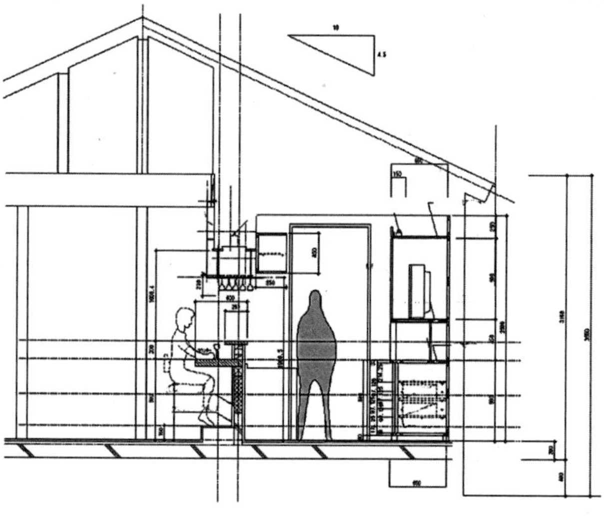

◀剖面图 / 吧台与厨房部分（单位：mm）

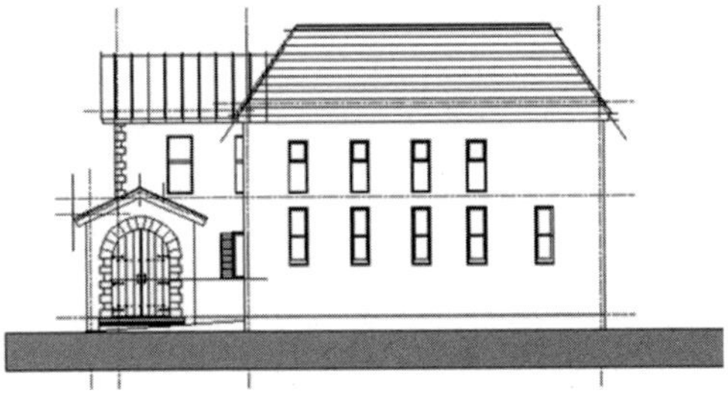

▲红酒日本料理店立面图

外观设计

既然打出红酒窖的招牌，那就在面朝进口的正门左侧设计出酒窖模样的两扇木门，事实上它们不具功能性，只是一个重要的宣传手段。我们在木门上加以金属五金，门框部分选用复古砖瓦围砌一周，增添设计感。

三角屋顶铺上洋瓦，店铺建筑的外墙脚同样铺上复古瓦砖，达成统一。

虽然是一层楼建筑，不过为了确保空间高度，采用上下两段式纵向窗户的设计。

下段玻璃窗两侧安装了百叶窗（装饰用），其他窗户的两侧都是铺贴瓦砖，打造田园风外观形象。

装饰用红酒木门的附近放置了橡木桶，增添红酒窖的浓郁气氛。

一来为了让周围景观更为和谐，二来可以起到宣传效果，为此，我们考虑加入植栽来渲染效果。

设计上的法律法规

设计必须遵守日本统一法律及该地区的具体法规，因此必须咨询该店铺所在区域的相关政府部门。以下为主要涉及的法律。

日本通用法规

《建筑基准法》规定，所有建材必须使用防火材料，必须采用带遥控装置的排烟下悬窗。

《消防法》规定厨房必须配备自动喷水灭火装置。店铺内窗饰（卷帘）必须采用防烟材料。

《食品卫生法》规定，厨房入口处附近配置洗手台（尺寸不小于 36 厘米 ×28 厘米）。必须配备有门的餐柜。

地方适用法规

必须满足《城市规划法》所规定的建蔽率、容积率及规定高度。

必须遵守《城市规划法》中的地区规划等。

必须遵守《景观法》中景观规划、景观协议内所规定的建筑物设计形态。

必须遵守《城市绿地法》中的绿地协定等。

6 啤酒吧

江户天鹅湖啤酒吧（代代木上原店），TETE 咖啡店前身

店铺类型：沿街店铺
所在地区：东京涉谷区
规划面积：62m²（室内面积）

什么是啤酒吧？与啤酒馆、酒吧有什么区别？

翻开酒馆（pub）的历史我们会发现，它源于英国，不仅提供酒，还提供简易住宿和一些杂货。酒馆到了18世纪至19世纪逐渐发展起来，源自“public house”，可以说是一个轻松愉快的社交场所。而现在英国大城市中的酒馆已经不具备那些功能了，就是一个提供啤酒和其他酒类的场所（也就是在美国称之为“bar”的场所）。与居酒屋不同的是，一般酒馆只提供简单零食，有些地方除了提供饮料，还有豆类及花生等。而啤酒馆（beer hall）则源于德国，是一个主要提供啤酒的场所，比较接近居酒屋。一到夏天，啤酒馆就会在屋顶举办露天啤酒吧（beer garden），可以看成是啤酒馆的衍生行业。

而现在日本越来越多的酒馆，不断加入咖啡及居酒屋的文化，形成一种新的形式，称为啤酒吧（beer pub）。

手工酿造啤酒

在日本，人们对手工酿造啤酒的认知度已经有所提升。从前，一说起啤酒，脑海中浮现的总是麒麟、朝日这些大众化啤酒企业。

手工酿造啤酒，从字面意思来看，即“啤酒匠人（酒吧老板）在小规模啤酒酿造场所，精心酿造啤酒”。正因为规模小，才表现出制作工艺的独特性，以及啤酒种类的稀少性。由于其地域性、原料以及制作手法的独特性，才会冠以类似手工艺品这样的名称。当然，手工酿造的啤酒并不是哪里都能喝到，或是通过网购就能买到的，如果想喝就必须到专门的店里。

这可能就是选择一家极富个性的啤酒吧的原因之一。

这次介绍的就是总部位于新潟县阿贺野市的天朝阁集团旗下，名为江户天鹅湖啤酒吧的案例。

关于设计啤酒吧的考虑方法

由于啤酒吧作为一种饮食文化并没有在日本得到充分普及，所以我们必须明确地让客人知道“这里可以喝到手工酿造的啤酒”。因此，作为店铺的门面，必须有非常明显的标识。

而这次的店铺因为是路面店，所以要把啤酒龙头设定在一个醒目的地方，才能让路上行人一眼看到。通常餐饮店店主，都会怕座位不够，常常会有“哪怕多一个座位也好”的想法。不过，在规划这家店时，我们还是以店主的开店宗旨为优先——让更多人喝到好喝的手工酿造啤酒。而且，如果设置太多的座位，追求的可能只是速度与顾客人数，很容易让这家店变成单纯的消费场所，岂不枉费了那么好喝的啤酒？这样一来，消费者会觉得“太挤了，没办法定下心来享受”，店员也会产生“地方那么小，没办法好好为客人服务”的心理。

设计一家店铺，不光要从用户的角度出发，还必须考虑工作人员的感受。

光是出售商品，已经不能满足对店铺的定义。当然，产品过硬一定程度上是可以创造利润的，可是光凭这点，作为店铺魅力来讲还有所欠缺。如果顾客需要的只是商品，网购要便利得多。

而客人来这里品尝手工酿造的啤酒，想要享受到的还包括环境、氛围以及优质的服务。

店铺介绍

江户天鹅湖啤酒吧（代代木上原店）位于住宅公寓一楼。虽然是路面店铺，但距离车站有点远。周围都是住宅，不易被发现。

市场调查及内容如下：

· 店铺距离东京代代木上原站需要几分钟路程。车站前有各种行业的店铺以及商业设施。不过，本店周边是幽静的住宅区，只有两三家不怎么起眼的小店

· 营业时间：15：00—23：00（最晚下单时间 22：00，酒类 22：30）

周六日及节假日 12：00—22：30（最晚下单时间 21：30，酒类 22：00）

· 目标客户群：20 ~ 60 岁人群

· 主营：以手工酿造啤酒为主要饮料以及简单餐食

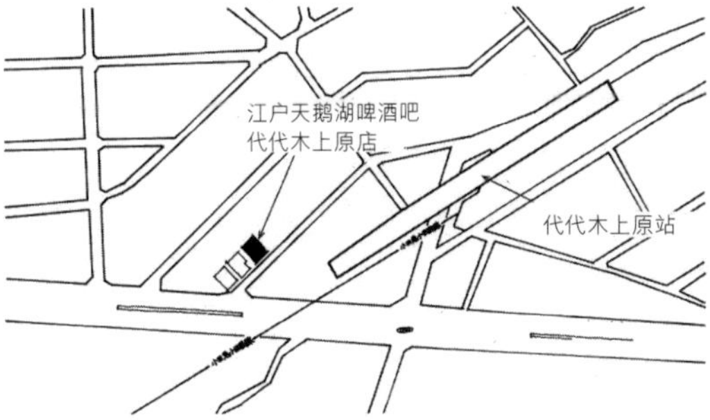

▲周边地图

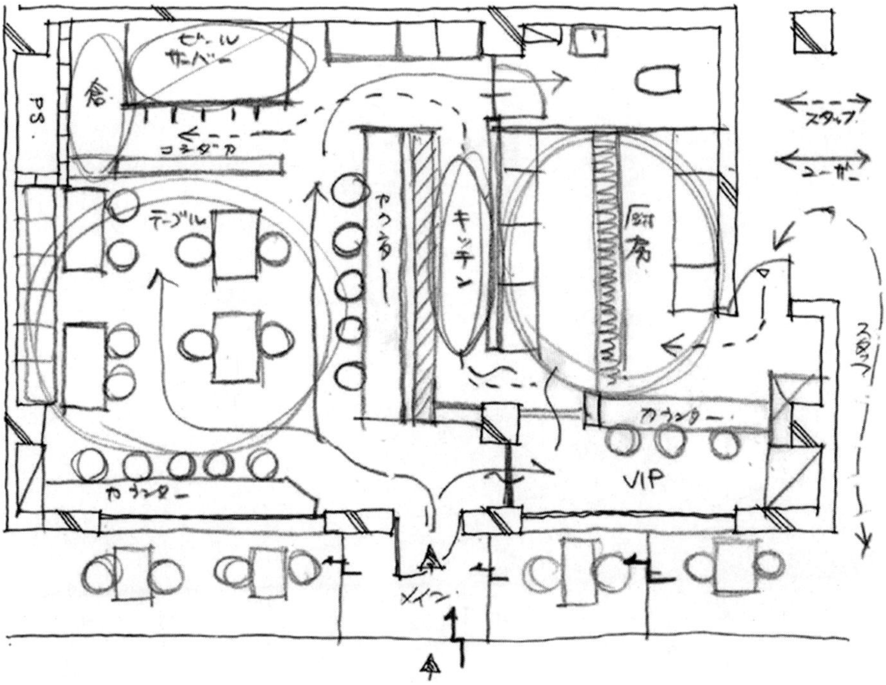

▲分区图

创店理念及背景

在此之前，这里分别开设过法式餐厅、咖啡店以及啤酒吧。作为公寓的一楼，室内空间较为工整，而之前开咖啡店时也曾设计装修过，内装陈设大多保留了下来。我们听取了一些店员的经验，如吧台，这里是店员的工作场所，同时也能看到客人的一切行为。此外，与吧台相连的厨房，我们也做了细致调查，对于一些重要的地方还进行了修改。像这样仔细聆听第一线员工的心声，是设计能取得成功的原因之一。

设计重点

外观

之前从法式餐厅改装成咖啡店时，就已经扩大了外墙所有的窗口部分，一来可以让前方路人清晰地看到店铺，二来塑造了明亮、阳光的外观形象，与之前法式餐厅的幽静截然相反。我们在外墙窗口之外还设计了铁架（略微有些铁锈），这不仅仅是个设计点，同时也是外院与店内的一个过渡地带，甚至当摆放上与季节相符的四季盆栽之后，更是一道变化多端的风景线。说来或许有些夸张，可是店铺外观就是一家店的颜面，所以真的很重要。人们可以坐在室外，透过窗户看到店内情形和标志性的啤酒龙头，还可以一边品尝手酿啤酒，一边愉快地聊天。店铺氛围也好，客人聊天的场景也好，这一切都是通过外观形象塑造而成的。

店铺构成

因为店方要求保留之前 TETE 咖啡店的风格，所以我们没有在内部装潢上做很大变动，仅仅只是在店内添加了啤酒龙头，来作为“江户天鹅湖啤酒吧”的卖点。因为进门右手内侧是厨房（也是因为倒垃圾的后门在这里），我们没有留用原来的天花板，拆除后，使得客人座位区更为宽敞。吧台与后厨只有一墙之隔，除了这边设有吧台座，还有一处面朝外院的吧台座，它们与左侧靠墙的沙发座位，形成一个整体。而店内中央位置的座位布局，同样花了不少心思，使得客人

▲手绘草图

相互间的视线尽量不会产生交集。不仅如此，座位的多样性也算是本店的一大特征，可以让客人随着当天的心情选择不同座位。找寻自己中意的座位也算是一种乐趣。

另外，之前提过的吧台上方有隔断木板，高约 180 毫米，是为了遮挡客人视线而设的。后面是后厨以及洗涤场所，所以必须有防水功能。这样一个小小的挡板设计，就能成功地把客用空间和厨房空间适度分开。另外，因为已经明确了分界线，做料理的厨师也不必特别在意客人的目光，自在地做料理，而客人也能享受用餐时光。

因为啤酒龙头占据了中央位置，座位数一定会比原先咖啡厅的少，不过因为招牌效应反而吸引了更多的客人。也是因为这个原因，之后的连锁店（天鹅湖啤酒吧田町店等）都有配置醒目的啤酒龙头，且都获得了成功。

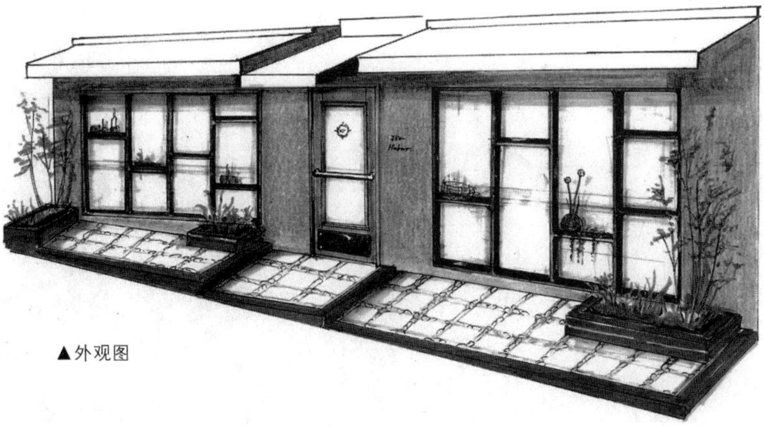

▲外观图

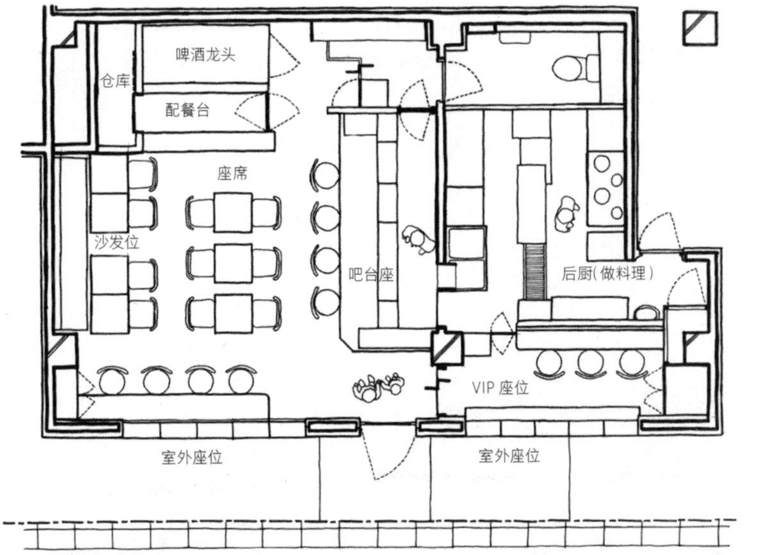

▲平面图

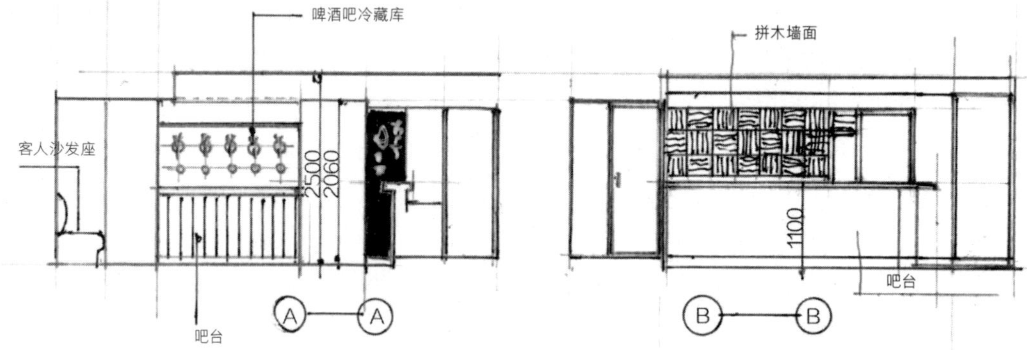

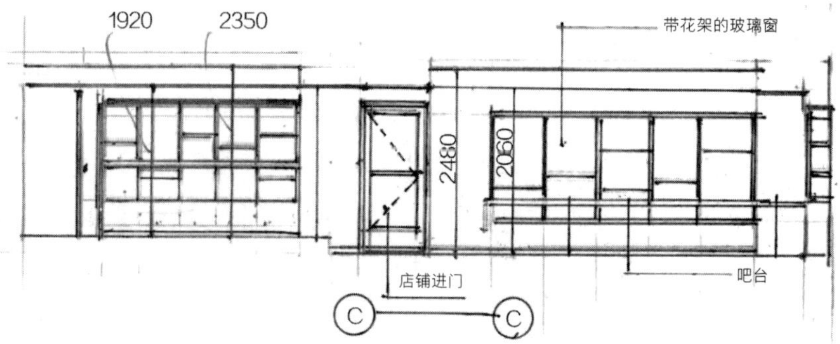

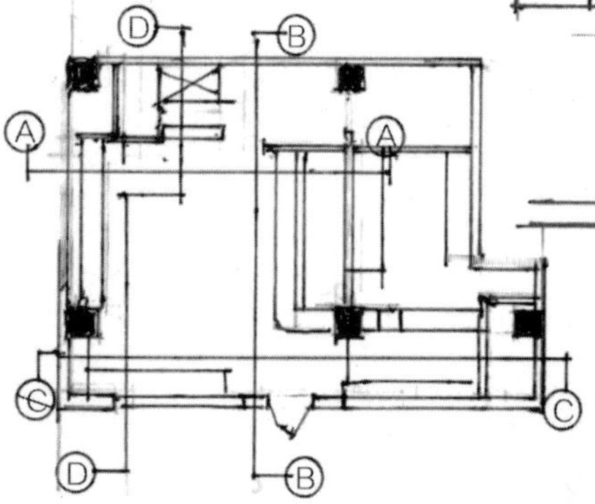

▲展开指引图

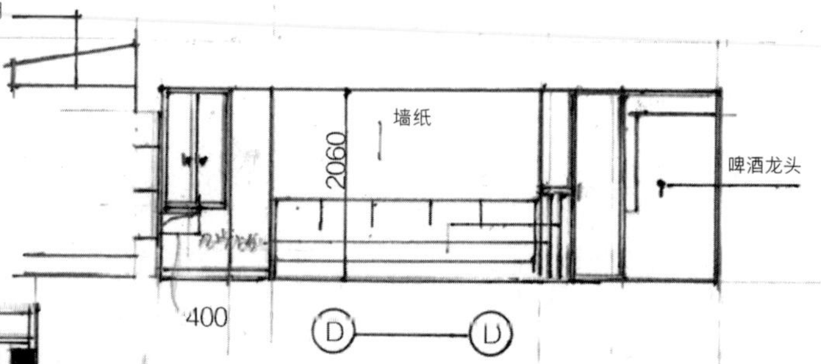

▲剖面图（单位：mm）

▲透视图

▲店内 / 从店内往外看到的效果

▲店内 / 从门口往店内看到的效果

▲店内 / 从沙发位看到的效果

▲店内 / 吧台

▲全景 / 露天座与店头部分

7 烧烤店

店铺类型：距离城市较近的店铺
所在地区：爱知县刈谷市
规划面积：约 132 m^2

了解经营管理与市场环境

虽然烧烤店大多以韩国料理为主，不过这里所说的是日本特有的一种餐饮形态。从前，一说到烧烤店，第一印象就是贵，后来一些价格亲民的烧烤店出现后，就变得谁都能想去就去了。连锁烧烤店的出现，给业界造成不小的冲击，一直沿袭至今，这才让烤肉变成了大众化的美食。

最近出现了廉价烧烤店和专供宴请、招待的高级烧烤店，以及怀旧情景烧烤店和针对出行家庭的郊外烧烤店。烧烤店一般规模在 100 ~ 130 平方米，不过郊外烧烤店也有 330 平方米左右的大型店铺。客人大多都是大家庭一同前往，父母、孩子、祖父母一家人，或者情侣，甚至公司招待客户等。

座位大多为情侣双人座，还有四人座和家庭六人座，还有团队座以及宴会榻榻米座等。

考察现场条件

目标客户群会因为店铺所在位置而不同，当然客人来店里的动机也会不一样。店铺所在位置基本上可以大致分为商业街区、繁华街区和住宅街区，店铺内座位也会随之而改变。商业街区，座位周转率决定营业额。特别是午餐时刻，两三人用餐的情形比较多，还有独自一人用餐的，因此必须提高座位周转率。每个桌上都要配备桌炉，如何让独自一人的客人快速流转是关键。

该店铺所在地区为住宅区，要在较差的地理位置创造出出人意料的营业额，可以说是难上加难。与在大城市开店不同，来这里的客人没有什么规律，所以座位设置也要尽可能满足所有需求。例如，家庭座、情侣座以及公司用于接待客户的宴会座等。

▲店铺外观

实施计划时对店铺功能配置进行讨论

排烟管道的必要性

大多数烧烤店会把排烟管道设置在天花板内，通过烧烤炉上的排烟罩排烟，不过日式榻榻米座位的店铺可以将排烟管道埋入地板，采用下排烟的方式，所以桌面上方不再需要装置排烟罩。

空调、送风、给排风系统的必要性

既然有排烟设备，给排风系统就必不可少，普通送风也是一样。另外，排烟时会产生大量热气，因此一定要选择大功率的空调设备。

炭烧烤炉的出现

通常使用的都是燃气烤炉，但最近追求口感成为一种流行，因此烧烤店还得准备木炭。同时，必须做好防火措施，以及保证有存放木炭的空间。

设计要点

其他都与普通餐厅并无两样，只是桌上必须有排烟罩以及烧烤炉。正因为如此，是否配备单人及双人用餐桌，还要根据餐厅所在位置做进一步商讨。

若烧烤店选在普通商业街上，双人或四人座席较多的话，对盈收很有利。而在住宅区的话，就算全部选用家庭六人座席，来的也未必都是六个人，还会有两个人，因此会出现六人席供两位客人使用的情况。

所以重要的是搞清楚这家店的营业状态，是郊外家庭餐厅那种，还是类似居酒屋或商务接待较多的那种，规划时的情形会完全不同。商务接待的话，包房肯定最合适，而家庭餐厅的话，座位布局就要灵活多变，可以满足来店客人任意人数的需要。在规划选址在商业街的店铺时，重点就是如何安排两人一组的来店客人。

分区规划

大致可分为普通座位、榻榻米座、厨房、配餐区、厕所、收银、入口部分等几个区域，但还必须包含入口处与收银一起的前台部分，这是用来招呼客人与领位的。因此，前台部分最好靠近配餐区，这样店员就可以兼顾两头，提高效率。

配餐区所在位置最好可以看到所有的客人，但如果条件不允许，希望可以通过出菜铃等方式起到传达作用。

另外，不能忘记排烟管道。如果是安装在天花板上的上排烟方式，对座位布局并无很大影响。而安装在地板内的下排烟方式，尽量在不抬高地板高度的前提下进行施工，还要避免管道之间重叠安装。

而本案例中的店铺选址为住宅区，因此来店客人与上述不同，除了家庭座、双人情侣座，还要设置商务接待用座位，以满足客人的各种需求。

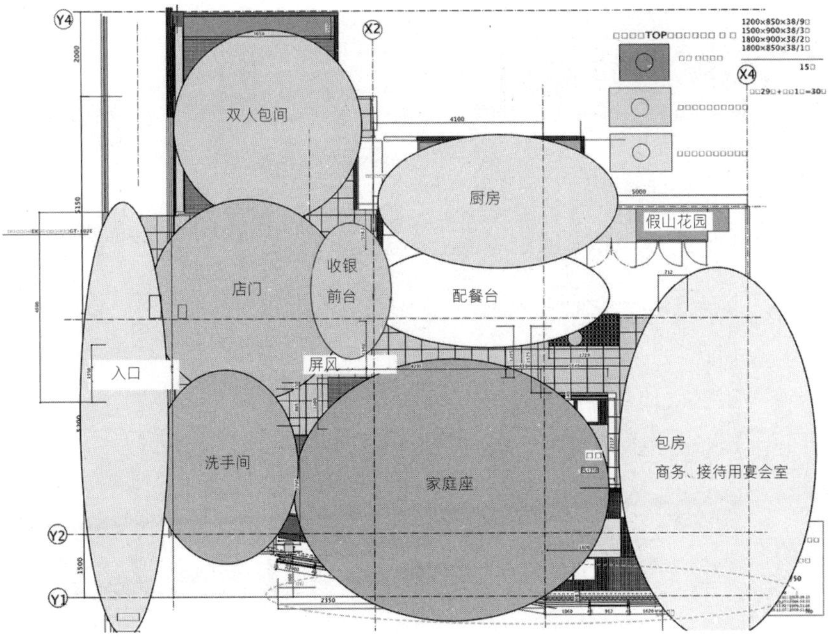

▲分区规划图

各区域的功能

店门口是给顾客留下第一印象的地方。会让客人产生好奇“这是一家什么样的烧烤店呢”，也会有“应该会很好吃吧”这样的期待。

一般来说，客人选择进入一家店的流程就是从店门口推开大门，来到店内入口。一来到店内，如果风格是客人喜欢的，那期待值便会持续飙升。

前台区域的作用就是搞清楚客人人数、想坐在什么位置，以及询问其他要求。

因为店铺选址并非热闹街区，所以这家店的座位配置就要满足各类客人的需要。适合家庭的有家庭座（因为还会有带幼儿的家庭，还准备了有台阶的座位区），情侣座适合人数为2人的来客，还有包房可供商务接待及宴会用。

配餐区是出菜及回收餐具的地方，所以店员常常活动于此。因此，希望把配餐区安排在可以环视全店的位置。

厨房需要配备做料理的炉灶、料理台以及冰箱。之前是在水槽内洗涤餐具，不过最近也有自动洗碗装置。为此，就需要更宽敞的空间。

至于洗手间，既不能很显眼，又要能方便寻找。如果设置在入口附近，客人比较容易发现。

用来最后结账的收银台一定是最重要的，我们先不要把那里作为一个场所来看，而是应该当作一个空间来设计。大部分情况都是把前台和收银台并在一起使用的。

▲平面图（卫生间位置有变动）（单位：mm）

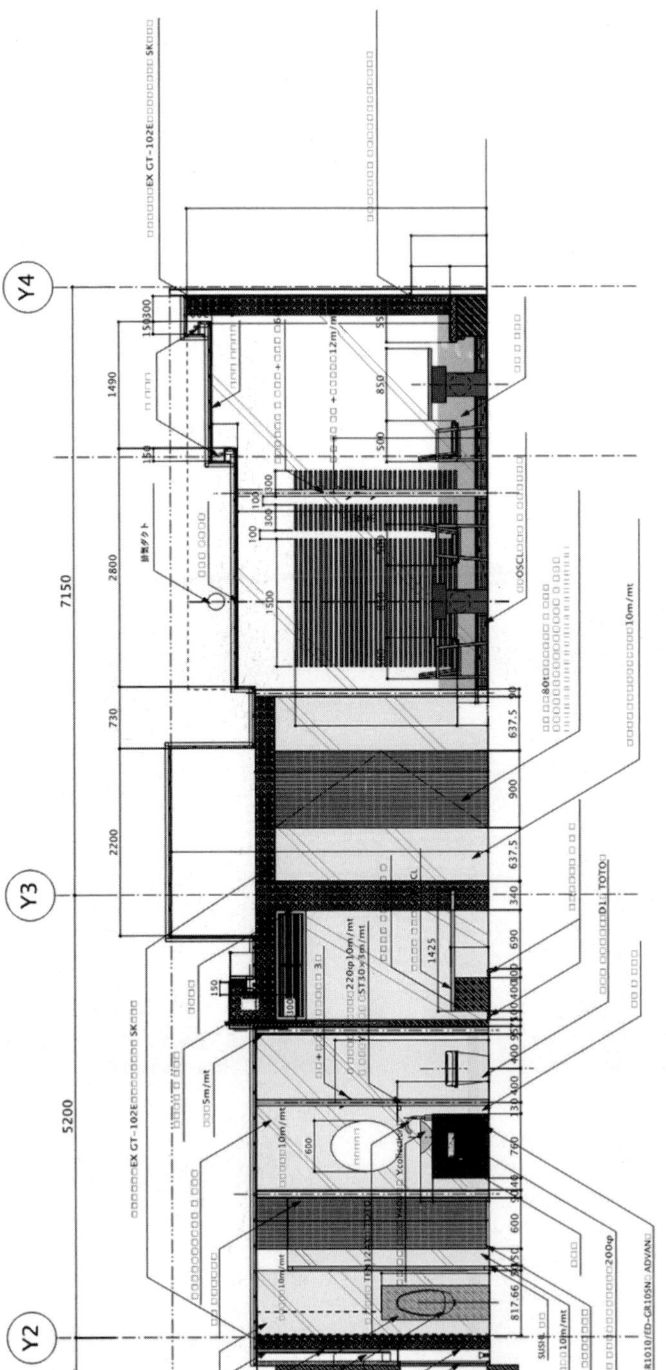
6
Y1
Y2
Y3
Y4
1500
5200
7150
2200
730
2800
1490
637.5
900
340
690
760
600
817.66
850
500
1500
1425
H1200~2800
EX GT-102E
ED-GR1010/ED-GR10SN ADVAN
TOTO
SUS
AL3631R-00 CERA

◀剖面图（单位：mm）

平面规划的注意要点

在设计时，因为该店铺位于住宅街，进口处连接停车场，也算是一个广告效应，告诉大家“这里有家烧烤店哦”。

店门我们没有采用自动门，为的就是要客人有推门进入的真实感，这比自动门更有仪式感。并且，门口还设置了门斗，制造出与餐桌位的距离感。

一进门就是前台，店员可以在那里迎宾，并且带领客人去往适合的桌位。

布局餐桌位时必须考虑到排烟管道的路径。一般是四人桌为主，不过有些家庭还有祖父母一同前往，所以必须配备六人桌，或商务接待的包房。

出菜的配餐区与接待第一线的前台最好可以距离近些。不过务必避开客人的主要动线。

洗手间要安排在不是很显眼的位置，入口一定要避开餐桌区域。尽可能选在店门口附近，同时也要让里面座位的客人方便找到。最好不要有明显的指示标记。

照明规划

烧烤店不能像零售店那样灯火通明，为了保证每个餐位的相对私密性，采用餐桌上部明亮、周围昏暗的方式。没有必要整个店都亮堂堂，在关键地方有灯光照亮即可。通道上即便没有配置照明，也可以被周围其他灯光照亮。

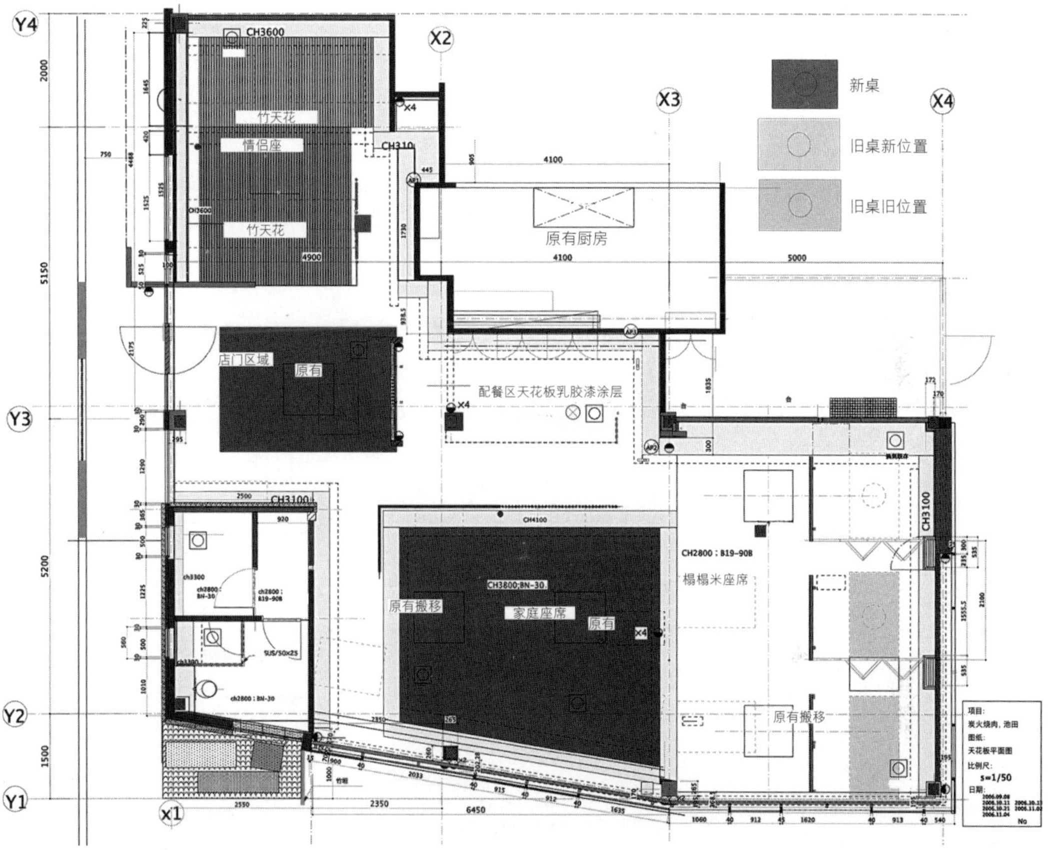

▲天花板平面图（单位：mm）

8 寿司店

神田寿司店

店铺类型：车站附近型店铺
所在地区：东京千代田区神田
规划面积：约 $50m^2$

经营管理与市场环境

在日本，寿司在关东寿司里一般称为握寿司，在关西也称作押寿司。在日本还会有各种各样的寿司，如太卷寿司和鲋寿司等，而我们这里要讲的是握寿司店。

寿司店的形态与日本料理店比较相似，但很多寿司店的主角就是那张寿司吧台。客人坐在吧台前，报出特色寿司的名字，看着眼前的寿司匠人把新鲜食材与米饭握成寿司，然后一口吃掉。说到特色寿司，不只有常规的松、竹、梅，或者普通、上等、特等这样的分类，还可以要求把自己喜欢的海鲜鱼类、贝类做成寿司，并且趁着海鲜还是最新鲜、最美味的时候，尽快品尝。

还有一些寿司店会配置各种座席，除了吧台座，还有普通座席及榻榻米座席。很多寿司店已经不断地扩大了店铺规模，甚至还有开设包间的，可以供多人一起品尝寿司。为了顺应这样的市场需求，规划店铺时就要考虑到各种座位的合理搭配。为了能举行宴会，很多店铺甚至还配设了榻榻米大通间。

从前的寿司店，除了内用的形式，还有外送，因此就必须调整这两部分的合理配置。在日本，酒席散后，人们还有续摊的习惯，因此很多寿司店会营业到深夜。

考察现场条件

本案例中的店铺是一家位于繁华街道的沿街路面店。车站附近已经有了好几家价格亲民的寿司店，不过本案店铺所在位置距离车站还有七八分钟的路程，因此不会卷入同行业的竞争。通常会光临寿司店的，主要都是男性客人，不过这家店想锁定的是女性客人。

这里未必属于高级寿司店，但以合理的价位与新鲜的食材为卖点。当然，客人同样可以在吧台要求制作自己喜爱的寿司品种。来的客人大多以两人为主，因此座位中也是以双人桌居多，三四名客人同行的话，可以拼桌解决。宴会席和包厢间设置在二楼。

实施计划时对店铺功能配置进行讨论

寿司店以吧台为中心，因此吧台厨房一定是开放式的。不过，封闭式区域一样必不可少，在那里进行烧烤、炖煮以及洗涤的工作。配餐台与制造寿司的吧台有所区别，最好与收银台设置在比较临近的位置。酒类以及厨房无法处理的零星作业，希望可以在配餐台处理，因此配餐区域要具备提供酒水的功能。

在商业大楼内的寿司店，吧台座内部先要做好完全的防水措施，因此会将吧台周围的地板抬高，为此一定要尽可能控制吧台的高度。

一讲到寿司店，很容易先入为主，认为里面都是男性客人居多，所以如何吸引女性客人变得十分重要。

规划要点

规划寿司店和日本料理店差不多，基本上就是以握寿司吧台为中心，周围配备烧烤、炖煮以及洗涤场所。若是规模较小的店铺，会把收银台与配餐台安排在较近位置以提高工作效率。

①引入部分：入口不采用自动门，而是具有仪式感的推拉或移动门

②前台位置：带客入席

③客人座位：吧台座最好是七人以上，其他还有普通座席及榻榻米座席

▲寿司店外观

▲加入女性化设计的入口

④收银台：大多数情况会与前台兼并为一处

⑤洗手间：这家店铺位于机场大楼内，所以是共用洗手间，店铺内不再另设

⑥条件允许的话尽量配置榻榻米和包间座位，会影响到营业额的增长

⑦女性考量：入口处的布帘最好选用偏向女性化的颜色

分区规划

店主希望可以在客人一进门的时候就听到“欢迎光临”的招呼声。因此，吧台要安排在看得见入口的位置。吧台位于店铺中央位置，其次配置榻榻米和包间，规模再大些的话，可以增设宴会席。本店没有榻榻米座位，但二楼设有包间与宴会席。

希望可以把兼具收银功能的前台安排在入口附近。如果把收银台挪至配餐台附近，就会造成客人没人招呼、空等在门口的尴尬情况。

位于繁华街道的店铺，通常以双人座位居多，碰到四人以上的情况，可以拼桌处理。

包间可以满足女性客人的需求，同样也深受以家庭为单位的来店客人的欢迎。为了吸引女性客人，设计上一定要注重细节。

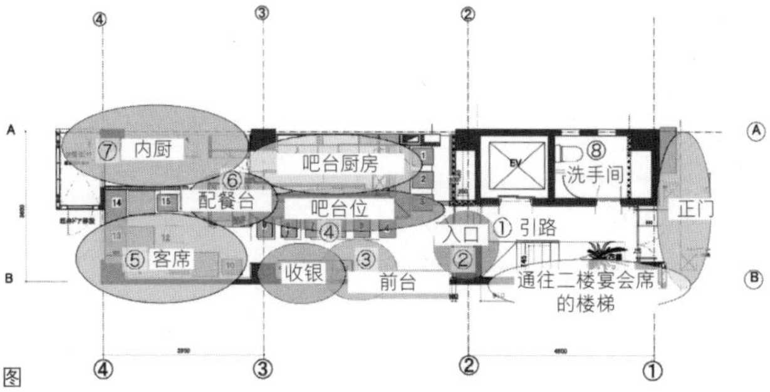

▲分区图

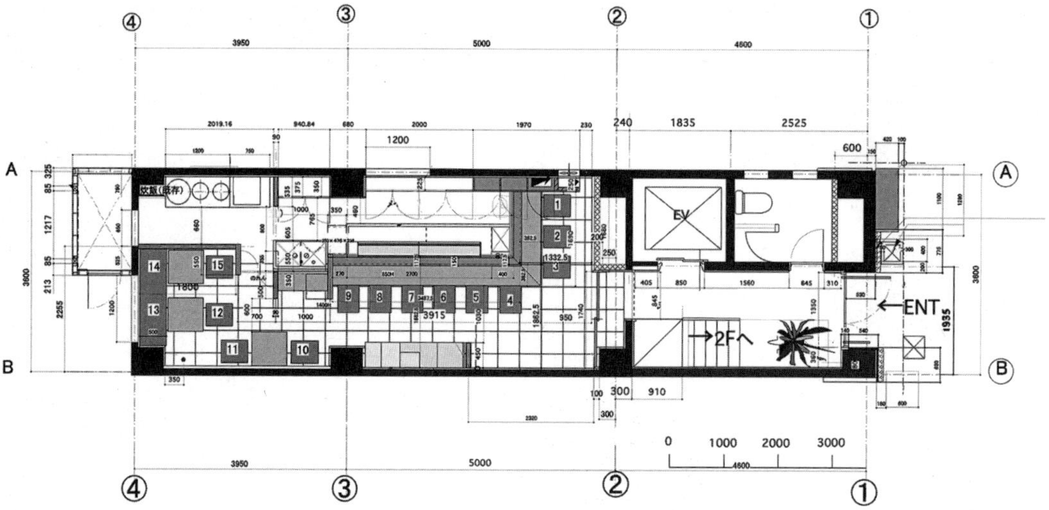

▲ 层平面图（单位：mm）

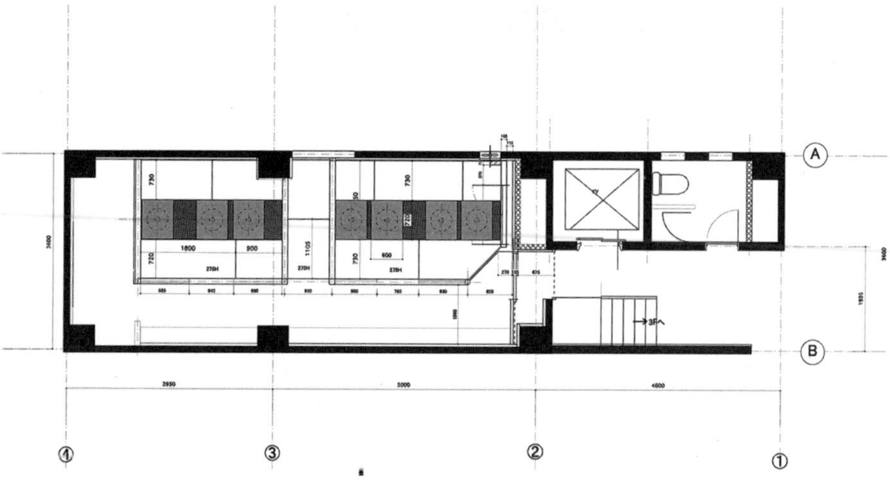

▲二层平面图（单位：mm）

各区域的功能

引路部分的设计要让客人充满想象，如“这家寿司店应该很好吃吧”，以及抱有“用来握制寿司的海鲜贝类应该很新鲜吧”的期待。

客人走过引路部分，随着耳边响起的“欢迎光临”声，眼前看到的就是寿司匠人握制寿司的姿态。

店员在前台区域热情迎接客人，并带领客人去往他们喜欢的座席。客人是希望选择单人吧台位，享受现点即食的乐趣，还是希望选择普通座席或者包间，都会在前台向店员提出。

吧台座是店铺的重点，因此这部分的设计非常重要，可以看出经营者对这家店的想法。

普通座位比吧台座位更让人轻松，适合客人一边聊天，一边点餐。所以选择普通座位的客人大多会选择菜单上的常规菜式。

配餐台是把厨房做好的料理传送到餐桌上的中转站，也是临时摆放收回餐具的地方。所以，配餐台所在位置最好可以环顾全店，也需要店员能时常守候于此。要求配餐台、前台以及收银台就近分布，有利于提高工作效率。

后厨与吧台厨房相连，最好配餐台就在它们的中间位置。炖卤、烧烤、蒸煮、洗涤都在后厨进行。

洗手间最好能配置在入口附近，方便客人找寻。而该店铺所在大楼配有洗手间，在店铺入口附近。

平面设计上的注意要点

在设计本店时要注意一点，因为所在位置为商住两用大楼中的一楼和二楼，所以施工上要遵守大楼规定。

从大楼入口要经过一段引路才到达餐厅入口，这也是引路区域该发挥作用的时候。店门也一定不会选用自动门，希望客人可以通过自己的手打开店门。

客人一打开店门，马上就可以看到吧台，看到匠人握制寿司的姿态，耳边同时传来“欢迎光临”的招呼声。

前台位于入口附近，店员在询问客人对座位的需求后，会给出建议并带领入座。

为了能让客人看到匠人们手握寿司的姿态，吧台的高度，以及匠人的站立高度都要经过精密计算。尽量只露出匠人的上半身。如果所在大楼对厨房有防水要求，那就必须抬高吧台位的高度。这也是设计寿司店最为关键的地方。

配餐台位于后厨与吧台厨房中间的位置，接受来自吧台与厨房传出的菜肴。如果餐厅有二楼，就要安排机动店员，不过本店没有这样的配备。

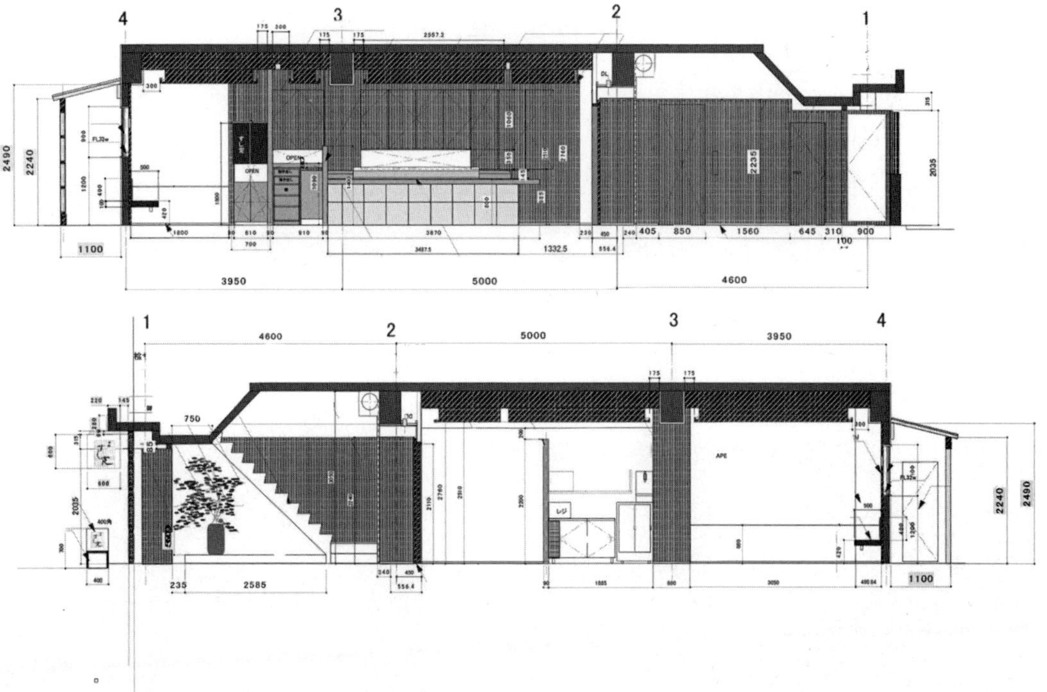

▲剖面图（单位：mm）

照明规划

照明要求和所有餐饮店一样，只不过寿司店的灯光更主要的是要强调出寿司的美味，没有必要让整家店或者通道等地方都特别亮堂。如果在吧台上方以及餐桌上方加入灯光，可以回射到周围空间，给到适当的光亮度。

如果整个空间都亮堂堂，就会失去每一个小空间的私密感。只在餐桌上方给出灯光，周围就相对变得昏暗，私密空间也就自然形成。其余的只要能满足营业需求的亮度即可。

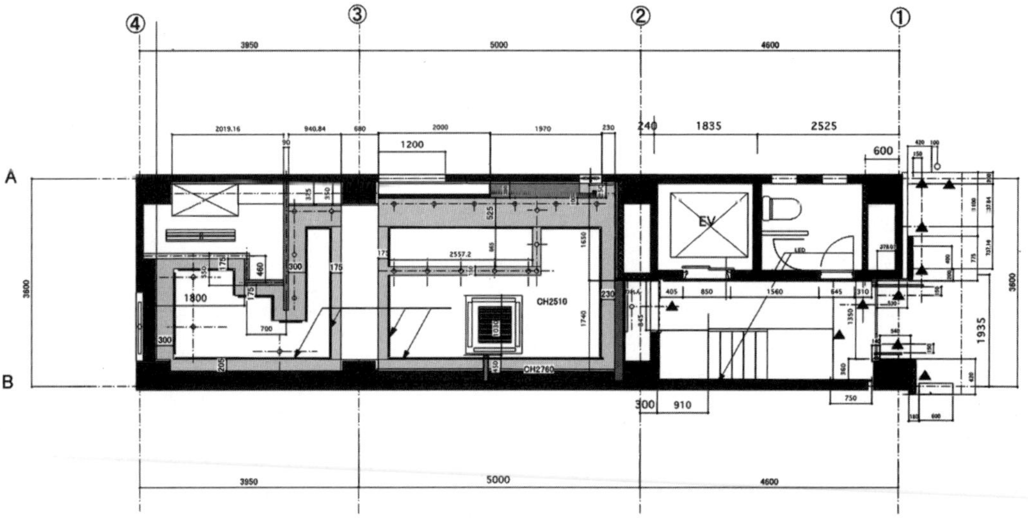

设备标识

天花板射灯	最大亮度	22 盏
间接照明	灯泡（带）	35.8m
室外射灯	远藤照明射灯	10 盏
40W 双管日光灯	—	1 盏
32W “Flc-1” 灯	—	1 盏

▲灯光配置图（单位：mm）

美发、美容类店铺规划设计

美发店设计要点

关于这一类型的服务行业，我们在第 2 章中已做介绍，接着要说明的是在日本做规划、设计时必须遵守的基本法规（《建筑基准法》《消防法》除外）。

①提供技术服务的行业

美发、美容店必须遵守与美发、美容行业相关的规章制度，值得注意的是，日本都道府县都有各自的条例。此外，洗衣店、照相馆也有相关行业的条例制度。

②提供店铺服务的行业

旅馆要遵守《旅馆业法》以及旅馆业相关施行法律；酒店等要遵守国际观光酒店整顿法；浴场、桑拿设施等要遵守《公众浴场法》；电影院、剧场及音乐体育设施等要遵守日本对新兴行业的一些法律规定。此外，《风俗营业法》所针对的设施有自动售货机行业、弹珠店、麻将店、歌舞厅、夜总会等行业。后来，《风俗营业法》经过修改，夜总会、歌舞厅等行业不再属于其管辖范围。

这一业态中的很多行业都比较容易违规，所以在遵照《建筑基准法》做规划时，最重要的是要做好仔细的事前调查和准备。

现在，就介绍一下在规划技术类行业时，必须遵守的法律案例。

◎美发店要遵守的相关条例

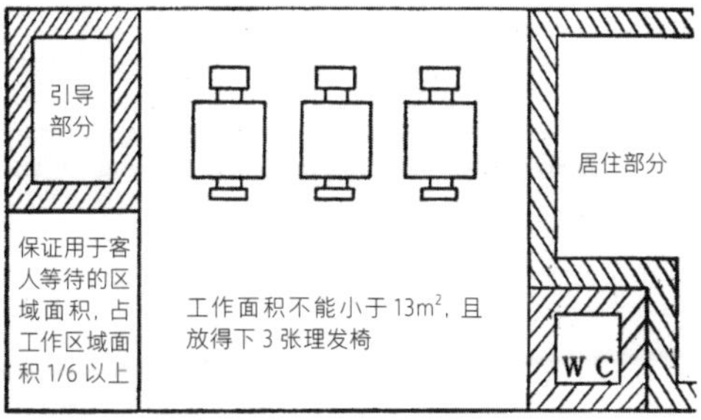

▲美发店最低确保面积

美发相关法律的最低标准（日本）

使用面积	至少 13m²	超过 13m²，每超过 4.9m²
理发椅	3 张	增加 1 张

注：因地区不同而异，也有每超过 3 平方米增加 1 张的情况

美发相关法律的最低标准（日本）

理发椅（张）	作业面积（m²）	客人等待面积（m²）
3	13	2.176
4	17.9	2.983
5	22.8	3.8
6	27.7	4.617
7	32.6	5.433
8	37.5	6.25
9	42.4	7.067
10	47.3	7.883

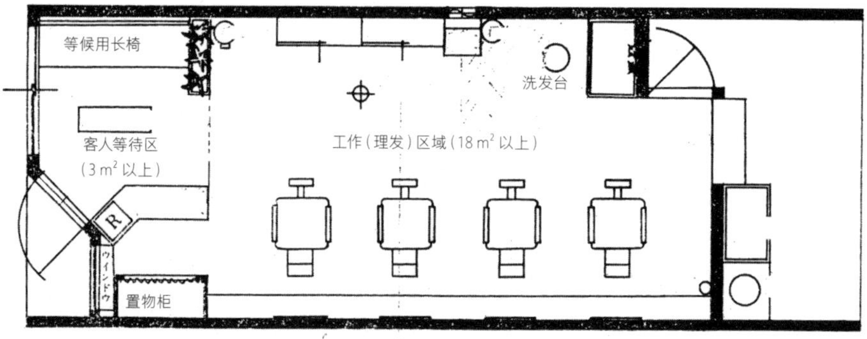

▲平均规划案例（放置 4 张理发椅的情况）

美发店所需器具、备品

①理发椅
②镜子（60 厘米 ×90 厘米以上）
③理发器具及化妆品陈列柜
④抹布集中处
⑤毛巾蒸箱
⑥洗发台（自动出水）
⑦热水器
⑧器具消毒收纳架、未用毛巾收纳架
⑨道具挂钩（用于吹风机、卷发棒等）
⑩头发倒入（带盖）
⑪垃圾倒入（带盖）
⑫痰盂（带盖）
⑬备用水槽
⑭洗衣机（用于毛巾、抹布等）
⑮冷暖空气
⑯换气扇
⑰客人等待用座椅
⑱收银台
⑲置物柜
⑳报刊架
㉑化妆品展示柜（连锁店会展示并出售厂商指定商品）
㉒红白蓝三色柱（全日本通用）

◎规划美发店设备时的注意要点

· 因为洗头发的频率很高，所以排水要保持通畅，还要防止臭味逆流

· 店内换气设备保持良好，以免造成客人不适

· 理发椅内配置内置式电线，保证正确位置，地板内排线

◎关于美发业的行业动向

一般而言，很多美发店都是个人经营的，并以此为生计，因此小规模店铺居多。不过，企业经营的连锁店铺也在不断发展。

地域密集型店铺：各地小镇或住宅街道中，一些以居住地作为营业场所的小本经营模式。店主具备传统理发技术，并根据当地行业所规定的金额进行收费。

薄利多次型店铺：车站以及商业街经常会看见这种剪发专门店（只剪发，不提供洗发等服务）。费用便宜，以快速追求客人数量为首要目标的连锁店铺。另外，还凭借“银发族优惠价”的噱头，吸引更多客人光顾。

高级美发沙龙：锁定富裕阶层为对象顾客，以酒店内以及青山、原宿、六本木等区域的社会高阶人士为目标的高级美发沙龙，是消费金额较高的经营模式。

◎美发店基本规划中的注意要点

在设计美发店的时候，不同营业形态及规模所要求的各个室内面积也会存在差异。不过，相同点是都必须遵守美发行业的相关条例。我们列举了一些主要事项，并根据各个项目进行分区布局。

工作区域的面积 = 一张理发椅面积 × 张数，以此推算出工作区域的面积（参考第 161 页的图表）。

客人等待区面积，必须占工作区域面积的 1/6 以上。

除了工作区域，还要考虑员工休息室、收银台以及其他备品的配置，并进行合理布局。

基本上紧挨着入口的就是客人等待区。特别是比较高级的美发店，收银台旁边还会要求安置衣帽间。

与洗发息息相关的给排水问题，特别是排水设备要保持良好状态，防止臭味返逆。

理发椅必须要同时配接电线，所以确认理发椅的位置不容忽视。

店内设计力求符合大众审美，明亮、轻快即可。若是高级美发沙龙，就要设计出隆重感，比如，采用大理石或原木，可以表现出所需要的感觉。

美容店设计要点

与美发店相同，以自营的小规模店铺居多。不过，最近企业经营的连锁店也日渐增加，店铺规模也逐渐转变为大型店铺。

◎关于美容业的行业动向

地域密集型店铺：这类店铺最注重与客人的交流，很多都是代代相传的家族行业，无论是地方或是城市，各地都有很多这样的店铺。

企业经营型店铺：近年来，全国连锁的店铺不断在发展，经营理念就是以效率优先，尽量缩短客人的停留时间，快速追求客人数量。

设计沙龙：比拼的是过硬的技术与设计师的个人魅力。注重顾客需求，以高阶人群及艺人为目标客人。

SPA（综合美容中心）：店内提供轻松的服务，包括美发、美容、美甲、桑拿等综合性项目，店铺空间、规模大，设备投资也大，出现在以东京为主的日本一线城市中。

◎**美容店基本规划中的注意要点**

规划这一行业时，大致与美发店相同。同时也有与美容业相关的实行细则与类似法规，但实际的实施工程会越来越复杂。以下列举主要几项：

· 基础工作区域由梳妆台、洗发台、烘干设备等构成。

· 遵照美容相关法规，店内客人等候区面积必须占作业区面积的 1/6 以上。

· 除此之外，高级美容店还必须配备其他特殊区域，如美容咨询室，美甲区、染发区，更衣室等。

· 员工休息室、机械室作为间接营业区域。根据每个区域的操作顺序进行布局，必须以不妨碍客人的行动路线以及店员提供服务为大前提（参考第 165 页图表）

◎**规划美容院各区域时的注意要点**

引导区：客人基本都是女性，所以环境要明亮、干净，其次可以用鲜花、窗帘等细节营造出高贵、奢华的氛围。

各附属部门：主要就是等候区、化妆间、卫生间等，按照条例规定，等候区面积不小于工作区域面积的 1/6。另外，客人在这里逗留的时间较长，所以建议同时配备杂志、TV 影像、音响设备。

收银台一定是必不可少的，如果可以的话，同时陈列出化妆品、香薰，或是把客人资料手册等收纳在一起，配置于此，如此一来，实际应用会更为便捷。

最好能配备一个美容咨询处，加深店员与客人的交流，以便提供更好的服务。

工作区域：工作内容以美容为主，必须符合以下规定：

· 使用面积不得小于 13 平方米。

· 同时配备 6 张美容椅。面积大于 13 平方米时，每超过 3 平方米必须增加 1 张美容椅。

上述规定为最低面积的标准，实际预算面积时，最好可以适当放宽尺度。

相关条例中没有规定一定要有专门的消毒室，不过大多数美容院都会配备消毒设备，且所需面积不低于 1.3 平方米。淋浴房和染发区域一般设置在相邻的位置。

染发区域的使用面积至少保证有3.7平方米。除了美容椅，还得有洗发台和放置医药用品的柜子等。

更衣室所需面积不小于7.4平方米，通常为4.5贴榻榻米的和屋大小，再来就是专门存放假发的柜子。

间接营业区域：这部分区域包括员工休息室和热水房。

员工休息室的使用面积不小于 4.9 平方米，不过大部分都是利用居住面积。设备方面，置物柜是必不可少的。

热水房内有暖水设备，使用面积不得小于 1.5 平方米。特别是热水器比较大的情况，必须配备热水房，同时必须做好防火工作。

◎规划美容店设备时的注意要点

主要内容基本与美发店相同，不同处如下：

· 洗发区域的地板易脏且耗损大，要采用具有防水性能的建筑材料。

· 在规划冷暖空调时，希望可以把吹风机等器具发热量大、发热频率高这一点考虑在内。

· 由于会使用到比较多的电器，所以请按照每平方米 150 千瓦的用电量进行预估。例如，1 部电吹风的工作电流为 10 安培。

· 条例规定电吹风等设备的插头回路，必须遵守一个回路最多不超过两个插座的规定。

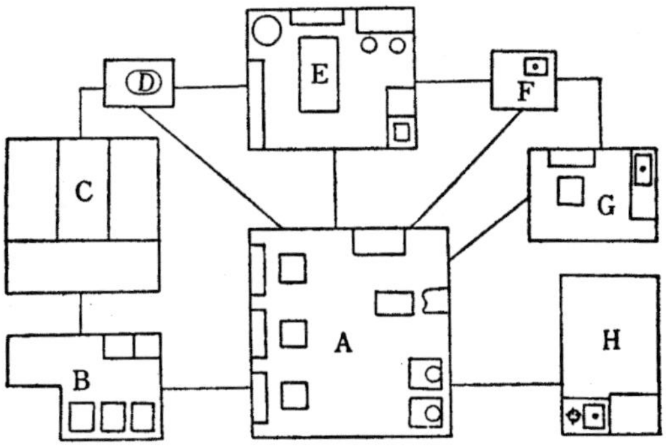

记号	各区域名称	最小面积
A	现行条例规定的最小工作面积	$13m^2$
B	入口及客人等候区	$4.8m^2$
C	更衣室	$7.4m^2$
D	洗手间	$1.2m^2$
E	美容咨询室	$8m^2$
F	消毒区	$1.3m^2$
G	染发区	$3.7m^2$
H	员工休息室	$4.9m^2$

▲（标准至大型、高级）美容院各区域的最小面积

1 护肤沙龙

店铺类型：出租型护肤沙龙
所在地区：东京港区
规划面积：120m²

传达“美丽，只因健康”的市中心护肤沙龙

本案例中的这家店铺，乍一看是所美容院，其实是集美容、美发、养护头皮、手指美容、健康护理于一体的护肤沙龙。所处东京中心位置的热闹街区，我们计划利用其地理优势，打造一所提供高品质服务的护养沙龙。我们将“美丽，只因健康”的创店理念落实在每一处细小的设计中，营造犹如森林秘境中安心、宁谧的空间氛围。

本沙龙主要提供的是系列服务，躺在美容椅上就能享受从头皮、头发到脸部的一整套养护服务。一整个楼面只有 6 个区域，所以空间上绰绰有余，可以为客人提供细致入微的一对一服务。其次，每个区域都被圆弧形木质低矮屏风缓缓围绕，同时兼顾到客人的私密性与空间的开放性。建筑的层高原本就低，我们有效利用这点，将整个布局打开，拉伸水平视觉范围（参考以下照片更能帮助理解）。

▲店铺内观图 / 整个平面呈现圆形区域的整体布局。圆弧形低矮屏风配合楼层高度，同时保证了客人的私密性与空间的连贯性。每个圆形区域内，都设有电源、收纳空间及柜位，功能齐全，应有尽有

内部装潢与布局：恰当的距离感

从店铺平面设计图来看，除了美容区域，还有前台、沙发等候区、化妆体验区（带洗手台）。而后台区域包括员工更衣室、休息室、茶水间、洗衣房等。各美容区域用圆弧隔断分隔，各自都有美容、美发设备，一应俱全。整个层面呈开放式布局，人数不多的店员就能顾及全部客人，在最短时间内进行服务。天花板高度控制在 90 ~ 132 厘米之间，圆弧隔断的悬空设计，给人明快整洁的第一印象，同时也便于清扫。

特别值得一提的是，圆弧区域之间都预留了恰当的空间距离。我们可以从店内平面图上看到，圆弧形区域之间隔开了一定的距离，店员与客人的交流不会相互干扰。换言之，整个层面既保留了开放式的设计概念，也不必介意交谈会打扰到别人。每个区域呈圆弧形而不是方形，那是为了尽可能地利用到最大空间。一般在规划美发、美容沙龙时，最容易失手在没有有效利用空间，以及忽略大楼设施的规章制度上，而像本案例中这样连声音这么微小的细节都没有遗漏，是值得大家学习与参考的。

▶ **低矮圆弧隔断** / 悬空设计，控制高度。不仅保障了私密性与空间的开放性，并且还配备了人性化设备装置，以提供无微不至的服务

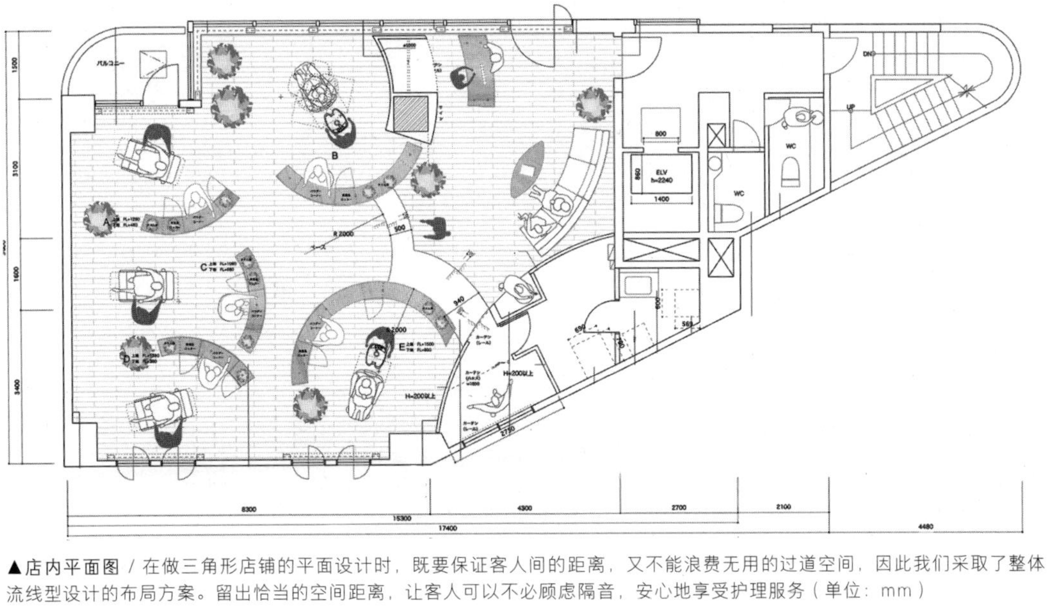

▲**店内平面图** / 在做三角形店铺的平面设计时，既要保证客人间的距离，又不能浪费无用的过道空间，因此我们采取了整体流线型设计的布局方案。留出恰当的空间距离，让客人可以不必顾虑隔音，安心地享受护理服务（单位：mm）

漫步森林的圆弧隔断呈现分散性布局的乐趣：创造干净整洁的店内环境

厚实的圆弧状隔断，采用的是实木材质，外观看起来就像一个抽象而独特的空间环境。客人被带入高低各不相同的圆弧形隔间内，就像穿梭在森林中，是一场愉快而惬意的体验。大小、高低各不相同的圆弧隔间，可以让每次来店的客人都充满新奇与期待，也是增加回头客的方法之一。

另外，隔断中还藏着各种细节，客人的置物柜、各种美容相关仪器、独立灯源的调节器、电源插头、柜格等都组合设计于一体。表面看上去是冷色系白色木面，但摸上去的手感却是温热的。

◀ 圆弧隔断的空间表现和体验 / 保持恰当距离感的布局设计，吸引客人每次都有不一样的体验

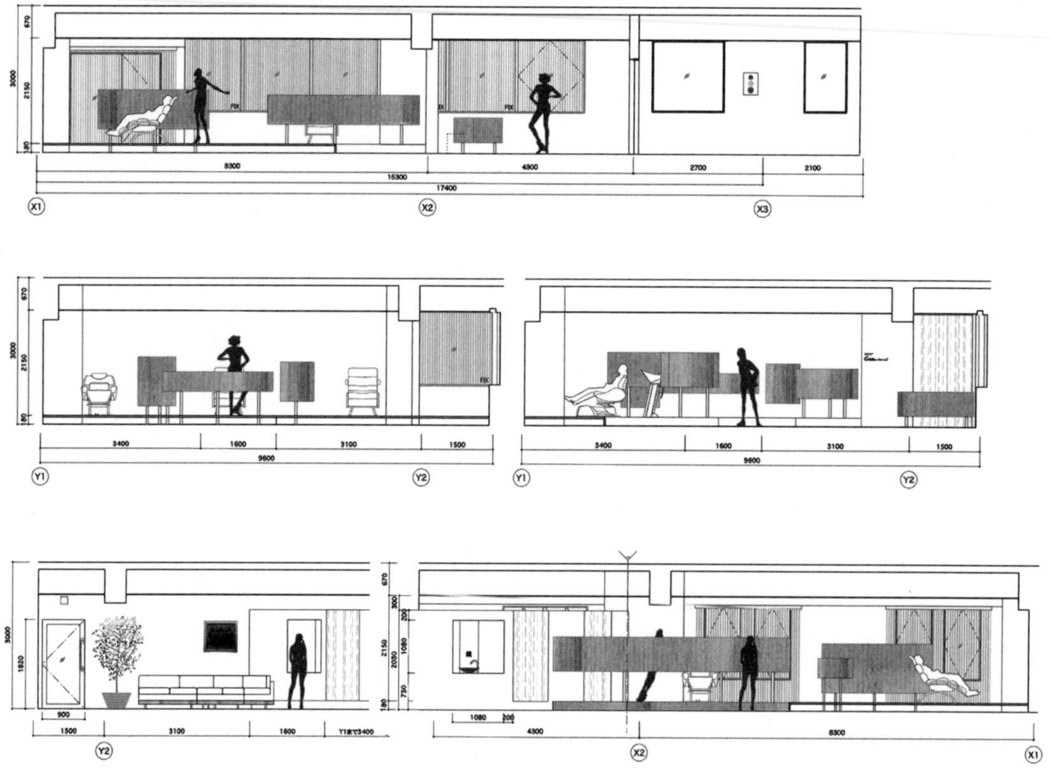

▲各墙面剖面图 / 几乎所有的圆弧长度、高度都不一样。保持水平方向空间的连续不断，但又看不到隔断对面的情形，给客人宛如漫步森林中的奇妙感受。用材选择实木饰面板，给人健康、清洁的触感（单位：mm）

箱体及门板采用25毫米的合成板加工制造出弧度，并组装拼搭而成。此外，为了不破坏木纹的美观，没有安装门把手，而是在门板下端雕出沟槽，方便开门。吹风机以及附近的灯光照明，实际操作非常顺手，只不过平面图无法表示，可以通过以下详细断面图进行讨论研究。只要记住一点，平面注重“配置与使用方法”，而断面则讲究“操作顺手与触感”。

▶ 箱体细节 / 可以把各种仪器和备品都放置于此的简洁样式。另外，操作是否顺手可以通过断面图进行仔细探讨

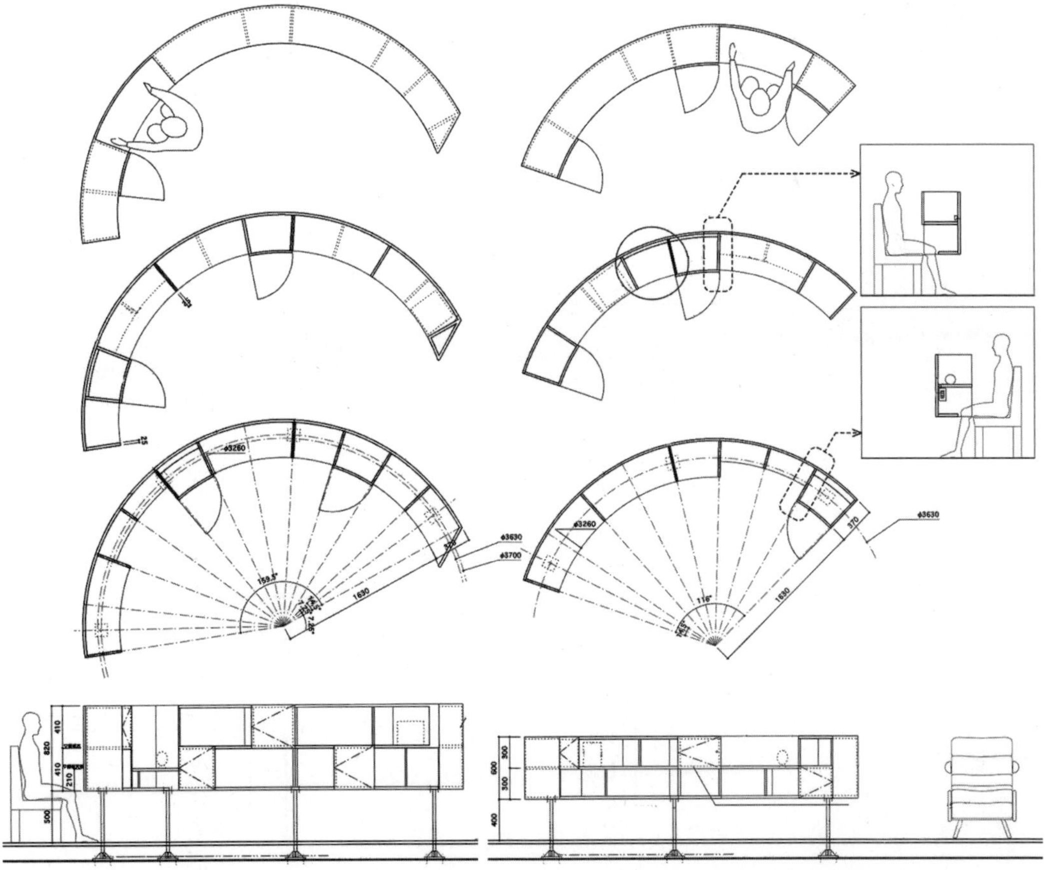

▲圆弧隔断详图 / 每个单元都保有独立功能，并且圆弧长度也各不相同。不过值得注意的是加工时要保持相同的圆弧半径。在商量器具和家具的具体细节时，应该事先确认触感及操作是否顺手。可以在详图中加入模拟人像，更为形象化（单位：mm）

插头、开关巧妙收纳法

在设计美容沙龙时，要把插座埋在哪个位置、分别连接哪些电器等问题在设计之初就预先决定。下图为埋设在弧形隔断中的照明、插座位置的详图。我们在桌面板的一角预留了一个直径为38.5毫米的圆孔，方便照明电线通过。除了白炽灯和小灯泡，其他LED照明等都可以连接使用。调节器装在隔断板内侧，另一面就是吹风机插头，由于使用频率较高，使用方便变得非常重要。

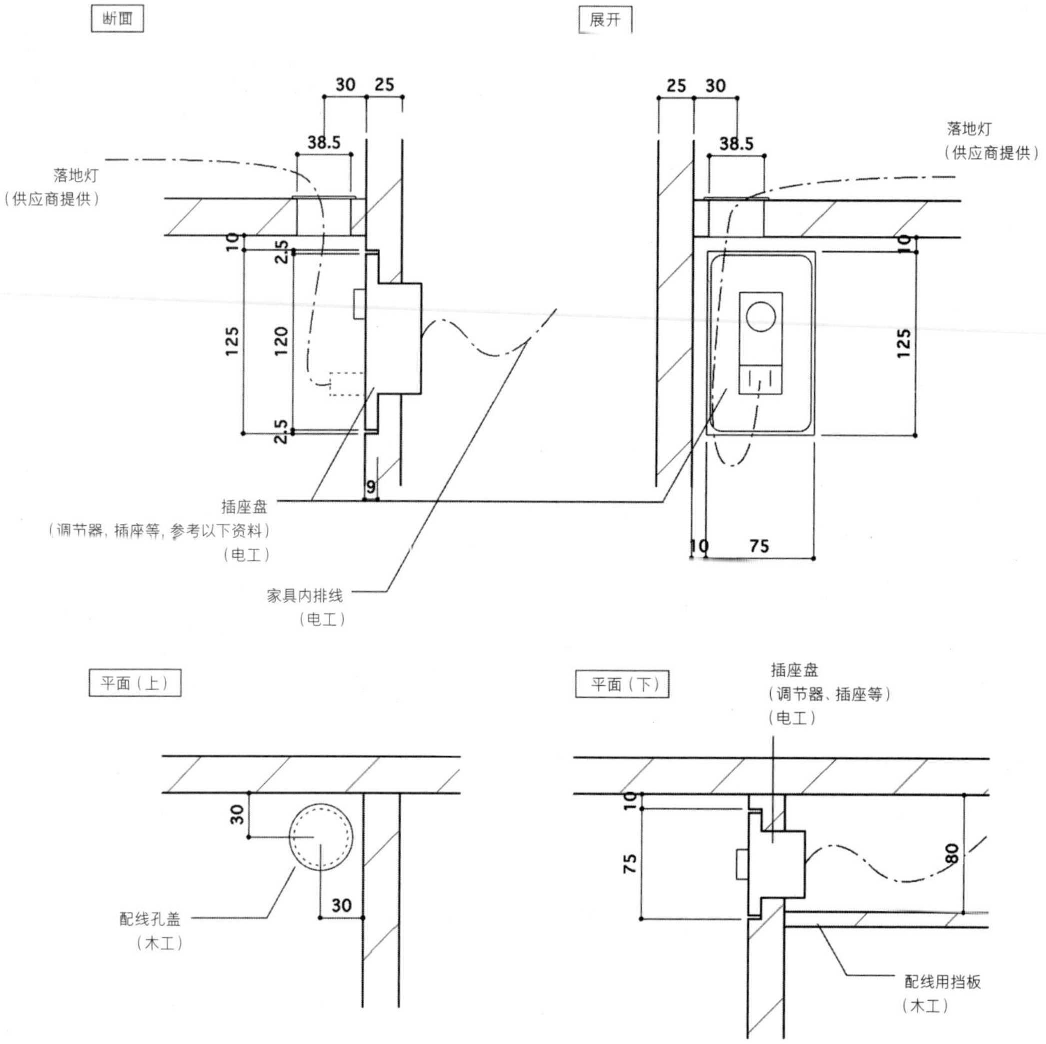

▲设备收纳的考量／不仅是店铺或沙龙，对于照明与插座位置以及装置方法，连接哪种电器、使用方法，都要事先讨论，并采取最为适当的收纳方法（单位：mm）

创造美观的固定柜脚

这里要介绍的圆弧柜位，没有四个柜脚，它的设计意图是追求一种“悬浮感”，因此选用三根细细的圆钢管来支撑。尽管自重比较轻，但考虑到客人可能会碰到，或者收纳液体美容品等必备的稳固性，因此采取下图所示的“伸缩杆”式的设计方案。说到这种伸缩杆，原来是钓鱼竿的专门用语，分成相互套叠的外管和内管。因此圆弧柜位的柜脚也分成两个部分来制作，内管连接桌面，在家具工场完成；外管则类似地脚螺栓的工程，最后在现场组装完成。除此之外，还有一个特别的地方，就是我们还要预先在管内排布电线。

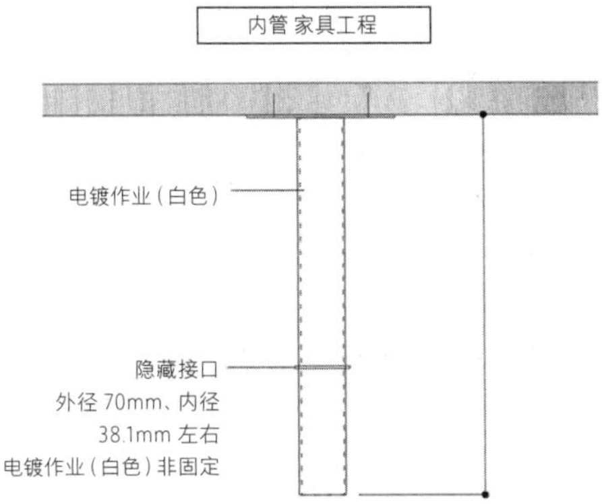

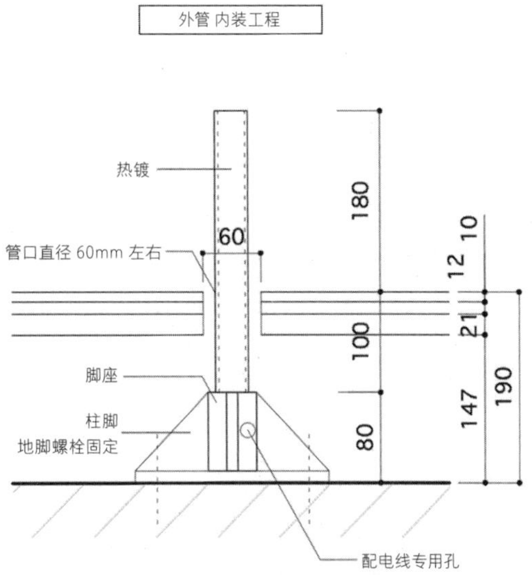

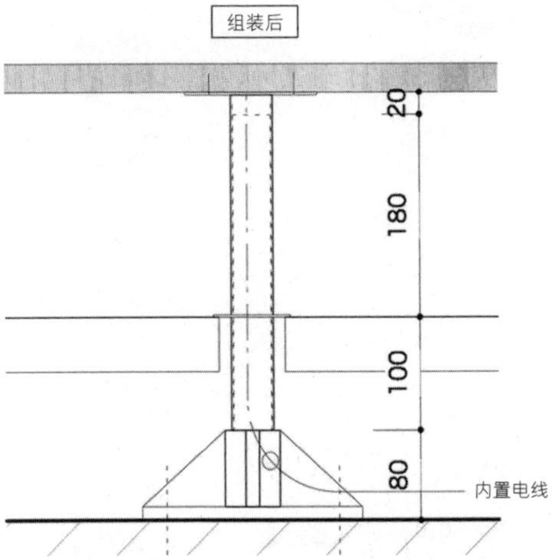

▲中空“伸缩管”式的桌角详图 / 用直径 38.1 毫米与 34 毫米的圆钢管套装组装而成的桌脚，固定在建筑原有的水泥地内，所以非常坚固。此外，将电线配置在管内以便之后使用。铺上地板后，只露出悬浮的圆形钢管（单位：mm）

2 桑拿、日间水疗中心（市内温浴设施）

店铺类型：出租型店铺
所在地区：车站前大厦 3 ~ 5 楼
规划面积：—

了解经营管理与市场环境

长久以来，我们并不知道健康产业是否会保持其流行趋势，不过越来越多以健康为导向的风潮不断出现。无论男女老少，只要还有人愿意在现代社会中寻求一点闲暇或疗愈，类似桑拿日间水疗这样的温浴产业就会持续下去。

SPA 原来的定义

“以维持、恢复及增进健康与美为目的，用温浴、水疗的形式，提供放松的环境及各种疗愈方法的综合性设施。”这就是日本 SPA 振兴协会给出的定义。很多人一听到 SPA，就会想到海外或度假酒店。这虽然也没错，但日本自古以来就有温泉文化，也可以说是日本的传统文化之一。在住宿的同时进行温泉治疗，可以说是度假式 SPA 的雏形。无论何种产业都是如此，在对 SPA 的基本要求中，除了价位，更重视的是环境氛围和能够提供的服务。于是，可以把 SPA 大致分为两类：度假式与日间式。

· 度假式 SPA →长期（需住宿）→情侣、夫妻→高价位

· 日间式 SPA →一日（当天）→个人→低价位、实惠

市场表明，太过实惠的价格反而无法长期吸引大众。此外，还是要以性价比 = 环境氛围 = 满足感为指向，以会员制为形式。本案设施虽然还没有达到如此高的要求，但也接近于这一目标。

考察现场及设施条件

“最重要的是以最有效的形式，展现出自己的设计风格，深知这一点之后我们决定要设计出与一般桑拿设施截然不同的样子来”，就

这样，我们在很短的时间内就明确了设计概念，并提出设计方案。

在如此忙碌的现代生活中，如何有效利用时间？所以站前大楼绝对是一个非常有利的位置，并且“女性专用桑拿”也是一个卖点（目前而言，全国范围内，设立在车站楼内的女性专用桑拿设施还非常少）。

该设施内的三至四楼为男性专用桑拿，五楼为女性专用。共用厨房设在三楼，由专门服务员送餐至五楼。女性浴室的所有设备（锅炉、过滤系统、循环系统等）与男用设施共同设立在四楼的机械房内。

言归正传，我们回到设计上来。设计SPA的基本要素就是“开放感”。可这也很矛盾，过分重视开放，客人的心情无法沉静下来。所以，重视私密感同样不容忽视，重要的是营造出放松的环境（市内日间水疗中心大多是独自一人前来的客人）。此外，设施的整体感觉也要相互统一。比如，从一进大门开始就要贯彻始终，简洁的设计容易让人觉得风格上是统一的。身处自然比什么都重要，尽量采用天然素材（木料、石材和水）。选色同样也是以天然色为佳，奇奇怪怪的颜色、形状或是黑色等不予考虑。

设计桑拿 SPA 从规划开始

如果不清楚零售店、饮食店、服务业店铺的设计要素，那是没有办法设计水疗或温泉设施的。不过，只要具备满足五感（视觉感、听觉感、触觉感、嗅觉感、味觉感）外加治愈感这些最基本的设计元素，至少会是一个非常愉悦的创作过程（当然，所有店铺及设施的设计都要满足这五感）。

▲餐厅效果图

▲大门效果图 / 设计初期本打算在这里安排传统式前台，不过最后本着“无微不至”的服务精神，变成管家式一对一坐台

色彩作为设计的基础，我们采用欧洲宫廷风格设计中经典的白底黄色，再加入红色大理石作为点缀，制造令人安心的环境氛围。餐厅等区域，切忌桌椅排排坐，那就会变成学校食堂。每个区域都要用心设计，如咖啡厅与酒吧区域，要当作一个独立店铺来设计，并且营造出不同的气氛。这样，才能创造出各种空间风格，各有乐趣，不会让客人生厌。

布局规划与各区域的设计重点

虽说布局要从客人的行动和视觉路线以及店员的行动路线这两方面均衡考虑，可是出于服务业的立场，整体布局怎么都得以客人方面的动线为主，而不是首先考虑店员。

首先，大致分为以下三个区域：

· 浴室区域

· 休息区域

· 餐饮区域

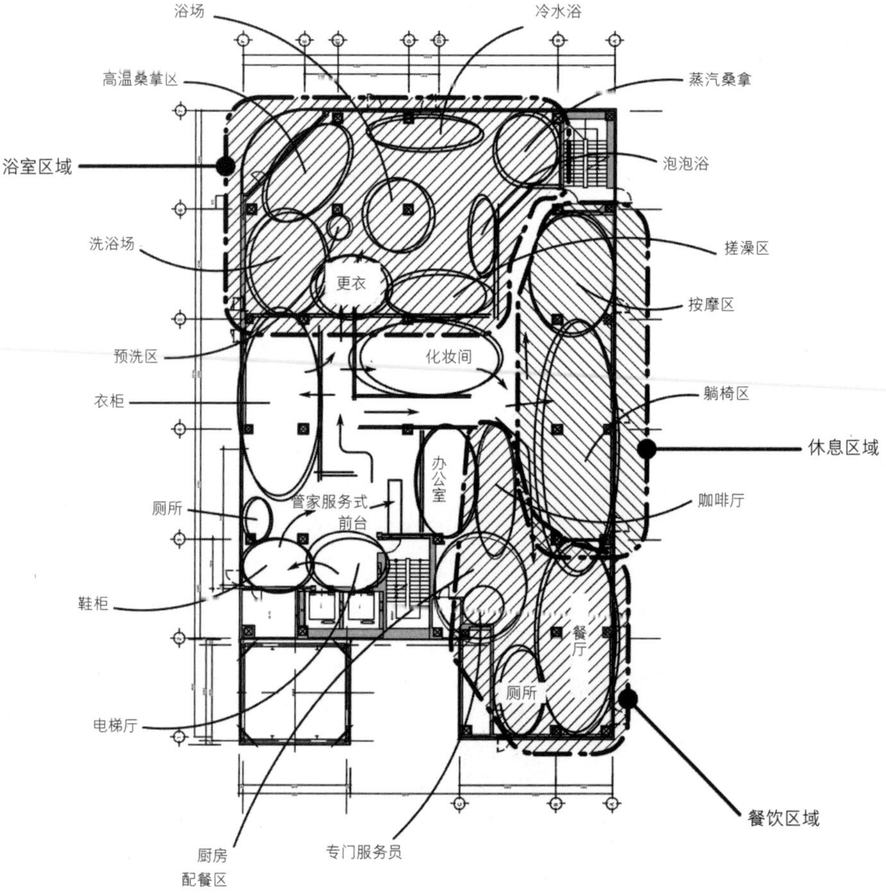

▲平面布局 / 在这层楼（五楼）坐下行电梯 ，上一台阶脱鞋→把鞋放入鞋柜→在前台取衣柜钥匙以及领用专用毛巾→准备去更衣室换衣服→在出浴室更换专用服装→去浴室（泡澡、洗澡、洗头、蒸桑拿、水浴等）→出浴室更衣→化妆间（化妆、整理头发）→躺椅区休息→或者按摩→或者喝咖啡、饮茶→或者用餐→更衣室换衣服→离开前再一次去化妆间梳妆→前台结账→回家

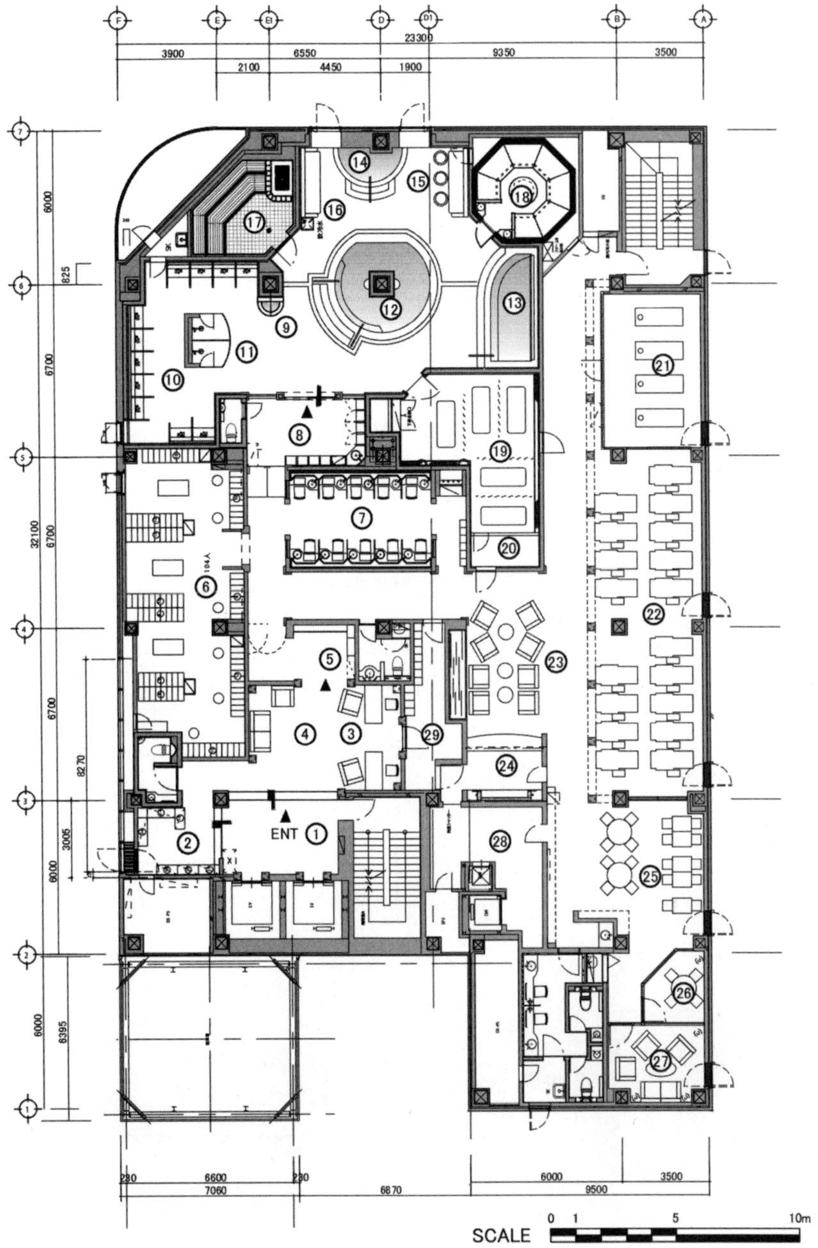

▲平面图（单位：mm）

① 电梯厅
② 鞋柜
③ 管家服务式前台（接待、结账）
④ 门厅
⑤ 保险柜
⑥ 更衣室
⑦ 化妆间
⑧ 更衣，出浴区
⑨ 预洗区
⑩ 洗漱区
⑪ 淋浴
⑫ 浴场
⑬ 泡泡浴
⑭ 冷水浴
⑮ 温热椅 + 足浴
⑯ 温热长椅
⑰ 高温桑拿区
⑱ 蒸浴桑拿
⑲ 搓澡区
⑳ 员工工作区
㉑ 按摩区
㉒ 躺椅区
㉓ 咖啡厅
㉔ 吧台
㉕ 餐厅
㉖ 包房 A
㉗ 包房 B
㉘ 厨房、配餐区
㉙ 办公室

设计重点与主要部门的规划要点

①更衣室置物柜

置物柜为 90 厘米（宽）×55 厘米（深）×190 厘米（高），一组 4 个。置物柜之间如果要放置长凳，预估长度为 200 厘米，没有长凳的情况下为 150 厘米。更衣室内的装修材料要比其他区域更为讲究，地板需要做杀菌处理，墙壁采用具有防潮除臭效果好的陶瓷墙砖（环保材质等）。

②化妆室

保护隐私是这里的第一需求，所以我们采用木隔断，以及柔和的间接照明和小型台灯。除此之外，还配备了座椅和洗手台，确保 110 厘米宽的个人空间。

③洗漱区

洗澡、洗头的行为同样需要注重隐私，所以我们采用了大理石隔断，并确保 90 厘米宽的个人空间。为了方便使用，我们把淋浴花洒设定在右侧，而不是正面的镜子旁侧。

④浴室装修材料的注意点

地板材料选择防滑地砖或花岗岩地砖为佳，因为大理石抗酸性较差，经常使用清洁剂会造成损伤。

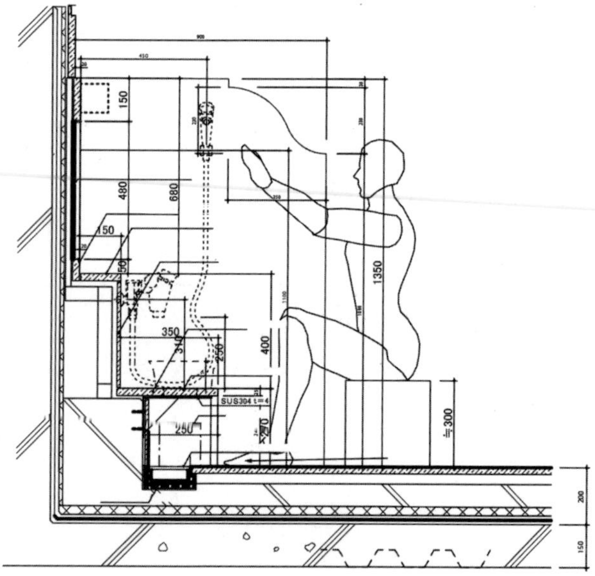

▲洗漱区（单位：mm）

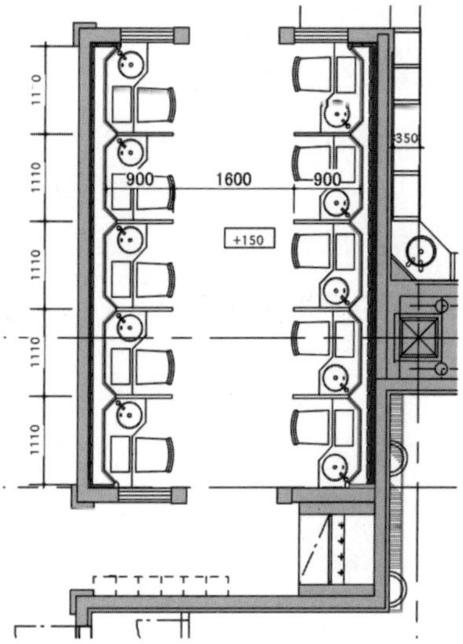

▲化妆间 / 两侧 45° 角折镜，多角度折射（单位：mm）

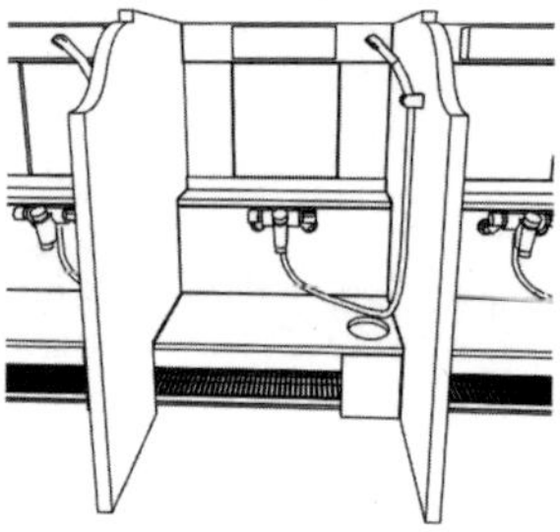

▲洗漱区效果图

设计上的法律规定

日本对温浴设施的相关法规主要包括以下几种：

·《公众浴场法》

·《公众浴场卫生管理条例》（结核菌防范对策）

·《水质污染防范条例》

·《食品卫生法》

·《按摩技师相关条例》

·《建筑基准法》（用途建筑、特殊建筑物）

·《消防法》（防火对象）

·其他：《温泉法》（提供温泉的场合）和《旅馆业法》（如在营业时间内发生留宿行为）等

东京防火条例：桑拿设施

①疏散通道畅通无阻，且设置防火安全区域

②电线具备耐热及耐干燥性能

③桑拿设施的出入口必须清晰明确

④对流型桑拿房的技术概要：

·确保有通往避难层的直通楼梯，且必须有两个安全出口

·桑拿房面积不得超过 30 平方米

·桑拿房耐火极限不得低于 1 小时

·关于桑拿房房门，防火设备的金属部分不得与可燃材料接触

·室内空气强制性保持流通，必须配备换气设备

·桑拿房面积超过 20 平方米、高度超过 31 米以及位于地下室或铁路高架下方，必须配备自动灭火装置及报警系统

为了有效预防结核菌传染，保健所规定“必须使用过滤器给水装置，且不得使用循环水”。经过滤器滤过的热水不得接触空气，直接接入浴池中。《公众浴场法》和《桑拿设置基准条例》规定“必须确保两个安全出口”，且步行距离不得超过 30 米（高于 15 楼以上的楼层不得超过 20 米）。此外，《桑拿设置基准条例》还规定自动灭火器喷水半径不得超过 1.7 米，必须谨记（普通设施要求自动灭火器喷水半径不得超过 2.3 米，务必不要搞错）。

3 前台、展厅

东京总部办公室

店铺类型：前台、展厅
所在地区：东京中央区
规划面积：1537.5m²

将管理、沟通与创新、愿景空间化

作为东京中央区制造企业办公室的一部分，我们打算把办公室前厅的部分，设计成“颜值”与功效兼具的复合型办公区域。并且确定了设计理念，即接受“清洁、美丽与超前”这一与品牌概念相同的宗旨，以婉约的手法为那些旨在实现丰富生活文化的企业，创造出具有象征性意义的空间。我们在以白色为基调的曲面布局中进行空间表现，诸如大厅、前台、展厅等区域，不只是一个以交流为主的空间，还可以在这里安排不同主题的会议室，让员工无缝享受功能性极强的办公环境。空间集交流与商务于一体，甚至衍生出创新，可以说是这里的一大设计特点。当有访客到来，应该注重礼仪并提供无微不至的服务。客人一进门映入眼帘的便是陈列了公司产品的展示区，一路走去，逐步来到前台区域，整个衔接一气呵成，毫不突兀。有人说，在知识与管理的领域，这样的衔接方式正好可以把公司内外气息完美融合，激发出新构想。可以说本案就是一个把企业创新与愿景空间化的好范例。

▶ 展示厅部分内景 / 考虑到公司产品的尺寸，并不需要很大的展示空间，重点是建立一个联络点，可以在这里交换各种不同意见

激发行为多样化的内装计划

在颇具规模的企业（总部）前台，会有很多相关企业的客户前来拜访。尽管设计办公室时没有明确规定范围及标准，但设计师的规划技巧和客户的决策能够从本质上决定出“你想创造什么”。可以把前台设计看作一个抽象的肥皂泡分隔结构。职员们可以在此交流，如果需要临时发言，也很容易转移到旁边的开放式会议空间。另外，由于工作楼层不同，平时不太见面的职员有机会在这里照面寒暄，交流工作意见。长远来看，有助于从知识层面的角度加强企业向心力。

▶ 前台空间 / 入口通道还具备一定的宣传效果，让前台成为一个多样化的空间

▲前台 / 展示厅、不同主题的会议室、开放式会议厅、配餐区、等候区等，都通过前台自然连接在一起。让充满弧线与曲面的前台区域，成为一个综合型中转站

展厅的高品质来自触感与质感

为了将设计理念表现得淋漓尽致，本案例中的所有家具、器皿全部都是原创设计。例如，展示区的桌子都使用无缝人造大理石，触感自然，体现清洁、美丽与健康。在这里会出现大量的日常生活用品，因此无须过度装饰，这对触觉或视觉的表现都比较有利。如果在长形桌面上加入观景植物的点缀，会起到美化环境的效果。而展示厅内侧聚氨酯涂层的墙面上用同色系原点组合排列的方式表现出了设计主张。

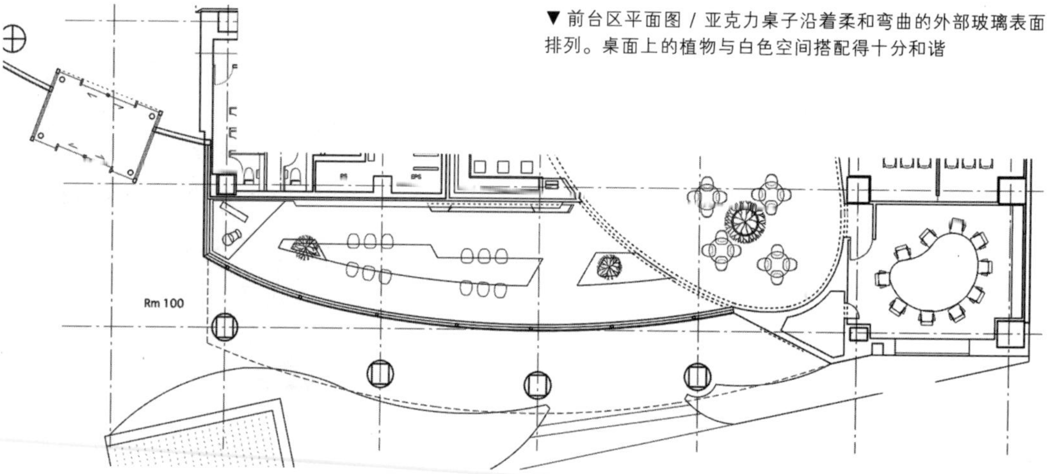

▼前台区平面图 / 亚克力桌子沿着柔和弯曲的外部玻璃表面排列。桌面上的植物与白色空间搭配得十分和谐

随观察位置和角度改变顾客印象的隔断

大型接待厅的中央是流线型隔断，在狭窄的走廊尽头，通向办公室。隔断的 3D 造型给顾客的外观印象会随着观察位置和角度的变化而发生改变。产生这种视觉效果是因为隔断的各个部分都是由拓扑曲面（立方体曲面）组成的。此外，隔断区域附近的墙体采用了传统抹灰方式，表现出更自然的平滑度和白色色泽。

▶隔断造型 / 整体无缝亚克力材质，给人简洁干净的印象。由于是一个任何方向都具有弯曲截面的复杂体，因此形状会随着角度和方向的改变而改变

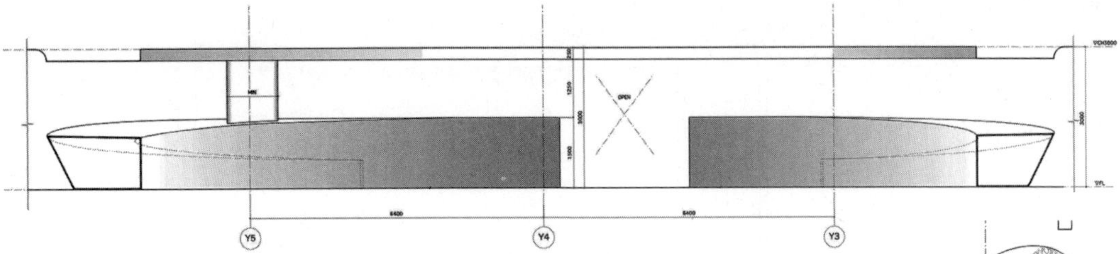

126 室
立面 1

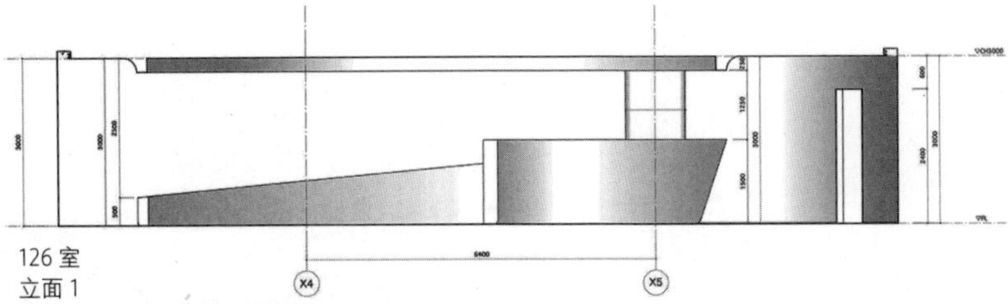

126 室
立面 1

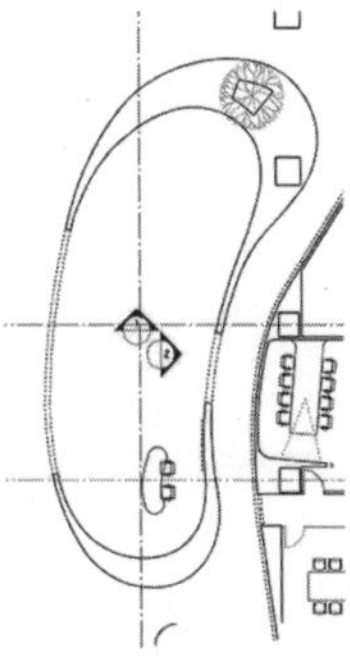

▲隔断剖面图 / 我们用投影图来讨论前台附近的高度功能性以及从客人的视线和从较高视角体验到的环绕感。另外，把一个立体感超强的物体放置于空旷空间，能起到增加空间深度的视觉效果（单位：mm）

刺激创造力的主题会议室

本规划案例中，一共涉及大小 16 个会议空间，各有各的主题，都是富有独特性的设计。比如，墙面展开图所示，我们把天花板的四角打磨成圆弧状，并不只是为了“拗造型”，而是为了缓和方形空间的紧张感。另外，白色墙面方便投影，能够更自由、便捷地运用媒体及资料，这些都是注重构思设想的特征之一。除此之外，用半透明隔断隔开的两个会议室，可以根据会议类型及议题，灵活选用，增加实用性。

▶墙面展开图 / 几乎每个隔断的长短高度与形状都不相同。既保持了水平方向空间的连接，又保留了私密性，对访客而言也是具有吸引力的

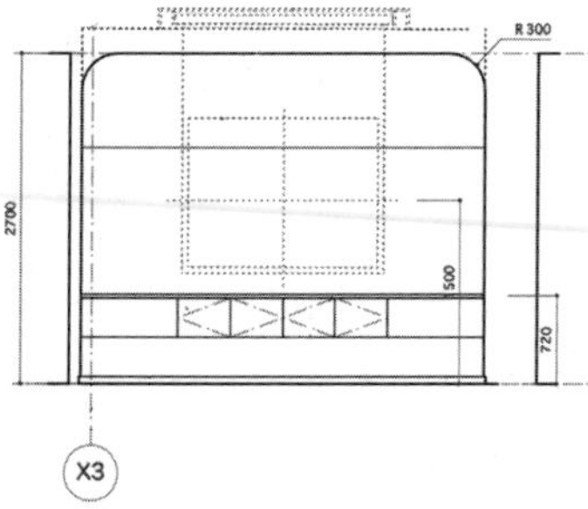

116 室
立面 1

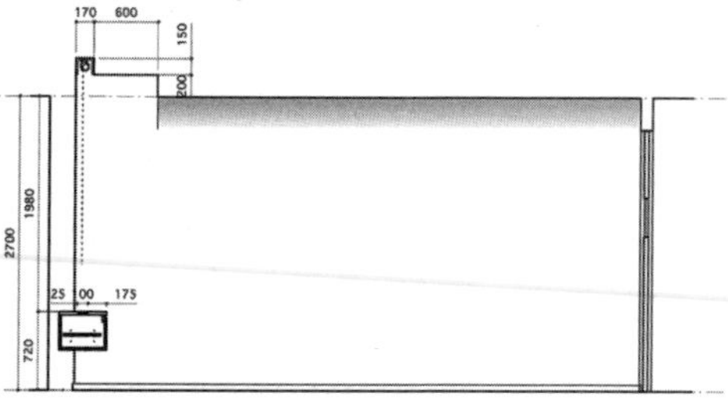

116 室
立面 2

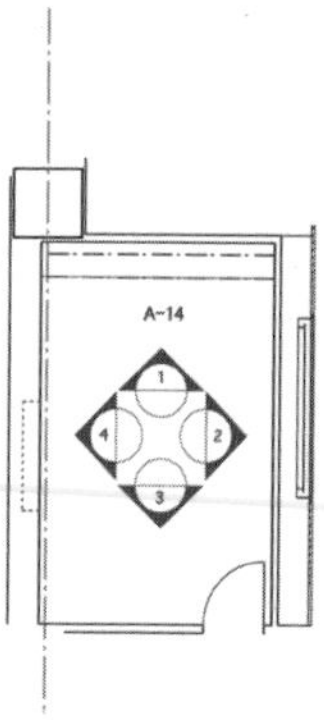

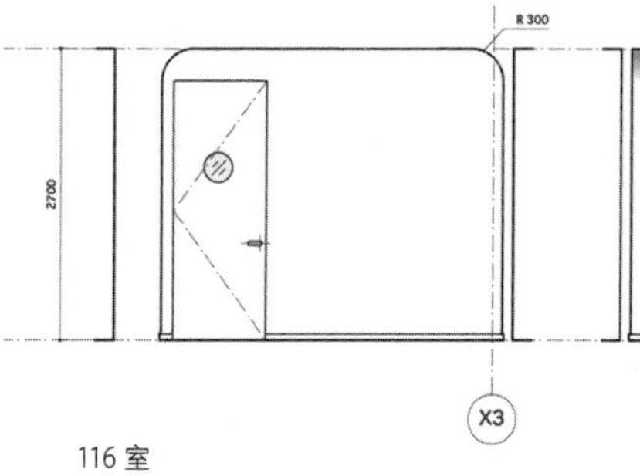

116 室
立面 3

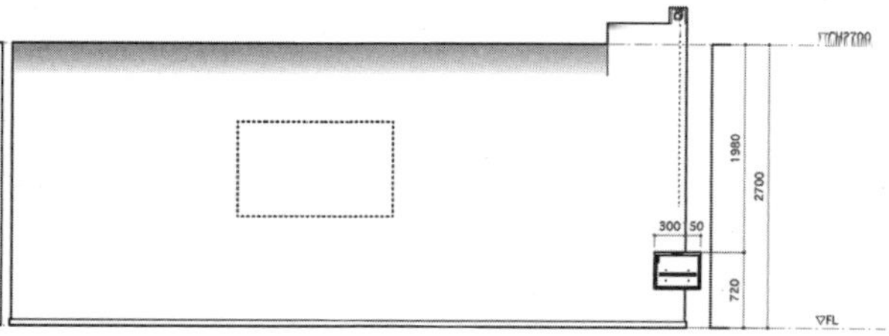

116 室
立面 4

▲剖面图及内观 / “来自纯白空间的创意”这便是这间会议室的设计主题。米白色的墙面，方便投射影像及其他资料（单位：mm）

商业动力源于一丝不苟的选材

企业中的任何一个办公环境，都需要保持高度的创造力与商业动力，而本案设计中对材料的选择，完全展现出多样化的个性特点。比如，在天花板上做出树木的倒影图案，用玻璃与隔断制造开放空间、具有庭院氛围的室内空间。又比如，把水泥（内墙）与草地（地毯）进行混搭，用不按常理出牌的方式来提升新鲜感。为了能完全达到预想的设计效果，特别设计并制作了与设计理念相匹配的会议桌。另外，在访客专用的等候室内，我们用建筑工地废弃的材料装饰墙面。

▲天花板上的树木倒影 / 相对于毫无悬念的素色天花板，加入树木倒影的图案后，营造出不一样的氛围

▲选材的强烈对比 / 用水泥墙面与长绒地毯的对比，造成视觉冲突，带出效果

▲与空间相匹配的原创家具 / 虽然家具在这样的内装结构中很常见，不过类似这样与墙壁一体成型的设计并不多。用不按常理出牌的设计，来激发出创造力

Note

第 5 章

店铺设计项目的推进流程

项目启动

打从客户那儿接受开店或翻新的委托起，在对这家店铺的经营理念、方针等进行讨论时，就已经开始要把握住客户的希望与要求了。

为了能得到最合理的利润，必须从以下 6 个“W”和 2 个“H”着手调查分析以及规划立案。

· When 时间

· Where 地点

· Who 执行者

· Whom 对象

· What 目标

· Why 目的

· How 方法

· How much 规模

● When（时间）

时代特性。

重点是要根据开业年度、季节来展开。

● Where（地点）

地域特性、竞争环境。

重点是选址环境。

有必要在候选区域内，按照当地气候、风土、人情、习惯等，对商圈内顾客的特点进行调查，对竞争环境做调查。

● Who（执行者）

事业主体特性。

了解资金支配能力，以及业主的主要经历、信用、组织构造及人才储备等。

● Whom（对象）

顾客特性。

了解顾客购买动机，创造客源，深入了解、分析顾客心理极其重要。

● What（目标）

商品特性。

以客人的审美为导向，配备及协调整个相关商品链，制订出迎合时代与市场的价格。

● Why（目的）

最高理念。

在将业主的想法与希望具体化的同时，更重要的是从外部环境和主观意识出发，在规划中发现社会必然性。

● How（方法）

战略企划。

以“6W”为基础，将这些要素重新整合后，制订出具体方案，实行最切实际的战略计划。

● How much（规模）

运营收支性。

业主对所有相关事业的规模、营业收支进行考察与规划。

从客户那里了解以上基本经营设想后，开始着手策划提案才是重头戏的开始。

商圈与市场调查

选址调查

为了了解候选地是否适合店铺要求，我们要对其周边环境做一系列调查。

主要调查周边交通情况与地理条件等造成客流量影响的因素，收集具体资料来判断是否适合商业行为，还要正确掌握候选店铺所在商圈的情况，对候选场所进行筛选。

把握候选场所的环境状况

· 竞争店数量与营业内容：调查店铺规模、从业人员人数、商品构成、商品单价及回头率与营业时间。

· 调查客人出行方式，如公共交通、自驾或徒步，以及到达距离

· 调查店铺周边街道规模及地域特征等

· 调查顾客家庭构成、人口及生活状况

根据选址环境设定商圈，预设目标顾客群。另外，要把商圈作为一个市场来看待，对它所涉及的所有情况都要进行考察。

商圈设定

调查商圈内的开发计划与生活环境，再对商圈进行分类。

近邻商圈（半径1千米左右）：以生活必备品为主，附近居民步行或骑自行车购买每日需要的生活用品。

地域商圈（半径4～5千米）：生活必备品及回购品，商圈内有小型百货店、综合超市等，顾客自驾或利用公共交通工具前来购买。

广域商圈（半径10千米以上的范围）：大多是回购品，商圈内有百货店、量贩店等，顾客自驾或利用公共交通工具前来购买。

超广域商圈（远距离）：主要都是回购品，商圈内有大型百货店、大型量贩店，主要是利用公共交通工具远道而来的客人。

对现有店铺进行顾客资料的整理与问卷调查，以此了解商圈状况。对新店要做以下调查。

首先要预估商圈：

· 商业分布（调查竞争店）

· 地理特征

· 车站、道路的交通情况

· 居民通勤及购物动向

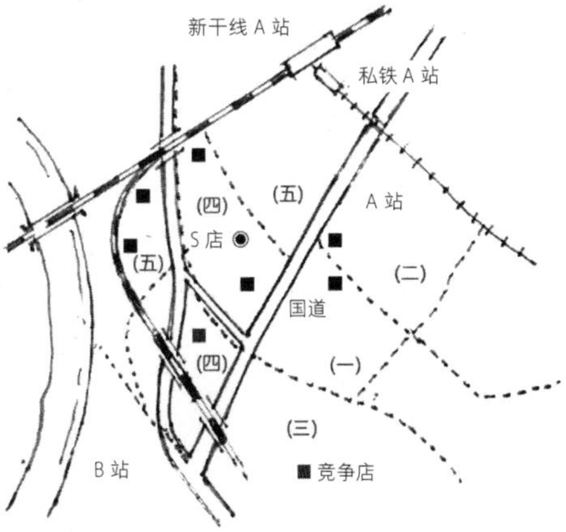

▲ S店所在商圈内竞争店分布图

根据竞争店，缩小自家店铺的商圈范围。此外，如果被河流或道路等地理因素隔断，商圈也会因此而被隔断。另外，车站、道路的位置也会影响商圈范围。

根据自家店铺与竞争店的调查结果，改善自家店的经营战略。即便是间接竞争关系的店铺，也要调查并进行比较，以此作为决定经营方向的参考资料。客观评价竞争店，发现对方长处，深刻了解自己的优点与劣势，并运用到今后的战略与运营中。

市场调查

· 预估商圈内的购买力

· 把握商圈内竞争店的实际状况，并进行调查

例：消费者年均消费额的计算方法，可以参考统计局给出的家庭调查资料。

每个家庭的消费金额 × 商圈内家庭数 = 总消费金额

· 调查现场周边及建筑物整体有无受到相关法律条例（《建筑基本法》《消防法》《城市规划法》等）限制也很重要

· 对店铺进行实地测量、调查建筑物构造的实际情况以及实物拍照，这些都是不可省略的实地调查工作

近年来，地域性随着时代的变化而改变，有必要对每个候选地都进行逐一调查，并在今后的企划中得到反馈与验证。

调查报告与演示

重要的是从调查结果来验证是否有经营前景，并验证要注意的基本要点，然后提出最佳店铺策划案。在了解相互之间的关系后，还要进行三维演示，这也是至关重要的一环。

演示发表的关键点

· 概念（Concept）

· 关键词（Keyword）

· 综合效果（Image）

· 专业定制（Customization）

· 商品策划（Merchandising）

· 运营（Operation）

● Concept：概念、观念、想法

具体把握基本脉络（6W2H），从综合判断中设定目标。

● Keyword：重要、关键的词汇

融会贯通在整个策划案中，简明扼要地表达所想，是整个策划案的明确指向。

● Image：画像、影像、图案、模型

重点在于如何以简单易懂的形式，传达能满足客户期待与好奇心的企划案。

为此，在制成映像、图表、模型等效果时，要加入配乐等，来构成完整形象的规划。其中，透视图、效果图、手绘草图或是来自报纸、杂志的剪报等，都是有效的辅助方式。

● Customization：配合客户所需的商品提案及商品创作

重要的是必须从商圈内顾客的实际调查中，得出的或顺应潮流满足客户所需的商品开发、商品创作以及对原有商品结构的改善、商品价格的设定。

例：Shimamura 集团结合地域特点，改变商品结构。

例：麦当劳根据地域不同的店铺，期限内改变部分商品价格。

● Merchandising：商品策划

重点是以顾客需求为最大前提，制定适当的商品价格和商品数量，以及简单明了的商品结构。

VMD：Visual Merchandising（视觉营销）

从经营的视觉角度出发，统合商品策略和店铺策略，创造顾客眼中具有魅力的店铺。

● Operation：运营计划

在应对商业变化的同时，要根据商业整体和地域特点、顾客需要来制订运营计划。反复确认包括人员稳定性、业务进修等店铺计划在内的内容，同时进行从待客礼仪、店铺清洁到商品管理等全方位的运营计划。

演示的构成要素

以计划为基础，为了能让业主正确理解，用图纸、透视图、模型、草图、标识规划、事业计划书等形式，进行策划内容的商讨，选择出最适合的方案。

●**平面图**（布局图。目测高度在 150 厘米左右，用以表示建筑物的相对平面位置）

主要以从上至下的角度来看店内构成和每个部分之间的连接，从而加深理解。另外，还要标明横向尺寸。

●**剖面图**

建筑物的纵向剖析图。可以清楚地表明相关部分的高度，更形象地理解墙面及家具的情况。

●**透视图**

表现设计概念的立体图。主要用于完成前的最后展示，分内装透视图和外观透视图。在设计店铺时，内装透视图极为重要。

●**模型**

用塑胶板等材料将设计图立体化。表面用纸类粘贴，隔断用厚纸，等比例缩小，正确使用尺寸。

●**手绘草稿图**

空间构想用设计图和草稿图表现。是提供给店主看的立体构想图，也可以用简单的模型代替。

●**标识规划**

基于企业经营理念和业务内容以及社会责任等方面，系统地整理出企业自身存在的价值，在企业内外共享理念和行动的指导方针，以便更好地展开业务活动。在店铺设计中，主要表现在店标、商标等方面。实体店中主要表现在包装纸、纸袋等的设计上。

●**事业计划书**

把长、短期经营方针，收益计划及经营远景，以纸质形式具体、详细地进行记录。

演示结束后，一旦决定了计划，就要在所属政府机关接受法律上的指导，如果存在问题要考虑更改计划，以便出现问题时及时解决。之后进入店铺内外装修设计、实际营运等具体的实施工作。

着手设计

在充分了解了客户需求、企业理念及书面确认后，进入店铺设计的环节。

所提店铺设计图一览（基本）

· 完成预测图

· 实际测量图

· 平面图

· 立面图

· 配置图

· 剖面图

· 地板平面图

· 天花板平面图

· 器具详图

· 商品配置图

· 店内透视图

· 照明配置图（天花板平面图）

· 设备关系图（电路图）

· 完成模型

· 式样书

· 预算书

· 设计关联图

制图时必须充分考虑并遵守上述内容。

与此同时，由于在决定设计合同前还要进行监督业务，因此在施工前务必与客户方进行充分讨论。

以上述设计图为基础，进行充分商讨后，开始施工业务的委托工作。

作为委托施工业务的第一个阶段，就是进行报价。

报价及预算调整

以前述设计图为基础，向施工单位发出报价请求。求证施工单位的报价是否准确合理。

在检验公平价格的时候，向多个承包商发出报价（用相同的设计图进行报价并比较），是了解合理价格的有效手段。

近年来，已形成一种以相互报价来防止欺骗的市场趋势，希望可以引起注意。

至于报价，在超出预算的情况下，尽可能少地改变图纸，并通过改变规格和设备来解决。在做出变更决定时，必须取得客户同意。

报价项目一览表

①临时施工（工程必要的水、电、临时封锁、固化脚手架、设备）
②砌体施工（分区等）
③龙骨施工
④水泥工程、瓷砖工程
⑤防水工程
⑥用水工程
⑦门框工程
⑧家具器具工程
⑨油漆工程（涂层、喷漆等）
⑩内装工程（裱糊、地板、表面处理）
⑪玻璃工程（窗户、玻璃、镜子等）
⑫店标、看板、遮棚、小物等（从看板到宣传手册、包装纸等、积分卡、名片等）
⑬五金工程（装饰五金、构造五金）
⑭给排水、卫生工程（厨房、厕所、洗手台等）
⑮冷暖气、空调工程
⑯用电工程（电灯、电力等）
⑰音响工程（有线放送、音频等）
⑱LAN 配线、网络工程
⑲防灾工程
⑳厨房器具
㉑备品（杯、盘、装饰等）
㉒园林、石料工程
㉓其他（建筑工程、土木工程、地基、钢骨、外墙、房梁、临时框架、五金、沟渠工程等）
㉔养护、清扫、整理
㉕搬运费用
㉖现场费用
㉗各类经费

施工、设计的监督与管理

业主取得建筑公司的报价后，据此进行评估并进行预算调整，最后下订单。设计监理（监督是否按照设计稿进行施工）在所有工程结束前都负有监督责任，对于双方的矛盾必须进行处理。

多次在现场进行定期会议（工程会议），来确定是否跟上进度和时间表，除此之外，还要确定现场执行是否符合设计要求并进行调整。

现场要注意的关键点

· 防水工程（与建筑用水的协调工作。一般而言，协调是指尽量争取的意思，不过这里是现场用语，要对材料的组合方式、连接方式等进行必要调整，指的也是调整方式）

· 与厨房、吧台器具的协调工作（防火）

· 厨房排风和天花板照明及空调设备的协调工作

· 外部施工噪声（噪声对策）

工程表

从开工起到开店为止，制定日工程表，每个相关施工单位都要记录作业时间及日程。所有施工单位都必须知道施工顺序及调整方案。

关于严守施工日程的问题，如果店铺是租赁物业，就可能发生施工途中需要修理的情况，那就必须对整修所需要的修理费及改造内容与物业进行协商。费用和所需日程要与原施工业务相一致，或进行必要调整。当然也有可能发生与原有日程及工程相违背的情况，这点需要注意。由于还涉及订购商品的到货及订货问题，因此监理必须与客户保持联系，并视此为一项管理工作。为了能让施工安全进行，我们必须始终扮演中间协调的角色，直到完工。

在工程结束前，不要忘记检查日程表和设计图，并做详细修正及报告工作。

完工验收与最终确认

在店铺完工前进行验收，发生不符合要求的地方，需要进行修正。之后，在政府相关部门在场的情况下，交付验收证明，从此进入开业阶段。

不同的行业，特别是餐饮业，因为关乎顾客的身体健康，有时甚至关乎性命，所以需要具备政府机关所规定执行的所有手续。相关重点必须谨记。以餐饮业为例：

食品营业许可申请流程（接受书面指导等）
↓
事前去卫生所当面进行了解
↓
取得食品卫生负责人资格（不具备营养师、调理师资格的，可以接受专业培训，取得资格证书）
↓
提出书面申请
↓
检查实体店铺
↓
领取营业许可证（实体店铺检查合格后）
↓
开始营业

如果店铺选在车站大楼或购物中心等综合性商业设施内，必须提交店铺设计图和满足其他相关要求。

日本餐饮店相关法规

《建筑基准法》	功能	餐饮店
	特殊建筑	餐饮店
《城市规划法》	城市街道调整区域	原则上禁止提供附近居民便利的小规模店铺以外的所有店铺
《消防法》	防火对象设施	夜总会、酒吧、俱乐部、待合料理店（注：不具备烹饪条件，所有料理都是外送而来）、餐饮店
《东京建筑基准法施行条例》 《东京政府福利社区创建条例》 《东京停车场相关制度》		道路连接、阶梯设置、构造等 残障人士、老龄者配备设计基准 残障车位数和设施基准
《东京防火条例》		厨房设施基准、明火规则等
《食品卫生法及施行细则》		厨房设施基准、明火规则等
《风俗营业法及条例》		深夜餐饮店、含酒类餐饮店的实施基准及地域限制
《室外广告法及条例》		广告看板实施位置、场所、形状大小等规定

《食品卫生法》中规定对象的业种区分

餐饮店营业	茶馆营业
大众食堂 料理店 寿司店 荞麦面店 旅馆 外卖店 便当屋 餐厅 咖啡厅 酒吧 夜总会 其他类餐饮店	吃茶店 沙龙 除酒类以外提供其他饮料、茶点的餐饮店

开店

验收后就面临开店，切记要进行一系列开店前准备，以及从业人员培训等工作。

第6章

日本商业设施附带设备与相关法规

楼梯

楼梯作为空间设计的重点，取决于位置和结构，也是可以看出设计师功力的一个方面。同时，它又是一个很可能会发生坠落、摔倒等重大事故的地方，安全性的考虑极为重要。因此，《建筑基准法》中严格规定了楼梯步高与踏面的最小尺寸。

为了防止事故的发生，重要的是让楼梯坡度平缓，并且踏面宽度确保不会窄于皮鞋长度。穿着鞋上下的情况下，考虑楼梯尺寸的标准为步高 10 ~ 15 厘米，踏面 30 厘米。实在无法避免坡度较陡时，也必须通过加固踏面来提高安全性（参考本页下图）。此外，踏板多出踢脚板的部分建议小于 2 厘米（参考本页下图），因为这里是导致客人被绊倒的主要原因，并且还要在这里装上防滑条，尽可能与踏面保持同一高度。

楼梯在空间中所处的位置与形状不仅影响整体店铺的形象，还影响流动路线与安全。旋转楼梯，是位于整个挑高空间的开放式楼梯，可以有效活跃店铺氛围。不过，旋转楼梯内侧较窄的踏面，很容易踩空，一定要注意。另外，直线楼梯容易导致滚落，危险性非常高。为了缩短滚落距离，加设歇台是非常有效的方法（参考第 197 页图“设置歇台”）。

装配楼梯扶手也极大地提高了安全性。通过在楼梯两侧装配能够支撑身体的扶手（适合高度为 75 ~ 85 厘米），可以有效防止老人与孩子在上下楼梯时跌倒。如果同时配备儿童专用扶手（60 ~ 65 厘米），则更为有效（参考第 197 页图“楼梯扶手”）。

另外，特别要注意过道和门的位置，尤其是玻璃门。任由门随意打开的情况也要非常留意。如果楼梯最下层有玻璃门或者房间的出入口非常靠近楼梯，很容易发生事故，并且事故造成的伤害也会比较严重。

虽然楼梯的尺寸会因为店铺的种类、所处位置与规模等条件发生变化，但规划时至少得满足最低安全标准。

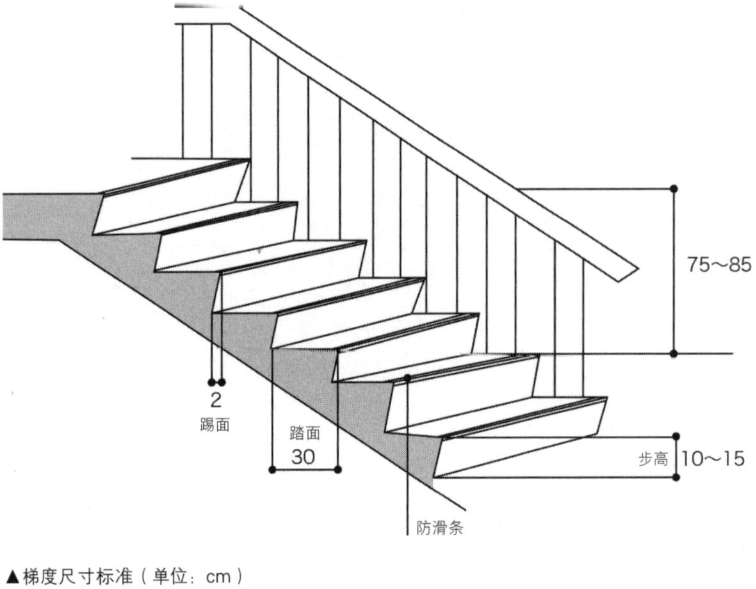

▲梯度尺寸标准（单位：cm）

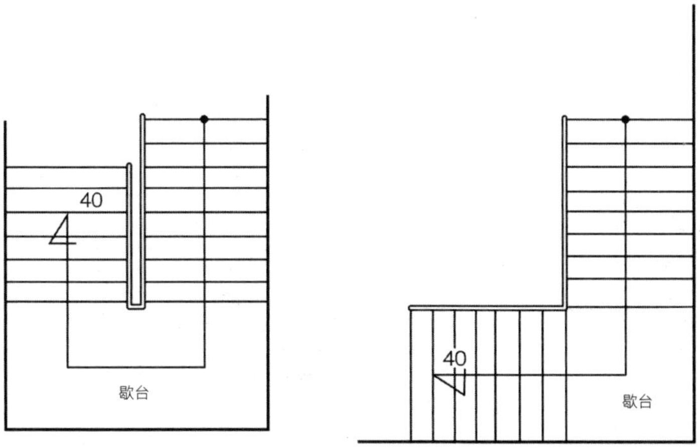

▲设置歇台（单位：cm）

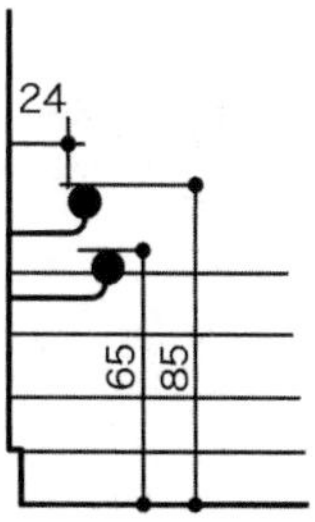

▲楼梯扶手（单位：cm）

残障人士专门设施

2006 年起，《无障碍新法》作为一项促进老年人和残障人士行动便利化的法律开始实施。该法律规定所有旅游设施、车辆、道路、室外停车场、城市花园、建筑物等都必须符合无障碍标准，以确保老年人与残障人士能维持自立的日常生活及社会生活，可以说追求的也是心灵无障碍这一终极目标。

在店铺设计中，同样也要以《无障碍新法》为基准，将“任何地方、任何人，都能自由便捷地使用”这一设计理念贯彻始终。

《东京政府福利社区创建条例》于 2009 年进行了修订，根据促进意图创建“每个人都可以安全、安心、舒适地生活”的社区，并以此为基础推出《店铺内装通用设计维护指南》，指南所示三点如下：

· 每个人都可以进入店内

· 每个人都可以享用设施内的服务

· 每个人都可以便捷、顺利地使用设施

让我们检验一下所设计的设施是否基于这三条指示，同时要考虑老年人与残障人士的需求。

◎每个人都可以进入店内

要想办法让轮椅使用者、婴儿车使用者、孕妇以及视力障碍者像普通人一样顺利进入店内。从进场通道到店内，最好实现无台阶化。实在无法避免的情况，一定要有斜坡或简易斜坡板。由于电动轮椅非常沉重，要保证即便无人辅助，乘坐轮椅的人也能独立通过。对于斜坡的坡度，室内要求小于等于 1/12，室外则小于等于 1/20（见下图），并且坡道末端必须有平坦部分作为缓冲（参照下图）。

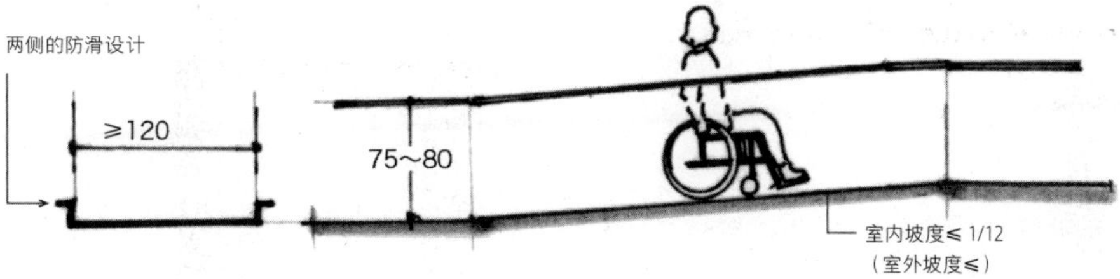

▲便于残障人士行动的斜坡（单位：cm）

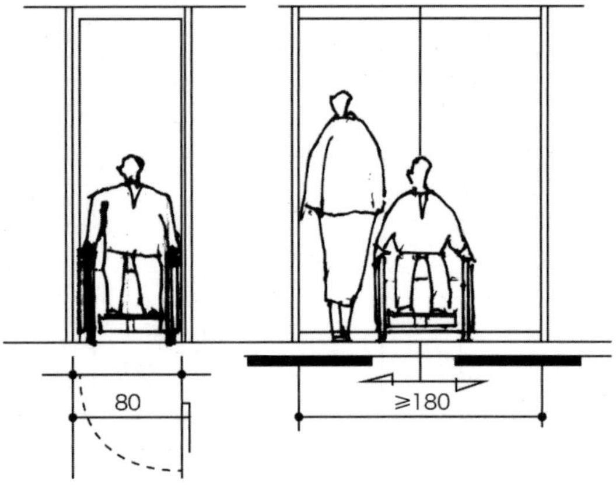

1 张轮椅通行的宽度　　1 张轮椅与 1 名行人同时通行的宽度

▲店铺出入口（单位：cm）

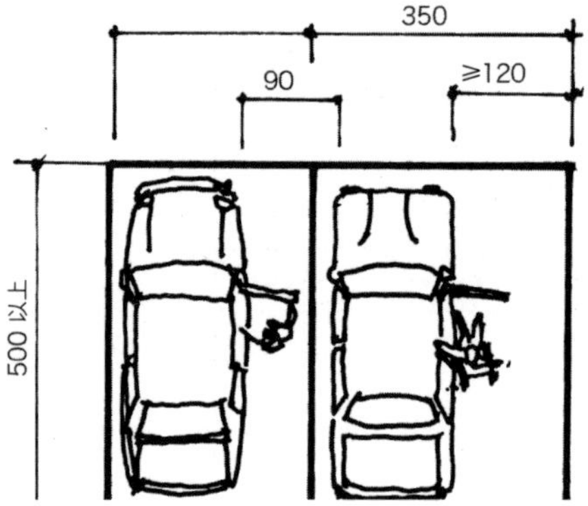

▲便于使用轮椅及拐杖人士使用的停车场（单位：cm）

能保证轮椅通过的足够宽度（有效宽度为 80 厘米）也很重要（参照本页左上图），拉门对轮椅使用者会方便些。还要考虑到屋檐避雨的问题。如果有停车位，需要配备专供轮椅上下的车位（宽约 350 厘米）（参考本页右上图）。

◎**每个人都可以享用设施内的服务**

①共享店内所有设施

尽管必要考虑的部分会因为店铺类型、规模而不同，但作为常规考虑因素，首先要满足的就是谁都可以独自在店内自由移动。因此，地面尽量没有台阶是最基本的，倘若实在不可避免，店内必须有缓坡，并确保宽度足以让轮椅或婴儿车到达想去的位置（座位或柜架）（参考本页左下图）。

不仅如此，店内还要有一个空间可供轮椅或婴儿车转弯（参考本页右下图）。

此外，几厘米的台阶很容易被忽视，因此标出醒目的颜色引起注意非常重要。

排除可能会对儿童，视觉、听觉障碍者造成危险与不安的隐患同样重要。比如，不要在儿童

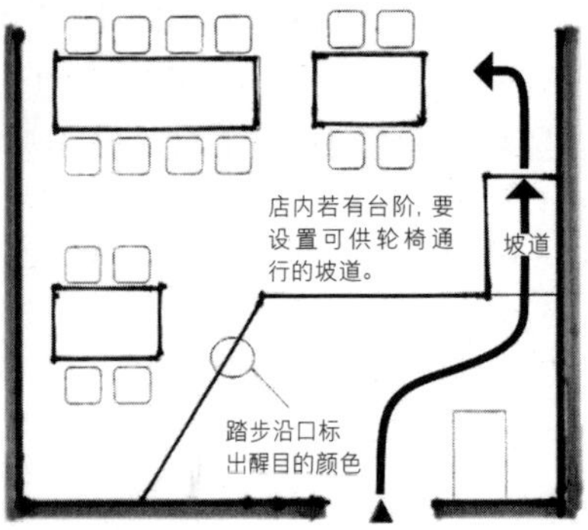

●有关斜坡要注意的几点：
- 坡度小于等于 1/12
- 要有扶手
- 起点、终点要是平坦地面
- 斜坡部分要选用防滑材料及防滑涂层，特别要注意地面防潮、防水的问题
- 斜坡部分与平坦部分最好有明显色差，容易识别

▲店铺内台阶处理的案例

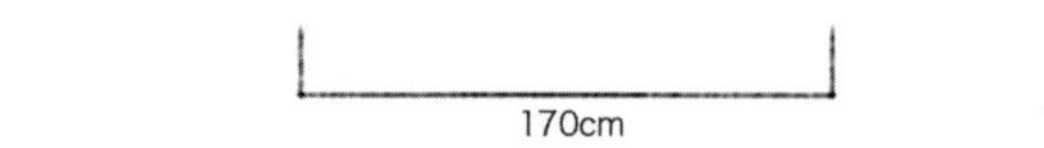

▲轮椅 180° 回转必备的道路宽度

视线高度出现有危险的突起物。在发生紧急情况时，报警系统要能同时通知到视觉与听觉有障碍的人士，当危险发生时，避难措施能够通知到所有设施内的客人。

②不同店铺的不同应对措施

餐饮店规模较小，很难保证通路的宽度，至少得确保有一个座位的空间可以让轮椅单独直接通过。只有固定座椅和高脚吧台的店铺内，对于老年人与轮椅人士比较困难。另外，包间的隔断最好也可以是灵活机动的，这样就可以方便轮椅移动和放置了（参考本页下图）。

在零售店内，必须考虑到任何人都可以在店内自由移动，选择并触摸到商品。货架的尺寸及放置，希望可以考虑到轮椅使用者的视线高度以及手可触及的范围。

通常在店内是通过声音与视觉进行信息传达的，对于视觉、听觉有障碍的客人，也要把限时折扣的信息告知于他们。另外，对于携带儿童的客人，亲子角与婴儿休息室等会非常有帮助。而设置较为宽敞的试衣间，对带小孩的客人以及老龄客人、残障人士都非常有用，利用率较高。

在类似银行这种以窗口服务为主的营业场所，有必要同时具备站立式与座位式的座位，而不同高度的接待台可以供障碍人士与陪同者一起前往。除此之外，还要配备轮椅、婴儿推车的待机位，以及考虑到如何通过声音与视觉把信息传达给每一位客人。

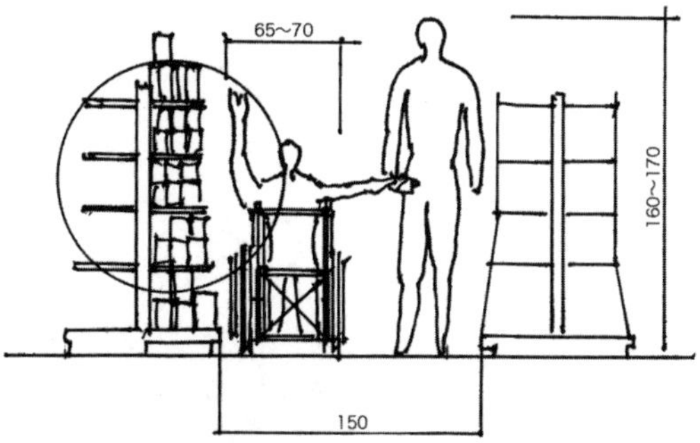

▲轮椅使用者手可触及范围 & 与普通客人同时通行的道路宽度（单位：cm）

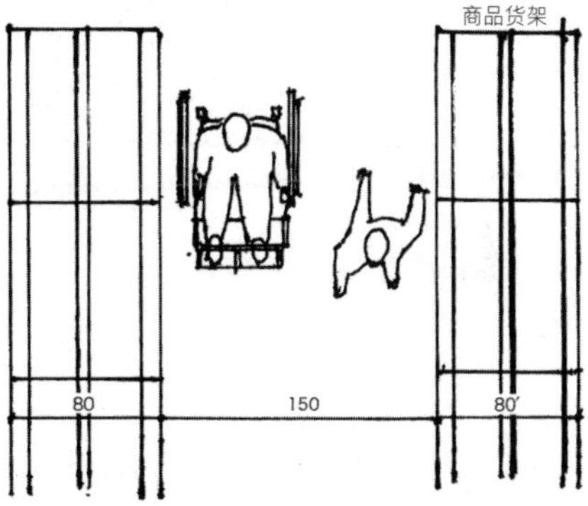

▲店内通道可供轮椅使用者与普通客人同时通过（单位：cm）

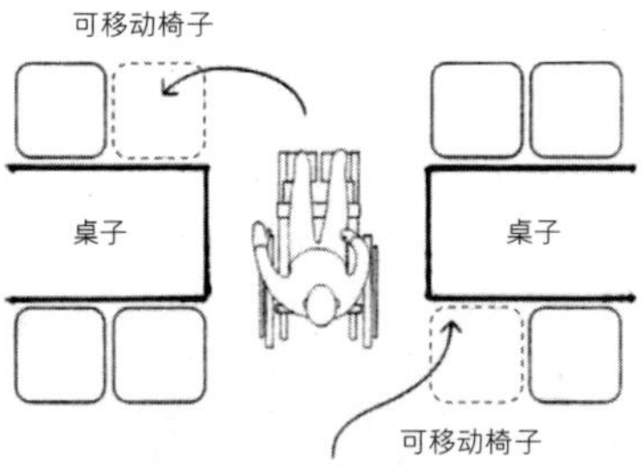

货架与桌子之间留出充分宽裕的位置

▲餐饮店的通道宽度

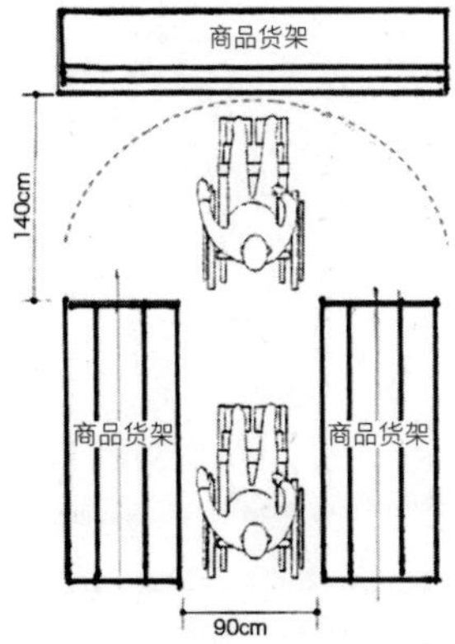

▲零售店的通道宽度

◎每个人都可以便捷、顺利地使用设施

①指示标记

指示标记可以通过字体、颜色、表示位置、图像等方式来表现，最重要的是看起来简单易懂。关于视觉障碍，还包括弱视和色盲等各种情况，他们各自看出的颜色都不相同。

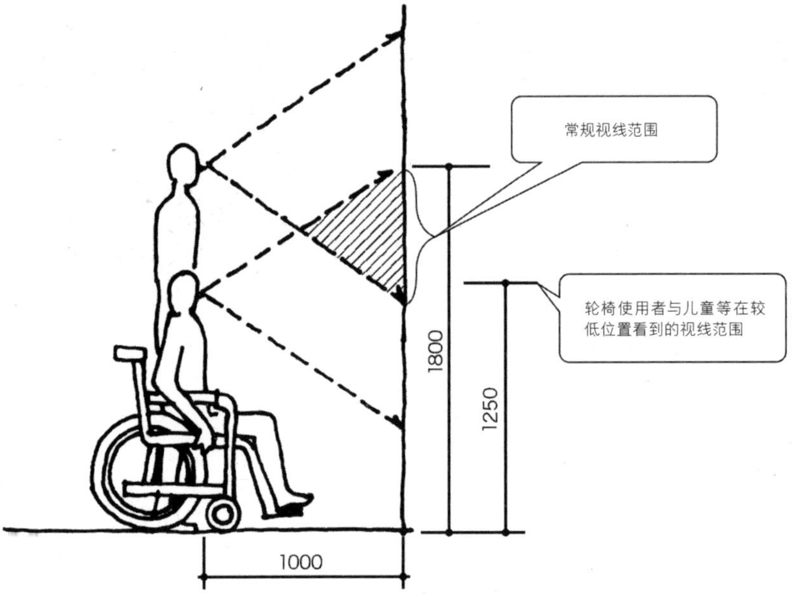

▲最容易看到的标识高度（单位：mm）

随着衰老，人类的视力一般会有所下降，不过程度也因人而异。而坐着轮椅的人视线高度比一般站立者会低 40 厘米左右。为了让所有人都一目了然，标识应该用粗体大字表示，背景色与文字颜色的明暗对比要明显，使用有色字体时一定要考虑色盲人士，除此之外还必须注意配色。另外，张贴的位置一定要考虑一般客人、使用轮椅的客人以及孩子的视线高度（参考本页上图）。

随着海外观光客人数的急速增长，图文并用的表示方法也能让外国客人一目了然。

②厕所

上厕所很重要，这是一种需要被尊重的个人行为。为此，排泄困难者，还有老人、孩子外出时，有没有一个舒适、方便的如厕环境，是一个极其重要的关键点。包括厕所通道，都要以能满足轮椅使用者为首要前提，尽量保证有足够大的空间，能让老年人以及残障人士无障碍使用，也可以让换尿布变得简单容易，总之尽可能满足各种需求（参考第 201 页图）。如果无法保证较大的空间，至少必须确保厕所门的宽度，以及扶手的位置恰当。厕所无论是拉门或者外开门，当里面有人摔倒时，一定要能从外面打开（参考本页下图）。此外，必须在男女厕所中都设置给婴儿换尿布的婴儿床。

为了可以真正做到“任何地方、任何人，都能自由便捷地使用”，除了要符合相关条例，符

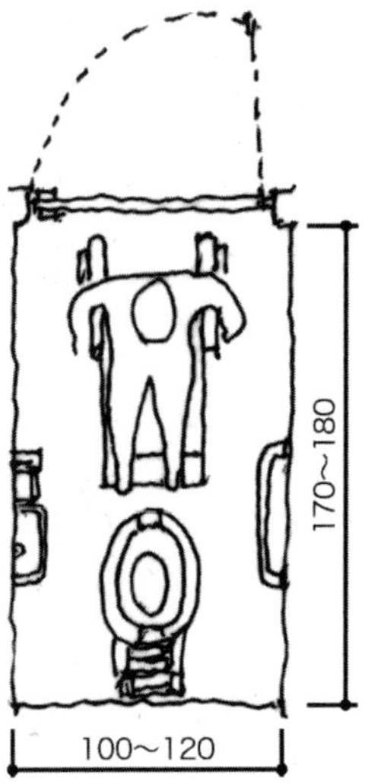

▲轮椅使用者最小需求空间（单位：cm）

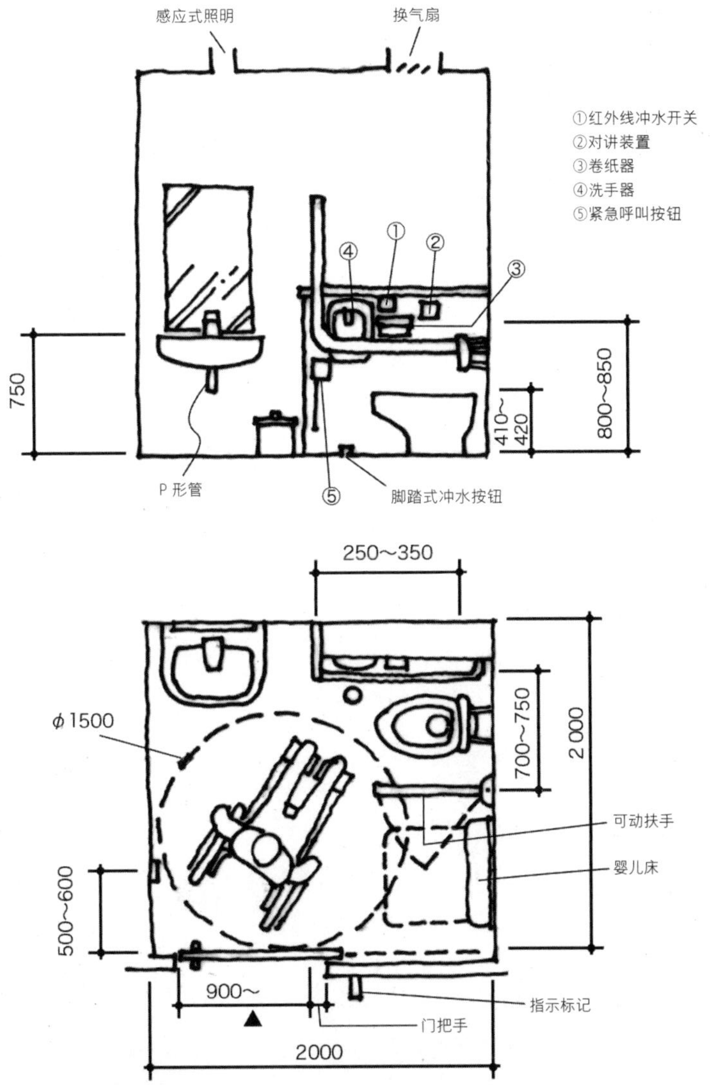

▲公用厕所（平面图、剖面图）（单位：mm）

合规定尺寸，还必须综合不同行业、规模、场所以及来店客人的特点，尽可能做到满足各种需求。很多状况只有通过仔细观察调查，听取各方意见，抽查及亲身体验才能得知。我们追求的不仅仅是心理或生理上的无障碍，而是可以提供更高生活品质的店铺以及社区建设。

有关商业设施的基本法规

《建筑基准法》

《建筑基准法》所提出的是建造建筑物时最基本的一些既定规则。

《建筑基准法》规定有："集体规定"，内容包括建筑物的高度、面积或可在该区域建造建筑物的用途；"个体规定"，内容包括每个建筑物的内部装修、结构和疏散路线等设计规范。"集体规定"保护的是适合所在城镇的环境，而"个体规定"则是为确保建筑物安全及居住环境而制定的规章制度。

◎用途地区

用途地区划分为 12 种类型，包括低层居住专用地区和工业专用地区等。

日用品商店和餐饮店等属于建造在低层居住专用地区内的商业设施。其他地区内的零售店、餐饮服务店对店铺面积都有规定，而夜总会等只能开设在商业地区和准工业地区内。

◎一级耐火建筑、二级防火建筑

《建筑基准法》最大的作用之一就是要将火灾的损害控制在最小范围之内。首先，就是要看建筑物本身的耐火性能。

一级防火区域内，楼层大于 3 层楼的建筑或使用面积超过 100 平方米的情况；二级防火区域内，楼层大于 4 层楼的建筑或使用面积超过 1500 平方米的情况，建筑物必须是耐火结构。另外，一级防火区域内的所有建筑、二级防火区域内 3 楼以上或超过 500 平方米的情况，耐火级别必须在二级以上。

◎防火区域

为了防止建筑物内的火势蔓延，设定了防火区域。

关于防火区域的划分：一级耐火建筑物为 1500 平方米以内的范围；二级耐火建筑物为 500 平方米以内的范围。除了规定每 1000 平方米为一个"划分区间"之外，还规定了楼梯井等垂直方向的空间为"竖直区间"，规定店铺部分和其他部分为"别种用途区间"，以及把 11 楼以上的楼层规定成"高层区间"。

◎内装限制

内装设计中受到最大影响的应该就是内装限制了。为了阻滞火势蔓延，内部装修时规定要使用防火建筑材料。

防火材料又分不燃材料、阻燃材料和难燃材料。不燃材料在所有商业设施中都可使用，而阻燃及难燃材料则要根据一级耐火建筑、二级耐火建筑以及楼层、面积等情况来决定（参考 203 页表）。

◎疏散规定

发生火灾时，为了让建筑物内的人安全逃离现场，对楼梯周边以及台阶数都作了规定。

首先，必须有直接通往室外的逃生楼梯。使用面积 1500 平方米以上的店铺，二楼以上的所有楼层，必须要有两处以上的逃生楼梯。

◎排烟设备

为了在发生火灾时，一定不能发生因为困在烟雾中而造成人员损伤的情况，于是规定商业设施内必须配备排烟设备。

规定每隔 500 平方米为一个防烟区，并使用防烟板隔开，区域内任何地方每 30 米以内都要设置排烟口。使用面积超过 500 平方米的商业设施，或者无窗居室内，必须严格执行。

内装限制

<table>
<tr><th rowspan="2">对象建筑物</th><th colspan="3">条件</th><th rowspan="2">对象场所（墙壁，天花板）</th><th rowspan="2">内装建材</th></tr>
<tr><th>一级耐火建筑物</th><th>二级耐火建筑物</th><th>其他建筑物</th></tr>
<tr><td rowspan="2">百货店、市场、展会、歌厅、咖啡店、夜总会、酒吧、舞厅、游戏厅、公共浴场、餐饮店、零售店等</td><td rowspan="2">三楼以上店铺的使用面积大于 $1000m^2$</td><td rowspan="2">二楼店铺使用面积大于 500 m^2</td><td rowspan="2">店铺使用面积大于 200 m^2</td><td>居室</td><td>难燃材料（三楼以上的居室，天花板使用阻燃材料）</td></tr>
<tr><td>走廊、楼梯等</td><td>阻燃材料</td></tr>
<tr><td>地下室及地下室建筑内的居室</td><td colspan="3">全部</td><td>居室、走廊、楼梯等</td><td>阻燃材料</td></tr>
<tr><td>无窗居室</td><td colspan="3">大于 50 m^2</td><td>—</td><td>阻燃材料</td></tr>
<tr><td>综合住宅的厨房</td><td>—</td><td colspan="2">二楼以上（除最高楼）</td><td>厨房</td><td>阻燃材料</td></tr>
<tr><td>厨房、锅炉房等</td><td>—</td><td colspan="2">全部</td><td>厨房</td><td>阻燃材料</td></tr>
<tr><td rowspan="2">三楼以上</td><td colspan="3" rowspan="2">使用面积大于 500 m^2</td><td>居室</td><td>难燃材料</td></tr>
<tr><td>走廊、楼梯等</td><td>阻燃材料</td></tr>
<tr><td rowspan="2">二楼</td><td colspan="3" rowspan="2">使用面积大于 1000 m^2</td><td>居室</td><td>难燃材料</td></tr>
<tr><td>走廊、楼梯等</td><td>阻燃材料</td></tr>
<tr><td rowspan="2">一楼</td><td colspan="3" rowspan="2">使用面积大于 3000 m^2</td><td>居室</td><td>难燃材料</td></tr>
<tr><td>走廊、楼梯等</td><td>阻燃材料</td></tr>
</table>

◎室内空气污染对策

近年来，建筑物内使用甲醛等挥发性有机化合物而引起健康危害已成为一大社会问题。因此，日本在 2003 年 7 月对《建筑基准法》作了修订，增加了《室内空气污染防止条例》。

目前规定的《室内空气污染防止条例》中，大体分为两个部分。第一，禁止使用含有有机磷的防蚁材料。第二，对甲醛含量进行规定的同时，必须配备排风设备，除此之外对天花板及房梁也提出了规定标准。

另外，造成甲醛超标的主要原因不仅仅是建材的问题，家具器材、黏合剂等，很多其他方面也会发生甲醛的超标。因此，在引起甲醛问题发生可能性较高的“家居店”中，要求必须做到每小时换气 0.5 次，高于其他店的 0.3 次。

《消防法》

为了将火灾伤害降到最低，《消防法》对灭火、火灾警报、避难疏散等设备的设置方法做了规定。当然，这些设备并不只是在建筑物建造完工时必须配备，而是从一开始就得始终保持正常的工作状态。还规定商业设施中的防火管理员必须接受避难疏散训练，以及必须对消防设备做定期点检的工作。

◎防火建筑

应该配备包括灭火设备在内的建筑物被称为防火建筑，其中，进出人员繁杂且不特定的综合性建筑物，被视为特别防火建筑。特别防火建筑的消防设备标准比普通防火建筑要求更多，而几乎所有的商业设施都属于特别防火建筑。此外，针对包含商业设施在内的综合性建筑物，制定了更为严格的要求。

◎消防设备

消防设备包括：自动喷淋器和灭火器等“灭火设备”、火灾自动报警器和异常情况报警器等“报警设备”、避难疏散器具和指路灯等“避难设备”。

对自动喷淋器做了楼层与使用面积上的设置规定，如高于（不含地下层）11楼的所有商业设施，以及 4 楼以上 10 楼以下且面积大于 1500 平方米

（个别用途建筑1000平方米）的商业设施中必须配备自动喷淋器。在安装自动喷淋器的建筑物内，放宽了防火区域的标准和内装限制的规定。

当感知温度与烟感上升时，火灾自动报警器就会发出警报铃声。报警器的数量是根据设施面积与楼层及逃生楼梯的数量而规定的。主要商业设施中，面积超过300平方米必须配备报警装置。

逃生指示图包括通道指示灯和出口指示灯。通道指示灯表示的是通往疏散楼梯和外界的逃生路线，界面以白色作为底色，箭头与指示图为绿色。而出口指示灯表示的是疏散楼梯和通往外界出口的所在位置，因此配色与前者相反，呈绿底白图。除此之外，《消防法》还规定了剧场和电影院的过道指示灯照度，要大于0.2勒克斯。

《无障碍新法》

《无障碍新法》被正式称为“进一步促进老年人士与残障人士移动无障碍的法律”。为了在公共设施和公共场所及道路、公园等场所实现无障碍化，对这些地方的出入口和走廊宽度、坡度进行了标准规格的制定。

《无障碍新法》中设定两个级别的标准，其中“无障碍标准”是新法的基本标准，而“无障碍指导标准”则是更高级别的标准。

◎道路及升降台阶等标准

路面使用防滑材料。有台阶或坡道的场合，除了前后铺设点状地砖，还必须在首尾两端采用辨识度较高的指示标志，方便使用者识别。坡度超过1/12的斜坡以及楼梯，必须配有扶手。厕所和停车场内，至少配置一个残障人士专用位。以上便是商业设施中必须具备的无障碍要求。

而从道路与残障人士停车位到达地面层的路经通道，则有更为严格的标准，并称之为“无障碍通道”。例如，通行区域内无台阶、确保轮椅无障碍通过出入口和走廊的最小宽度。万一有台阶，必须同时配备坡道和升降电梯。除了这些，每个地方自治体都有独立制定的无障碍相关条例，希望也可以仔细参考。

《食品卫生法》

《食品卫生法》对店内加工并制造食品的店铺，如和果子店、甜品店、豆腐店，或者出售乳制品、肉类、鱼类等食品的店铺都规定了极为细致的要求。

其中，有与食品制造工场和餐饮店通用的共通标准，以及适用于不同业种的特定标准。如果无法满足这两项标准，便无法取得卫生局颁发的营业许可证，也就无法开业。因此，事前与卫生局进行协商也是不可或缺的一环。

◎《食品卫生法》的主要内容

以下为东京内部制定的共通标准：

①选择干净卫生的场所

②所在建筑必须是坚固的钢筋水泥结构、钢铁结构或木质结构

③根据使用目的进行隔断

④地面、内墙及天花板必须选择易于清扫的防水材料

⑤照度不得低于50勒克斯（从实际运营出发考虑最好满足日本工业规格JIS200以上的标准）

⑥配备排烟、排气装置等

除此之外，还有配备防鼠、防虫的纱窗，卫生使用、保存餐具的规定，区分食品餐具的洗涤设备与人员洗手设备等卫生方面的各项要求。厕所与更衣室的配置必须以不影响工作区域为前提。

关于特定标准，因不同业种而异。但对于冰箱与陈列柜容量的要求，都必须以满足食品库存数量为前提。其次，保存冷冻海鲜类及冷冻肉类

与销售食品的店铺有关的法规

《建筑基准法》	用途	销售物品的店铺
	特殊建筑物	百货店、市场、展会、经营销售物品的店铺中，使用面积合计超过 100 平方米的建筑
《城市规划法》	城市化调整区域	出售生活必需品、加工、修理等店铺
《消防法》	防火对象物	百货店、市场、店铺、展会
《东京建筑安全条例》		经营销售物品的店铺（含百货店、市场）中使用面积合计超过 200 平方米的建筑
《东京火灾预防条例》		卖场通道、屋顶平台用火限制（明火规则）
《东京文教地区建筑条例》		市场（不含集市）建筑限制
《食品卫生法》		营业许可对象对业种的定义 营业设施构造设备的标准

的冰箱和展示柜，最低温度必须达到零下 15℃、必须配备最高、最低温度计。

关于美发美容、美体养生机构的法规

理发师必须修发剃须、注意仪表，美容师化淡妆、头发梳理得当，保持仪容。这是对理发师与美容师的规定。开业前必须取得营业许可证。

◎美发店、美容院的设施标准

开设理发、美容店铺前，必须通过所属卫生局向都道府县领导以及市场提出申请。关于设施，规定了工作区的使用面积、椅子数量、工作区与顾客等候区的地板材料、灯光照明等各设备标准以及消毒设备的内容等。

关于各标准内容，以东京为例，具体如下：工作区面积超过 13 平方米的椅子数量，与理发店 3 张 + 1 张 /3 平方米相比，美容院所必须配备的椅子较多，为 6 张 + 1 张 /3 平方米。不过，其他标准中，对上述面积（超过 13 平方米）的理发店和美容院，所做的规定几乎相同。

◎美体养生沙龙的设施标准

正如开头所述，没有关于美体养生沙龙的设施标准，也不必提出专门申请。可是，美体养生沙龙的很多服务项目都会涉及各个法律法规，所以必须做好事前的查询工作。

比如，美容与美甲会涉及有关美容师的法律法规，所以必须提出这方面的申请许可。另外，脱毛与瘦身项目中所用到的机械器具，可能会涉及《医疗法》和《按摩针灸法》（有关按摩指压师、针灸师的法律规定），这种情况就必须提出这方面的申请许可。必须对不同行业类型可能会涉及的法律法规进行调查，最好可以到各相关政府机关及所管窗口，进行相关条例的事先确认。

通往认证商业设计师之路

见习商业设计师资格证

第二次世界大战后，日本社会经济的结构发生了巨大的变化。以餐饮业为首的零售流通业，随着消费者购买趋势的变化，对店铺设施也造成了很大影响。

因为希望各位未来的栋梁们可以学到有关规划、设计、监理商业设施的专业知识，以店铺为“舞台”，为所在商业设施增添魅力，所以，商设联在2000年创设了“见习商业设计师”的资格考试。

读者可以在公益社团法人商业设施技术团体联合会认可的学校，参加“见习商业设计师”的课程，并通过考试验证最终取得资格。

课程内容具体如下：

· 开课时间：每年10—11月（前期课程）以及次年2—3月（后期课程）

· 学费及注册手续费：10 800日币（约合人民币670元，含讲课费、书费、注册费，包括消费税在内）。另外，已取得见习商业设计师资格证书的学员，免除更高级别商业设计师考试中的学科考试

· 授课地点：札幌、仙台、东京、金泽、名古屋、大阪、广岛、高松、福冈、鹿儿岛

· 讲课内容：以下为整日时间安排

开课时间10：00—16：30（含午休）

时间	讲课内容	
10：00—10：15	新生教育	
10：20—11：15	讲义1	商业设施的结构
11：25—12：20	讲义2	商业设施的构成
13：15—14：10	讲义3	商业设施的规划
14：20—15：15	讲义4	规划、设计、监理和布置施工
15：20—15：30	注意事项	
15：30—16：30	课业审核（复习讲义重点）	

※ 不同授课地点，讲义顺序会略作更改。

具体实施概要，请与以下机构联系确认。

地址：东京港区芝5-26-20 建筑会馆　邮编：108-0014

电话：03-3453-8103　传真：03-3453-8109

电子邮箱：info@jtocs.or.jp

网址：http://www.jtocs.or.jp

商业设计师资格认证

取得见习商业设计师资格后的隔年，可以参加商业设计师的资格考试。

这是适合于具有规划、设计商业设计技术人员的一项资格考试，内容包括专门知识与技能。取得考试合格证书的人员，注册后可以取得商业设计师的资格认证。

◎考试内容

上述考试的具体内容如下所示：

· 考试由两部分组成：“学科考试”与“构思表现（实战技能）考试”

· 考试当年度已经通过“学科考试”的学员，以及取得见习商业设计师资格的学员，提出报考申请时可以免去这项考试

· 考试当年度已经通过“构思表现（实战技能）考试”的学员，可以免去这项考试

· 取得下表中资格的学员，在提出报考申请时，可以获得免考“学科考试”选择题中关于设施与设计的科目，以及生活与商业的科目。已经免除考题的考生，再次参加考试时，也必须提出这一申请

资格名称	免考科目
土木建筑师一级、二级	设施与设计的科目
内装规划师	设施与设计的科目
中小企业诊断师	生活与商业的科目
一级零售师	生活与商业的科目
内装搭配师	生活与商业的科目

·“学科考试”由共通题（所有考生必须回答的考试项目）和选择题（共 4 个科目，选 2 个科目作答）组成，出题形式为多选题

· “构思表现（实战技能）考试”中，可以在“图案表达”及“文章表达”中任选一项作答

◎**参试资格**

①“学科考试”的参试资格

原则上 20 周岁以上都能参加考试。

②“构思表现（实战技能）考试”的参试资格

满足下表中任意一条都能参加考试。

<table>
<tr><th rowspan="2"></th><th colspan="2" rowspan="2">最终学历及取得资格</th><th colspan="2">实际工作年数</th></tr>
<tr><th>商业设施关联课程毕业</th><th>左项以外的其他课程毕业</th></tr>
<tr><td rowspan="4">学历 + 实务</td><td colspan="2">大学、大专</td><td>毕业后 1 年以上</td><td>毕业后 2 年以上</td></tr>
<tr><td colspan="2">高等专业学校</td><td>毕业后 1 年以上</td><td>毕业后 2 年以上</td></tr>
<tr><td colspan="2">专业学校、专门课程</td><td>毕业后 1 年以上</td><td>毕业后 2 年以上</td></tr>
<tr><td colspan="2">高中</td><td>毕业后 2 年以上</td><td>毕业后 3 年以上</td></tr>
<tr><td rowspan="8">取得资格</td><td colspan="2">土木建筑师一级、二级</td><td colspan="2" rowspan="7">0 年</td></tr>
<tr><td colspan="2">内装规划师</td></tr>
<tr><td colspan="2">再开发规划师</td></tr>
<tr><td colspan="2">中小企业诊断师</td></tr>
<tr><td colspan="2">零售师一级</td></tr>
<tr><td colspan="2">内装搭配师</td></tr>
<tr><td rowspan="2">见习商业设计师</td><td>大学</td></tr>
<tr><td>大专、专业学校</td><td colspan="2">取得见习商业设计师资格次年起可以参试</td></tr>
<tr><td>只有实务</td><td colspan="2">只有实务经验</td><td colspan="2">5 年以上</td></tr>
</table>

※ 另外，商业设施关联课程有建筑系、区域设计系、产品设计系中的学科以及专门课程。

③实务经验

· 实务经验年数，算到考试年度的 9 月 30 日为止

· 必须至少具备“构思表现（实战技能）考试”参试资格一览表中所规定的经验年数

另外，关于实务经验的定义如下：

· 除了在建筑事务所、设计事务所，还包括在百货店、超市、购物中心、中小型商店以及各类服务设施等场所，从事过布展、陈列、装饰、设计、店铺管理、工程监督、施工、规划等各类业务的工作经验

· 与商业设施有关所有形式的工作或者经验都视为实务经验

· 除此之外，研究、教育、计算、销售等同样如此

参考资料

1.《商业设施的规划（商业设施技术体系 I）》，公益社团法人商业设施技术团体联合会，1994 年。

2.《商业设施创造与设计（修订版）· 第五卷》，公益社团法人商业设施技术团体联合会，2012 年。

3.《日本的流通革命》，田岛义博，日本能力协会，1962 年。

4.《商业建筑企划设计资料集成（2）设计基础篇》，日本店铺设计家协会监修，商店建筑社，1984 年。

5.《灯光设计事典》，岛崎信监修，产业调查会，1986 年。

6.《新店计划：零售与餐饮》，武塙修，远藤雄二，财团法人经济调查会，1989 年。

7.《关于流通机构》，田岛义博，日本经济新闻社，1990 年。

8.《商业选址知识》，山下勇吉，日本经济新闻社，1994 年。

9.《市场战略的现实意义》，水口健次，日本经济新闻社，1995 年。

10.《简单明了店铺装修图的看法与画法》，上本洋一，欧姆出版社，1997 年。

11.《流通用语辞典（新版）》，日本经济新闻社编，日本经济新闻社，2000 年。

12. “东京福利保健局生活福利部地域福利推进课”，《店铺内装翻修指南》，2010 年。

13.《商业建筑与开店法规指南》，商业建筑法规研究会编，第 129 页，商店建筑社，2010 年。

14. “利用景观色彩指南打造地域品牌的可能性：着眼于指定特定色‘赋予意义型’的表现方法”，日本建筑学会，《计划系论文集》，第 78 卷第 685 号，平田德惠等，2013 年。

15.《果子入门（修订版第 2 版）》，早川幸男，日本粮食新闻社，2013 年。

图片版权信息

摄影图片

Nacasa & Partners Inc.：042 ~ 047，166 ~ 171，178 ~ 183

HIROYUKI HIRAI：048 ~ 053

HaKoDesign / 神山和裕、堀内纯一：116 ~ 121，封面、封底左图

高野宁雄：122 ~ 127，封底中图、右图

MORIYAMA：144 ~ 149

山本阳一建筑设计事务所：150 ~ 151，166 ~ 171

图纸版式

金城正纪 社会环境设计室：036 ~ 041，054 ~ 059

图纸设计

HaKo Design / 神山和裕、堀内纯一：116 ~ 121

山本阳一建筑设计事务所：150 ~ 151，166 ~ 171

编著者及撰稿人信息

编著者

高柳英明	东京都市大学
饭田有登	町田设计专业学校

撰稿人（按人名首字母排序）

白石和资	商环境研究所
白石照美	拓殖大学
池田和繁	东京设计专业学校
大泷道晴	青山制图专业学校
大冢则幸	专业学校 ICS 艺术学院
独钴智宏	商环境研究所
渡边步	浅野工学专业学校
饭田有登	
福泽清子	山胁美术专业学校
高柳英明	
广濑文久	Trident Design 专业学校
加藤博正	东京 MODE 学园
君岛一行	tech.design.office 社长
堀江笃史	神奈川县立产业技术短期大学
栗山雅之	青山制图专业学校
铃木睦子	む～が工作室代表
南波胜己	专业学校日本设计师学院
平田（武原）德惠	首都大学东京
平田哲也	尚美学园大学
浅野真理	山胁美术专业学校
塙麻美	专业学校文化设计师学院
山田教雄	商业设计师
杉浦良幸	专业学校文化设计师学院
舆水正明	町田设计专业学校

插图绘制

饭田将基